中共重庆市委党校学术著作出版资助项目

中共重庆市委党校学术著作出版资助项目

行政区划优化论

The optimization theory of administrative division

谢来位 ◎ 著

中国社会科学出版社

图书在版编目(CIP)数据

行政区划优化论/谢来位著.—北京：中国社会科学出版社，2016.4
ISBN 978-7-5161-8174-4

Ⅰ.①行… Ⅱ.①谢… Ⅲ.①行政区划-体制改革-研究-中国 Ⅳ.①K928.2

中国版本图书馆 CIP 数据核字(2016)第 102063 号

出版人	赵剑英
责任编辑	任　明
特约编辑	乔继堂
责任校对	李　莉
责任印制	何　艳

出　版	中国社会科学出版社
社　址	北京鼓楼西大街甲 158 号
邮　编	100720
网　址	http：//www.csspw.cn
发行部	010-84083685
门市部	010-84029450
经　销	新华书店及其他书店

印刷装订	北京市兴怀印刷厂
版　次	2016 年 4 月第 1 版
印　次	2016 年 4 月第 1 次印刷

开　本	710×1000　1/16
印　张	17.5
插　页	2
字　数	296 千字
定　价	68.00 元

凡购买中国社会科学出版社图书，如有质量问题请与本社营销中心联系调换
电话：010-84083683
版权所有　侵权必究

内 容 提 要

自清末维新派人士康有为提出省级行政区划改革研究的论题以来，中国行政区划改革问题日益引发学界、政界的研究兴趣，他们围绕中国行政区划的历史变迁、主要弊端、改革的必要性及其与民族问题、经济发展、城市化、政府职能等相关问题的关系开展了大量研究，取得了不少重要的研究成果，并在缩省增省、分省减层、省直管县等改革思路上取得了较为一致的共识。但是，由于各种原因的制约，这些研究仍存在诸多不足之处。譬如，行政区划本身是政治体制、行政体制、经济体制的重要组成部分，而已有的研究却未能从政治学、行政学和经济学的视界对行政区划改革进行系统深入的研究，未对影响行政区划优化的政治、经济、社会等深层要素及其相互关系予以充分关注，有关行政区划研究的理论深度和系统性有较大差距，从而不利于在实践层面有效推进中国行政区划改革。因此，亟须构建多学科视角的、反映行政区划优化规律的、全面系统的理论分析框架，以增强行政区划优化理论的解释力、指导力和科学性。有鉴于此，本项研究致力于构建行政区划优化的理论分析框架，并据此开展实证检验和应用研究，进而提出改革思路与对策，以期为推动中国行政区划之优化尽绵薄之力。

一　研究价值

本项研究具有四个方面的主要意义：

1. 有助于丰富行政区划研究的理论体系。通过对优化行政区划的本质、目标与制约、作用与机理、问题与反思、比较与借鉴、基础与条件、主体与动力的规范分析和科学论证，构建行政区划优化的理论分析框架，为构建中国特色的行政区划理论体系积累素材。

2. 有助于探索适应中国现实需求的行政区划优化模式的科学内涵与构成要素。深入考量行政区划科学性之核心理念与基准，为中国行政区划改革提供科学依据，增强行政区划改革理论的成熟度和科学性。

3. 有助于揭示推进中国行政区划优化的重要性和紧迫性。通过深入分析行政区划优化的价值目标以及当前行政区划面临的挑战和机遇、存在的弊端和功能缺陷等揭示推动中国行政区划优化的紧迫性，以引起有关方面对优化中国行政区划的重视。

4. 有助于探求中国行政区划优化的实践路径，促进中国行政区划改革的实现。通过对优化中国行政区划的制约因素、推动因素和相关主体的利益分析，厘清优化中国行政区划的阻力与动力，为推动中国行政区划优化找准突破口，为中国行政区划改革方案的制定提供决策参考。

二　研究的主要内容

本项研究的主要内容包括理论建构、实证检验和应用研究三个方面：

1. 构建行政区划优化的理论分析框架。从制度供给的视角探析优化行政区划的本质，从政治学、行政学视角构建关于行政区划优化的价值目标、制约因素、推动因素及其相互关系的理论分析框架。一是探讨行政区划的制度需求、制度供给及制度变迁路径；二是从价值目标、制约要素和推动要素等三方面对优化行政区划的相关要素展开分析；三是深入分析行政区划优化相关要素之间的相互关系及作用机理。

2. 对行政区划优化的理论分析框架进行实证检验。一是从中国行政区划的问题与反思、行政区划对经济社会协调发展的影响的实证分析和新中国成立后行政区划调整的典型案例的分析中对理论分析框架进行实证检验；二是以国外行政区划的发展历史和现状为根据对理论分析框架进行实证检验和应用分析。

3. 从实践层面对推进中国行政区划优化若干核心问题进行研究。一是从政治推动、经济推动和社会推动三方面对中国行政区划优化的条件和优势展开具体分析；二是对中国行政区划优化多元主体的动力和阻力进行利益分析；三是从增省减层、省直管县配套改革思路和实施策略等方面提出优化中国行政区划的行动方略。

三　研究的主要发现

本项研究主要有以下发现：

1. 作为正式制度的行政区划制度的特性以及各级政府、利益集团等各利益主体在行政区划制度变迁中的成本收益差异等因素决定"上下结合"的强制性制度变迁将是行政区划优化的基本路径。

2. 提高行政效能、提升自主治理能力、推动协调发展、维护政治稳定既是行政区划优化的价值目标，又是行政区划优化的必然要求；既对行政区划优化提出目标定位，又为行政区划科学性的价值判断提供基准。

3. 一定行政区域不跨自然区、民族区或文化区，可以增强同一行政区域内环境的同质性、公共需求的一致性、公共政策的适应性、行政行为的有效性，从而提高行政效能。但可能加剧地区间发展差距。行政区跨自然区、民族区或文化区，行政效能面临削弱的挑战，但可促进地区间协调发展。

4. 国家结构形式、地方政府体系、政府职能模式等组织要素和政府治理能力、社会自治能力、经济带动能力等能力要素是影响一定的行政区域的政府的管理幅度和管辖面积及其行政效能的关键因素。

5. 中国的省域规模与省域平衡发展呈负相关关系，这要求适当划小省级行政区域面积，增加省级行政区域数量。

6. 行政区划的优化要求管理幅度和行政层级适度，行政区划的优化须与国家政治体制和政治传统相适应，行政区划的优化须遵循法治原则，城市化的加剧要求促进城市型政区发展，行政区划多元化可以满足多层次服务需求。

7. 政府治理能力提升为行政区划的优化、各级政府管理幅度的扩大奠定了坚实的能力条件；政府职能的分化和政府职能模式的差异化可以避免行政区划优化与政府多元价值目标的冲突；经济总量的增大可以提高更多区域经济中心的经济规模水平。

8. 中国中央政府、省级政府、新省级政府、大多数的县市区政府及其所在地的公民具有推动行政区划优化的动力；将被保留的其他地级政府既不具有动力，也不具有较大阻力；将被撤销的原省会城市政府、地级政府所在地区中心城区的区政府具有一定的阻力。

四 研究的主要创新

本项研究的主要创新在三个方面：

1. 视角创新。从制度需求、制度供给和制度变迁的视角探析优化行政区划的本质，从政治学、行政学视角对优化行政区划相关理论和实践问题展开研究。

2. 方法创新。采用规范分析的方法构建行政区划优化的理论分析框架，采用实证分析、案例分析和比较分析的方法对理论分析框架进行实证检验。

3. 内容创新。一是从行政区划优化的价值目标、制约要素和推动因素三方面及其相互关系和作用机理构建优化行政区划的理论分析框架；二是从中国各省市区经济协调发展程度与行政区域规模的相关关系、行政区划改革案例、其他国家行政区划的比较等角度对本项研究提出的理论框架进行实证检验；三是对中国行政区划优化的基础与条件、阻力与动力进行实证分析；四是提出增省缩省和省直管县配套改革的行动方略。

五 研究的主要不足

本项研究在以下五个方面还有待深入研究：

1. 对行政区划与政治稳定、自主治理能力、行政效能等的相关性只限于定性研究，未做量化研究。

2. 对行政区划优化的动力、阻力也主要限于规范分析和定性研究，而对各相关主体的意愿、动机和动力的深入调查和实证研究不足。

3. 对中华人民共和国成立以来行政区划调整前后效果的比较研究不足。

4. 对国外行政区划模式与相关因素的关系的实证研究有待进一步深入。

5. 对较低层级的行政区划的实证研究和应用研究相对不足。

关键词：行政区划优化；资源配置；制度创新；可持续发展

Abstract

More and more researchers have been interested in the issue of the administrative regionalization reform of China in both theoretical circles and political circles in China, since Kang You-wei, the reformer in the last years of Qing dynasty, put forward a proposition of the research on administrative regionalization reform. They have conducted a great deal of research about the historical changes, the main weakness, the necessity of reform of administrative division of China and the relations between administrative division and the ethnic minority issue, economic development, urbanization, and government function, so they have obtained quite a few research results and got to a common view about dividing the province into more provinces, reducing administrative level and for Province administrating county. Due to multiple cause, there are many insufficiencies in these researches, such as the issue about administrative division wasn't studied from the perspective of politics, administrative science and economics, though the regime that dividing a country into administrative areas is a part of political system and administrative setup, and the political factors, the economic factors, social factors that influence the optimization of administrative division and their relationships haven't drawn enough attention so that there are insufficiencies in the theoretical depth about the optimization of administrative division, and it is detrimental to push forward administrative regionalization reform of China from practical situation efficiently. It's necessary to make up a multi-disciplinary perspective, comprehensive and systematic analytical framework with some regularities about optimization of administrative division to increase the explanation strengths, instructional strengths and authoritativeness of the theory about optimization of administrative division. In view of this, it's my responsibility to make up an analytical framework about optimization of administrative division, to carry out empirical study and application study, to propose reform measure.

I The Values of the Research

The research is significant. Firstly, it contributes to enrich theory system of administrative division research. Secondly, it is conducive to quest the scientific meaning and elements of the model of optimization of administrative division to fit actual conditions in China. Thirdly, it is conducive to show the importance and urgency of optimization of administrative division in China. Finally, it is conducive to search the practical path to optimize the administrative division of China.

II The Main Ideas of the Research

This research includestheoretical model, empirical test and applied research. Firstly, It's to make up an analytical framework about optimization of administrative division. Secondly, It's an empirical test about the analytical framework of optimization of administrative division. Thirdly, it's to study some key problems to promote administrative regionalization reform of China from practical situation.

III Key Findings of the Research

Firstly, thecharacteristics of the system of provincial administrative region as formal institution and the cost-income differences among the interest subjects in the process of the reformation of the system of provincial administrative region determine that the model of compellent institutional changes combining between the higher and lower levels is an elementary path.

Secondly, enhancing administrative efficiency, Improving the ability of self-governance, promoting balanced development among regions and maintaining political stability are the value goals, inevitable demands and science benchmarks of optimization of administrative division.

Thirdly, an administrative region in accord with natural regionalization, ethnic areas or culture areas can promote administrative efficiency, which can exacerbate interregional development gap, and vice versa.

Fourthly, theorganizational elements which include the form of the state structure, the local government system and the mode of government functions, and the capacity factors which include the ability of the public administration, social capacity of self-government and the leading role of the central city, are the key factors that influence the span of control and the size of the jurisdictional area of the government in an administrative region.

Fifthly, the size of the province- level administrative regions in China shows a negative correlation with the balanced development in the province-level administrative regions in China, which requires decreasing the size of the province-level administrative regions and increasing the quantity of the province-level administrative regions.

Sixthly, the optimization of administrative division requires appropriate span of control and management level, should be compatible with its political system and traditional political culture, has to abide by law, to advance administrative region of urban function and to diversify administrative division.

Seventhly, the advancement of the ability of the public administration of China, the differentiation of government functions, the dramatic increase of the economic aggregate in China laid a solid foundation for the optimization of administrative division in China.

Eighthly, thecentral government, provincial-level governments, most of the governments at the county level and people in administrative areas at the county level would have the momentum to push forward administrative regionalization reform of China. The governments in provincial capital and the district governments in prefecture-level city that will be rescinded would have some resistance.

IV The Main Innovations of the Research

This research includes three main innovations. Firstly, theresearch perspective is innovative. In this research the optimization of administrative division is studied from the perspectives of institutional demand, institutional supply and institutional changes. Secondly, the research approach is innovative. An analytical framework about optimization of administrative division has been made up by theoretical analysis, and empirical study and application study have been carried out by empirical analysis. Thirdly, the content is innovative. The innovations are to make up an analytical framework about optimization of administrative division, to carry out empirical study and application study, to propose reform measure.

V The Main Deficiencies of the Research

There are four problems tohave much room to be researched further. Firstly, the relations between the administrative division and enhancing administrative efficiency, Improving the ability of self-governance, promoting balanced development among regions, maintaining political stability hasn't been studied by quantitative research. Secondly, the research about the momentum and resistance to push forward administrative regionalization reform of China lacked a deep investigation and empirical study. Thirdly, the research about the effects of the administrative regionalization reforms in China's history should be studied further. Fourthly, the relations between the administrative division and the correlative factors awaits further quantitative research.

Keywords: Optimization of Administrative Division; Resource Allocation; System Innovation; Sustainable Development

目 录

导论 …………………………………………………………… (1)
  第一节　研究的背景 ………………………………………… (1)
    一　研究的缘起 …………………………………………… (1)
    二　行政区划优化问题的提出 …………………………… (4)
    三　理论意义与现实意义 ………………………………… (4)
  第二节　国内外相关文献述评 ……………………………… (8)
    一　国外研究现状 ………………………………………… (8)
    二　国内研究现状 ………………………………………… (13)
    三　综合评析 ……………………………………………… (29)
  第三节　研究的思路和方法 ………………………………… (32)
    一　研究思路 ……………………………………………… (32)
    二　研究方法 ……………………………………………… (32)
    三　研究过程 ……………………………………………… (33)
  第四节　研究的基本假设与命题 …………………………… (34)
    一　研究假设 ……………………………………………… (34)
    二　基本理论命题 ………………………………………… (34)
    三　核心概念界定 ………………………………………… (35)
  第五节　研究的主要内容及创新 …………………………… (46)
    一　研究的主要内容 ……………………………………… (46)
    二　主要创新 ……………………………………………… (47)
    三　有待进一步深入研究的问题 ………………………… (48)

第一章　制度供给：优化行政区划的本质分析 ……………… (49)
  第一节　作为制度供给的行政区划 ………………………… (49)
    一　行政区划是行政管理的组织载体 …………………… (50)

二　行政区划是资源配置的产权界定……………………(51)
　　三　行政区划是公共责任的空间定位……………………(52)
第二节　行政区划制度的路径依赖……………………………(53)
　　一　行政区划优化对国家结构形式的依赖………………(54)
　　二　行政区划优化对人文地理环境的依赖………………(55)
　　三　行政区划优化对经济发展路径的依赖………………(57)
第三节　行政区划制度的变迁路径……………………………(58)
　　一　行政区划制度的供给短缺……………………………(59)
　　二　行政区划制度的诱致性变迁…………………………(60)
　　三　行政区划制度的强制性变迁…………………………(61)
本章小结………………………………………………………(62)

第二章　目标与制约：优化行政区划相关要素论析……(64)
第一节　优化行政区划之价值目标……………………………(64)
　　一　优化行政区划的直接目标——提高行政效能………(64)
　　二　优化行政区划的根本目标——提升治理能力………(65)
　　三　优化行政区划的积极目标——推动协调发展………(67)
　　四　优化行政区划的消极目标——维护政治稳定………(68)
第二节　优化行政区划之制约因素……………………………(69)
　　一　环境要素——考量行政区划的基本要素……………(69)
　　二　组织要素——考量行政区划的核心要素……………(72)
　　三　能力要素——考量行政区划的关键要素……………(78)
第三节　优化行政区划之推动因素……………………………(83)
　　一　经济推动………………………………………………(83)
　　二　政治推动………………………………………………(85)
　　三　社会推动………………………………………………(86)
本章小结………………………………………………………(88)

第三章　作用与机理：优化行政区划之系统分析………(90)
第一节　行政区划与优化价值目标之相关关系………………(90)
　　一　优化行政区划与提升行政效能………………………(90)
　　二　优化行政区划与推动协调发展………………………(92)
　　三　优化行政区划与提升治理能力………………………(94)

  四 优化行政区划与维护政治稳定 …………………… (95)
 第二节 行政区划与各制约要素之作用机理 ………………… (96)
  一 环境要素与行政区划及其优化目标之辩证关系 …… (97)
  二 组织要素与行政区划及其优化目标之辩证关系 …… (98)
  三 能力要素与行政区划及其优化目标之辩证关系 …… (105)
 第三节 优化行政区划各相关要素之综合分析 ……………… (109)
  一 环境、组织、能力三大制约要素之间的关系 ……… (110)
  二 环境、组织、能力三大制约要素与管理幅度的关系 …… (110)
  三 环境、组织、能力三大制约要素与管辖面积的关系 …… (111)
  四 管辖面积与行政区划优化目标的关系 ……………… (111)
 本章小结 …………………………………………………………… (112)

第四章 问题与反思：优化中国行政区划之必要性分析 …… (115)
 第一节 历史回溯——现行行政区划的问题及成因分析 …… (115)
  一 中国现行行政区划存在的问题 ……………………… (115)
  二 中国省级、市级、县级行政区划的历史沿革 ……… (122)
  三 现行行政区划形成的主要影响因素分析 …………… (124)
 第二节 实证检验——行政区划对经济协调发展的影响分析 … (130)
  一 行政区划对经济协调发展的影响分析的研究思路 …… (130)
  二 关于区域经济不平衡发展研究的现状及启示 ……… (131)
  三 行政区域规模与省域经济不平衡发展相关指标的选取 … (133)
  四 结论 ……………………………………………………… (146)
 第三节 案例分析——行政区划改革的成败论析 …………… (147)
  一 重庆直辖步入经济社会发展快车道 ………………… (147)
  二 海南建省推动国际旅游岛快速发展 ………………… (149)
  三 撤销西康省川西藏区更趋边缘化 …………………… (150)
  四 重庆市"万盛事件"折射撤并区县教训 …………… (150)
  五 研究结论 ……………………………………………… (152)
 本章小结 …………………………………………………………… (152)

第五章 比较与借鉴：若干主要国家行政区划现状及影响因素
    考察 …………………………………………………………… (154)
 第一节 若干主要国家行政区划现状比较 …………………… (154)

一　若干主要国家的选取标准 …………………………………（154）
　　二　若干主要国家行政区划现状比较 ……………………………（155）
　　三　结论 …………………………………………………………（159）
第二节　若干主要国家行政区划形成的主要影响因素分析 ………（160）
　　一　国家发展历史对行政区划的深刻影响 ………………………（160）
　　二　国家结构形式和地方政府体系对行政区划的深刻影响 ……（164）
　　三　经济社会发展的政府职能需求对行政区划的深刻影响 ……（166）
　　四　治理能力对行政区划形成客观制约 …………………………（171）
第三节　若干主要国家行政区划发展史对中国行政区划改革的
　　　　启示 …………………………………………………………（173）
　　一　行政区划的优化要求管理幅度和行政层级适度 ……………（173）
　　二　行政区划的优化须与国家政治体制和政治传统相适应 ……（176）
　　三　行政区划的优化须遵循法治原则 ……………………………（177）
　　四　城市化的加剧要求促进城市型政区发展 ……………………（178）
　　五　行政区划多元化以满足不同大小区域多层次服务需求 ……（179）
本章小结 ………………………………………………………………（180）

第六章　基础与条件：优化中国行政区划之可行性审视 ………（182）
第一节　政府能力提升推动行政区划的优化 ………………………（182）
　　一　政府执政合法性增强 …………………………………………（183）
　　二　政府利益整合能力提升 ………………………………………（184）
　　三　政府危机治理能力提升 ………………………………………（185）
　　四　依法治国和依法行政能力提升 ………………………………（186）
　　五　政府能力提升奠定扩大管理幅度的成熟条件 ………………（187）
　　六　政府职能分化推进行政区划的优化 …………………………（188）
第二节　经济快速发展推进行政区划的优化 ………………………（191）
　　一　区域经济中心的增多对规模效应的可能影响 ………………（191）
　　二　经济总量和财政保障能力的大幅提升 ………………………（192）
　　三　财政保障能力提升有利于行政区划的优化 …………………（195）
第三节　社会事业建设促进行政区划的优化 ………………………（196）
　　一　中国邮政电信业发展为管理幅度的扩大奠定条件 …………（196）
　　二　中国交通运输业发展为管理幅度的扩大奠定条件 …………（198）

三　信息交通改善奠定行政区划优化的技术条件 …………… (201)
　本章小结 …………………………………………………………… (201)

第七章　主体与动力：优化中国行政区划之利益分析 ……………… (203)
　第一节　省直管县减少行政层级的效益分析 …………………… (203)
　　一　市管县体制的弊端日益显露 ………………………………… (204)
　　二　省直管县体制改革逐步展开 ………………………………… (205)
　　三　省直管县减少行政层级的效益分析——以重庆市为例 … (207)
　　四　省直管县减少行政层级对相关公务员职业发展的影响
　　　　分析 …………………………………………………………… (210)
　第二节　优化行政区划相关主体之损益分析 …………………… (211)
　　一　中央政府 …………………………………………………… (211)
　　二　省级政府 …………………………………………………… (214)
　　三　原省会城市政府 …………………………………………… (214)
　　四　原省域内地级市政府 ……………………………………… (215)
　　五　新省域内升格为省政府的地级（或副省级）市政府 …… (215)
　　六　新省域内的其他地级市政府 ……………………………… (216)
　　七　县市区级政府 ……………………………………………… (217)
　第三节　优化行政区划之动力机制 ……………………………… (217)
　　一　群体动力理论 ……………………………………………… (217)
　　二　行政区划优化相关利益主体的动力、阻力分析 ………… (218)
　　三　行政区划优化的动力、阻力比较 ………………………… (221)
　本章小结 …………………………………………………………… (223)

第八章　路径与对策：优化中国行政区划之行动方略 ……………… (224)
　第一节　省级行政区划与省直管县配套改革的现实要求 ……… (224)
　　一　多数省区面积过大、管理层次过多是中国行政区划最突出
　　　　问题 …………………………………………………………… (224)
　　二　缩省增省、分省减层是社会各界的呼声 ………………… (225)
　　三　分省减层优化路径是现实的必然选择 …………………… (227)
　第二节　省级行政区划与省直管县配套改革的总体思路 ……… (237)
　　一　省级行政区划与省直管县配套改革的基本原则 ………… (237)
　　二　增加省级行政区域的主要依据和标准 …………………… (238)

三　省级行政区划与省直管县配套改革的政府调整思路 ……（240）
　　四　省级行政区划与省直管县配套改革相关公务员分流
　　　　思路 …………………………………………………………（242）
　　五　推进省级行政区划与省直管县配套改革的风险防范 ……（242）
第三节　省级行政区划与省直管县配套改革的实施策略 ………（243）
　　一　全国统一整体规划，分块（省、市、区）分步推进 ……（244）
　　二　建新省与地（市）县脱钩先后推进 ………………………（244）
　　三　保持县（区、市）区划不变，坚持区域整体调整 ………（245）
　　四　缓步撤销地（市）级政府下辖的区政府 …………………（245）
　　五　推进行政管理职能模式差别化建构 ………………………（246）
本章小结 ………………………………………………………………（246）

参考文献 ………………………………………………………………（247）

致谢 ……………………………………………………………………（260）

图表目录

图 3-1　行政区划与行政效能曲线关系 ……………………………… (92)
图 3-2　行政区划与协调发展曲线关系 ……………………………… (94)
图 3-3　行政区划与自治能力曲线关系 ……………………………… (95)
图 3-4　行政区划与政治稳定曲线关系 ……………………………… (96)
图 3-5　控制能力要素与管控幅度关系 ……………………………… (106)
图 3-6　发展能力要素与发展幅度关系 ……………………………… (108)
图 3-7　行政区划优化相关要素关系 ………………………………… (109)
图 4-1　2013 年中华人民共和国国务院组织机构 ………………… (128)
图 6-1　1978—2010 年中国公路、民航航线里程发展情况
　　　　（单位：万公里） …………………………………………… (199)
图 6-2　1978—2010 年中国铁路、高速公路里程发展情况
　　　　（单位：万公里） …………………………………………… (199)
图 6-3　1978—2010 年中国客运量、货运量增长情况（单位：
　　　　万人/万吨） ………………………………………………… (200)

表 3-1　行政区与自然区相关关系 …………………………………… (97)
表 3-2　组织要素与行政区划（层级）及其优化目标之相关
　　　　关系 …………………………………………………………… (99)
表 4-1　2010 年中国各省市区行政区划基本情况 ………………… (117)
表 4-2　2010 年中国各省市区行政区划相关数据描述统计 ……… (118)
表 4-3　2009 年若干国家或地区土地面积 ………………………… (118)
表 4-4　2010 年中国各省市区财政收支项目不平衡状况统计 …… (121)
表 4-5　中国地方获中央补助收入占地方财政支出比重情况 …… (122)
表 4-6　中国部分县级财政获中央和上级补助收入占本级财政
　　　　支出比重情况 ……………………………………………… (122)

表4-7　中国某省省直单位 ································ (128)
表4-8　中国31省（市、区）2010年经济发展不平衡性
　　　　指标 ·· (136)
表4-9　中国31省（市、区）2010年经济协调发展影响指标
　　　　（一） ·· (140)
表4-10　中国31省（市、区）2010年经济协调发展影响
　　　　　指标（二） ·· (142)
表4-11　2010年中国各省（市、区）经济发展不平衡及主要
　　　　　相关因素测算结果 ································ (143)
表4-12　中国各省（市、区）内各区县发展不平衡相关因素
　　　　　回归结果（2010年） ···························· (145)
表4-13　重庆市2011年行政区划调整相关区县比较 ······ (152)
表5-1　世界主要国家行政区划层级、管理幅度比较 ······ (157)
表5-2　世界主要国家行政区域管辖面积比较 ··············· (158)
表5-3　世界主要国家行政区划及主要相关因素比较 ······ (175)
表6-1　中国31省（市、区）地区生产总值 ················ (193)
表6-2　2005年、2010年中国31省（市、区）财政收支
　　　　情况 ·· (194)
表6-3　1978—2010年中国邮政电信发展情况 ············· (197)
表6-4　中国运输线路质量发展状况 ··························· (200)
表7-1　中国行政区划（2010年底） ························· (204)
表7-2　中国行政区划优化各相关主体损益 ·················· (213)
表7-3　中国行政区划优化动力 ································· (222)
表8-1　20—21世纪中国缩省方案 ···························· (226)
表8-2　世界部分国家或地区经济规模（按面积排序） ···· (229)
表8-3　中国各省市区单位面积土地地区生产总值贡献率（按
　　　　面积排序） ··· (231)
表8-4　美国各州单位面积土地地区生产总值贡献率 ······ (232)
表8-5　巴西各州单位面积土地地区生产总值贡献率 ······ (234)

导　论

中国共产党的十八大报告和十八届三中全会的决定都提出要"优化行政区划设置"。[①] 行政区划优化问题的提出有其现实背景的要求，其研究具有较强的理论价值和现实意义。为了提高研究的针对性和有效性，需要全面掌握相关研究现状，明确定位本项研究的研究空间和目标，提出研究的基本假设和理论命题，采用适当的研究思路和研究方法，确定研究的主要内容和基本框架，力求取得理论创新。

第一节　研究的背景

当代中国的全面协调可持续发展要求实现城乡、区域的协调发展，而中国现行的行政区划在当前的行政体制下难以担当推动城乡区域协调发展的重任，甚至在一定程度上阻碍区域协调发展。因此，行政区划优化及其研究具有重要的现实意义和理论价值。

一　研究的缘起

当前中国的政治体制和行政体制正面临行政效能提升的要求、政治社会稳定的压力、经济社会协调可持续发展的期盼等多方面的挑战，而作为政治体制和行政体制重要组成部分的行政区划体制尚未引起实践部门的足够重视。有关行政区划优化的理论研究未能深入揭示行政区划体制与行政效能、政治社会稳定、经济社会协调可持续发展及相关制约要素之间的紧密关系，是导致行政区划优化实践踟蹰不前的重要原因之一。因此，深入考察行政区划与经济社会协调发展、行政效能、政治社会稳定及相关制约

[①]《中共中央关于全面深化改革若干重大问题的决定》，人民出版社2013年版，第19页。

要素的关系，揭示行政区划优化的重要性、紧迫性和可行性是行政学界的当务之急。

　　经济社会全面协调可持续发展的核心内容是要统筹城乡、区域协调发展。但中国的发展现状是不仅中、东、西部之间以及各省、市、自治区之间存在巨大的发展差距，且大多数省份的省域内也存在着巨大的差距。以处在中国改革开放前沿的广东省为例，广东虽成为先富地区，但出现了"中国最富的地方在广东，最穷的地方也在广东"的反讽。2008年广东经济总量超越台湾成为中国第一经济大省，2010年广东的经济总量超过4.5万亿元人民币，但在距离省会城市广州350公里外的梅州市五华县福兴村，全村集体年收入不足3万元，和福兴村一样的贫困村在广东一共有3409个；2009年人均年收入低于1500元的贫困户有70多万户，共计316.5万人；还有225.6万人仍住在泥砖或茅草房里。这些贫困人口主要集中在发展相对落后的粤北、粤东西两翼地区，尽管近年加快了这些地区的基础工程建设，但目前的基础设施建设投入仍然远远不够。[①] 广东陆地面积为17.98万平方公里，东西跨度约800公里，南北跨度约600公里[②]，作为省会城市广州这个政治经济文化中心甚至是珠三角经济区都难以辐射带动省内其他区域的经济社会发展，何况中国几乎有占一半的省份（14个省、自治区）的面积超过广东，有8个省、自治区的面积是广东省面积的2倍及以上，而所有这些省、自治区的经济总量及其省会城市的经济辐射能力都远不能与广东省及其省会城市广州及珠三角地区的经济辐射和带动能力相比。那么其他省区的省内发展差距就可想而知了。江苏的苏南和苏北的发展差距、四川的成都平原与川西高原的发展差距、湖北的东部和西部的发展差距、黑龙江的北部和南部的发展差距等，除了与自然地理这一重要的影响因素有紧密关系而外，与这些省域内欠发达地区或不发达地区远离本身的政治经济中心不无关系。且缩小因自然地理原因所导致的发展差距本身就是政府的当然责任，否则，这对身处自然地理环境较为恶劣的区域的公民而言就是十分不公平的。而现行的行政区划设置在一定程

---

① 曾实：《扶贫工程明年开展新阶段　广东要摘掉穷帽子》，联合早报网2012年2月26日，http://www.zaobao.com/zg/zg120226_009_1.shtml。

② 《广东概况》，广东省人民政府门户网站2012年7月19日，http://www.gd.gov.cn/gdgk/。

度上是在放任这些艰苦地区远离政治经济发展中心，而不是在努力通过适当的有效的行政干预来缓解这些自然地理原因所导致的区域间发展差距，甚至可以说是不自觉地在通过资源的不公平配置来加剧这种发展差距。从上述的比较可以看出，省域面积过大导致省内政治经济中心难以发挥其辐射带动功能导致省域内经济难以协调发展。可见，区域经济社会协调发展对行政区划的优化提出了强烈要求。

中国一些省份过大，省级政府对区域政治和社会稳定的维护难度被放大。新疆是中国土地面积最大的省份，其省会乌鲁木齐又偏居新疆北部，新疆区委政府对新疆南部的管理半径过大，对其提高政策执行的效率和效能、维护新疆政治和社会的稳定带来了极大的难度。2009年7月5日晚间乌鲁木齐发生的恶性暴力事件中，多数暴徒来自新疆南部，而非乌鲁木齐本地人。[①] 2013年4月23日13时30分，新疆喀什巴楚县色力布亚镇15名民警、社区工作人员（维吾尔族10人，汉族3人，蒙古族2人）遭暴徒袭杀。[②] 2013年6月26日新疆吐鲁番地区鄯善县鲁克沁镇发生令人发指的暴乱，导致27人死亡。2013年6月28日和田县罕尔日克镇发生一起群体持械聚集闹事事件。[③] 在这些暴力事件中伤亡的也有不少维吾尔族人，尽管这一系列暴力事件是由民族问题引起，但暴力事件发生得如此频繁，无疑与地方政府的管理水平和治理能力不无关系。新疆幅员面积如此广阔，省级政府的管理半径过大，必然制约着地方政府的政策执行效力和治理能力，给政治和社会的稳定带来巨大的挑战。可见，提高行政效能、维护政治稳定对行政区划的优化提出迫切要求。

行政区划的不合理设置除了加剧经济社会的不平衡发展而外，也会削弱地区政府维护政治和社会稳定的能力，并且经济社会的不平衡发展与行政效能、政治社会稳定相互影响、互为因果，共同对行政区划的优化提出强烈要求。有关行政区划优化的研究除了涉及对区域经济社会协调发展、政治社会稳定、行政效能提升以及自主治理能力培养等价值目标的深入研

---

① 王丰编译：《〈中国日报〉：乌鲁木齐暴乱者多来自南疆》，路透社中文网2009年7月9日，http://www.cn.reuters.com/article/wtNews/idCNCHINA - 30020090709。
② 田山：《新疆巴楚县15名警察、社区工作人员遭暴徒袭杀》，2013年4月24日，凤凰网http://news.ifeng.com/mainland/detail_2013_04/24/24601540_0.shtml。
③ 《新疆骚乱不断 武警24小时执勤巡逻保持威慑力》，2013年7月1日，中国时刻网http://www.s1979.com/tupian/china/201307/0192917901.html。

究而外，还将直接涉及国家结构形式、地方政府体制、政府职能模式、政府资源配置、公共政策的制定与执行、经济辐射能力等广泛的政治学、行政学和经济学等方面的专业知识。可见，对行政区划优化的研究是人文地理学专业学者尚难独自担当的大任，恰好是行政管理学专业学者的所长。因此，将行政区划优化研究作为行政管理学专业博士学位论文的选题，对其相关的核心要素及其相互关系进行系统梳理和理论建构，就成为行政管理学专业博士生当仁不让的责任。

二 行政区划优化问题的提出

科学发展要求树立全面、协调、可持续的发展观，统筹城乡发展、统筹区域发展，而中国的区域发展、城乡发展以及省域内的发展严重不平衡。这就对中国推动科学发展提出了严峻的挑战。前述省域内经济发展不平衡问题向我们展示了省内政治经济文化中心对省内其他区域的辐射力十分有限的严峻事实，同时，也向我们展示了需要政府通过政策制定及其执行来推动区域、城乡间的协调发展的必要性。而在中国单一制的国家结构形式和中央集权体制下，资源包括权力资源和财政资源主要掌握在中央和上级，这些资源的分配就需要从金字塔的顶端逐渐流向全国各地，行政层级多、管理范围广、管理幅度大可能导致资源的分配效率低下，可能导致在省级之间和省内各区域之间资源分配的不公平性、不合理性加剧，甚至导致马太效应，进一步导致贫者逾贫、富者更富。可以说，在目前行政体制下的现行行政区划不仅难以充分发挥省会城市的辐射带动功能，而且还会继续阻碍省内区域之间的协调发展。因此，中国单一制的国家结构形式、中央集权的政治体制及960万平方公里的管理腹地以及地区发展的严重不平衡决定了优化中国行政区划比世界上任何一个国家都具有更加重要、更加紧迫的现实意义。基于中国上述四大特征集于一体来研究优化中国行政区划的重大意义、紧迫性和路径可以极大地增强行政区划理论推动中国行政区划改革的理论解释力、指导力和推动力。在中央集权体制和以"自上而下"为主的政策执行模式下，行政区划的优化将有助于区域、城乡和省域内各地区之间的平衡发展。

三 理论意义与现实意义

本项研究在于构建一个行政区划优化的理论分析框架，为构建中国特色的行政区划理论体系积累素材，同时，给予中国行政区划改革以决策参考。

(一) 研究的现实意义

关于行政区划优化的研究主要具有如下四方面的现实意义：

一是研究突出问题，引起广泛重视。通过深入分析现行行政区划面临的挑战和机遇、存在的弊端和功能缺陷等，引起有关部门对优化中国行政区划的重视。中国现行省级行政区划共34个，数量偏少，多数省级行政区域单元管辖面积过大，管理幅度偏小，导致行政层级偏多，行政效率难以提高，体制弊端日益显现。第一，各省市区面积大小悬殊，降低资源配置效率。绝大多数省市区的幅员面积过大，所辖区域人口规模也过大，所辖县级行政区划数也过大，且省市区之间在规模上的大小悬殊也很大，导致同一级别的政权所管理的事务和各种资源的多寡存在巨大差距，不利于资源配置效率的提升。第二，行政区界犬牙交错，资源性矛盾突出。各省市区的边界大都是弯弯曲曲的不规则曲线，既是受山川、河流等自然地理条件制约，又是受统治者统治需要而刻意为之。当前随着经济的快速发展、社会的结构转型和人口数量的增加，土地和矿产、能源资源越来越稀缺，省界上争土地、森林、草原、水源、能源、矿藏等自然资源的矛盾冲突越来越突出、越来越尖锐。行政区界犬牙交错必然使省级行政区的形态远离圆形的最优形态，从而增加行政管理的成本。部分省级政区的首府过分偏离省区中心位置，从而导致管理半径大小过分悬殊，增加交通成本和行政管理成本，降低经济辐射效应，从而加剧地区经济发展的不平衡性。第三，行政层级偏多，行政效率低下。绝大多数省级行政区划（除直辖市、海南省和港澳台）规模过大必然导致在省市区以下多设一个行政层级，增加行政成本，为行政效率提升造成结构性障碍。基于单一制的国家结构形式和中央集权的行政体制，中国的绝大多数政策呈现出一些明显的"自上而下"执行模式的特征。在这种权力格局和行政资源配置体制下，中国绝大多数省区（除4个直辖市和海南省以外）仍然是省、地、县、乡镇四级地方政府，就必然导致权力运行和资源配置的流程繁多和渠道漫长，从而致使行政成本高昂、行政效率低下，同时也孕育了诸多矛盾的根源。本项研究试图通过对行政区划存在问题的研究唤起相关部门和社会群体对行政区划问题的重视。

二是构建理论体系，提供科学依据。通过对优化行政区划的价值与目标的定位，深入探讨考量行政区划科学性之核心理念与基准、制约因素和动力，为中国行政区划改革提供科学依据。第一，提出优化行政区划的目标体系，优化行政区划的直接目标—提高行政效能、优化行政区划的根本目标—提升治理能力、优化行政区划的积极目标—推动协调发展、优化行政区划的消极目标—维护政治稳定。第二，深入研究行政区划的优化将面临的诸多制约因素，包括环境要素、组织要素和能力要素。这些要素将从不同的角度制约、影响行政区划对政治经济社会文化发展的作用效力。环境要素、组织要素与能力要素之间存在着紧密的相关关系，它们相互作用、相互促进，并相互制约，共同制约着行政区划一定的层级和幅度对行政管理效能的影响作用。因此，行政区划的优化必须严格考量这些相关要素及其可能对行政区划及其作用效果产生的影响，从而提高行政区划优化的科学性和可行性。第三，从宏观层面简要分析优化行政区划可能存在的推动因素，包括经济推动、政治推动和社会推动，从而寻求行政区划优化的动力，增强行政区划优化的可行性。

三是开展利益分析，激发改革动力。通过优化中国行政区划之多元博弈分析，厘清优化中国行政区划的阻力与动力，为推动中国行政区划改革找准突破口。第一，研究省直管县减少行政层级所取得的巨大经济、社会和管理效益，揭示各层级政府尤其是中央和上层地方政府推进行政区划优化的公共责任压力。第二，通过对各层级各类型政府在行政区划优化中复杂的损益分析，揭示各层级各类型政府推动行政区划优化的内在动力或阻力。通过分析比较发现，中央政府、省级政府、新省级政府、大多数的县市区政府及其所在地的公民具有推动行政区划优化的动力；将被保留的其他地级政府既不具有动力，也不具有较大的阻力；将被撤销的原省会城市政府、地级政府所在地区中心城区的区政府具有一定的阻力，并提出化解阻力的路径，为行政区划的优化找准突破口。

四是提出改革思路，提供决策参考。提出行政区划改革的基本思路，增强研究成果的可行性和可操作性，探寻优化中国行政区划之基本路径与对策，为中国行政区划改革方案的制定提供决策参考。本项研究针对中国行政区划的现实状况，分析了缩省增省的必要性和重大现实意义，提出了缩省增省的对策思路、各级政府的调整思路、面临撤销的政府领导干部和普通公务员的分流思路以及省级行政区划与省直管县配套改革的实施策略，具有一定的现实意义。

(二) 研究的理论意义

本研究全面系统地梳理优化行政区划研究之理论基础，为构建中国特色的行政区划理论体系进行探索、积累素材。

一是建构理论分析框架，提升行政区划研究的理论性。本项研究从价值目标、制约因素和推动因素三方面构建行政区划优化的理论框架。行政区划的层级和管理幅度将在平衡价值目标、制约要素和推动要素的相关关系的基础上综合确定。第一，构建价值目标体系。提出提高行政效能、提升自主治理能力、推动协调发展、维护政治稳定既是行政区划优化的价值目标，又是优化行政区划的必然要求；既对行政区划的优化提出目标定位，又为行政区划科学性的价值判断提供标准。第二，完善制约要素体系。提出行政区划的优化在客观上将受到自然地理、民族文化差异、区域文化传统等环境要素的制约，将受到国家结构形式、地方政府体系和政府职能模式等组织要素的制约和影响，将受到政府治理能力、社会自治能力和中心城市的经济辐射带动能力等能力要素的制约和影响。第三，完善推动要素体系。提出经济高速增长对经济协调发展提出的强烈要求、作为最广大人民群众根本利益的代表的政府及其政治领袖推动经济社会文化协调可持续发展并实现社会公平正义的高度责任感以及逐渐成熟的公民社会对各地区经济社会平衡发展的理性要求将成为行政区划优化的长久动力，推动行政区划的不断优化。第四，论证各要素相关关系。深入论证行政区划及其优化目标分别与环境要素、组织要素和能力要素之间存在着的紧密辩证关系。

二是对理论分析框架进行实证检验，修正理论假设。通过公开数据和国内外行政区划优化的典型案例检验理论分析框架，修正完善理论假设。第一，采用 stata 统计软件，统计中国 31 个省区市内经济发展的不平衡数据，对行政区划与区域经济平衡发展的相关性进行回归分析，验证理论假设。第二，通过中国行政区划改革的典型案例分析，验证理论假设。第三，通过若干主要国家的行政区划的现状和历史变迁的影响因素的定性分析和实证研究，验证理论假设。为构建行政区划优化理论积累素材。

三是开展应用研究，用理论指导行政区划优化实践。以理论分析框架为工具，研究推进中国行政区划优化的对策思路，进一步积累理论素材。以中国的行政区划现状为研究对象，研究中国行政区划优化所面临的阻力、动力和机遇，提出推动中国行政区划优化的行动方略，加强理论联系实际。

总之，本项研究通过对优化行政区划的本质、目标与制约、基础与条件、问题与反思、主体与动力的深入研究，为构建中国特色的行政区划理论积累素材；通过规范分析和科学论证，增强行政区划改革理论的成熟性和科学性；对优化行政区划的相关问题做全面深入的理论研究，系统构建行政区划优化理论，用以指导中国行政区划的优化实践，具有很强的理论意义。

第二节 国内外相关文献述评

国内十分重视对行政区划相关问题的研究，尤其是关于中国行政区划的现状、存在的主要问题及优化的对策的研究文献很多。而国外对行政区划相关研究的文献极少。本节对国内外的相关文献做简要梳理。

一 国外研究现状

关于行政区划研究的英文文献较少，且在查到的有关行政区划研究的英文文献中，有不少是中国学者针对中国的行政区划相关问题的研究成果。英文文献中国外学者关于行政区划相关问题的研究主要集中在以下几方面。

（一）西方国家有关行政区划研究的重点在城市型政区

西方国家对行政区划的研究重点放在了城市型政区方面，其主要的原因是西方的城市化程度比较高，城市型政区已经日益增多，在基层政区中取代了传统的地域型政区，成为主要的政区类型。20世纪六七十年代，不同学科的专家学者从不同角度加强对大都市区政府的研究：政治学领域的专家学者揭示了大都市区政府分权治理的效果与本质（R. C. Wood, 1967; Bollens Sonmandt, 1965）；经济学领域的专家学者探讨了大都市区提供公共服务和基础设施的财政问题（Hirsh, 1968; Tichout, 1961）；地理学领域的专家学者研究都市区的空间结构（Cox, 1973; Soja, 1971）。

美国战后由于大量人口流出中心城市，并在城市周围建立了许多新的行政单位，但传统的市政服务却不能满足日益发展的需求，政府的高度分散导致权力难以集中，高度分散的权力难以为快速发展的城市化提供规划、管理和足够的财政支持。切斯特·马克赛认为，都市区地方政府权力的高度分散和分割损害了经济社会发展所取得的成就，这就对建立权力更为集中的政府提出了强烈的要求。因此，政府和学术界须加强对大都市区行政区划和行政体制的研究。Robert Words 发表《1400 个政府》（1961），对美国存在的因为缺乏足够的权力集中而引发的矛盾冲突所导致的政府低效率提出了质疑和批评。为此，美国政府颁布一系列政策法令，旨在精简地方政府机构，提高行政效率。此后，美国许多地方建立了大都市区的政府组织。欧洲的巴黎、法兰克福、伦敦和布鲁塞尔等都纷纷建立区域性的政府组织来加强管理和公共服务，推动都市区的发展。然而，公共经济学派对建立统一集权的大都市区政府组织提出质疑。进入 20 世纪 90 年代，美国大都市区的行政区划问题再度引起广泛讨论。

（二）少量关于行政区划调整个案的实证研究

西方基于其实证研究的价值取向，有学者开展关于行政区划调整的个案研究。在日本，除政治与行政学家广泛讨论行政管理体制与行政区划改革问题外，地理学家也开展了有关行政区划的研究。日本权威杂志《地理》1997 第 9 期发表片柳勉的文章《上城市合并以后都市结构的变化》，内容是关于两个城市合并的过程与规划布局问题。Bakaric、Ivana Rasic 对克罗地亚共和国行政区划做了一个实证研究。他的研究旨在通过行政区划的优化来获得区域公共事务和公共责任的最优绩效。他以 20 个县的人口、经济和公共职能指标等众多的测量数据为基础，通过多元统计的方法，得出了结论和建议。最后，他提出以 7 个新的区域来代替目前存在的 20 个县，而每一个新区包含公共职能特征和竞争力相似的区域。[①] Golos、Hivzo 指出在 Sanjak 区发生了经常的行政和领土划分。第一次划分发生在 1912 年，当时塞尔维亚王一世 Karadjordjevic 颁布了在新的解放区建立政府的法令。Sanjak 区被划分为两个区域：Raska 区和 Prijepolje 区。这两个区又各自划分为更小的区，这种区划一直持续到 1921 年。1921 年又采用了新的行政和领土区划，并延续到 1929 年。从 1929 年到 1941 年，Sanjak 区隶属于 Zeta 地区，这些区域的区划和市政仍然保留。创新就是 Banovina 的建立，Banovina 将 Sanjak 分在其检查团中。频繁的行政和领土区划调整

---

① Bakaric, Ivana Rasic (2012), "A PROPOSAL FOR A NEW ADMINISTRATIVE-TERRITORIAL DIVISION OF THE REPUBLIC OF CROATIA", *EKONOMSKA ISTRAZIVANJA-ECONOMIC RESEARCH*, vol. 25, No. 2, pp. 397 – 411.

对 Sanjak 区的经济和政治发展带来了不利影响。居民的教育受到了阻碍，失业率增加，牲畜数量增长，农业广泛歉收。[1] Richard Wild 对新西兰的法院系统的行政区划展开了研究。[2] V. K. Bugayev 对苏联领土行政区划中的问题的历史原因进行了概述，对前苏联的行政领土区划的优化进行了调查。[3]

（三）部分国家十分重视行政区划的优化

部分西方国家基于政治经济社会发展和行政管理的需要，十分重视行政区划的优化。英国地方政府的行政区划进行了数次大的调整，从 1974 年、1975 年开始，英格兰、威尔士和苏格兰等分别对地方政府行政区划进行大调整和重组，大部分地区的地方政府由原来的多级变为两级，即郡县政府和区政府。1992 年，英国成立地方政府委员会指导地方政府对非都市区的地方政府进行行政区划和结构调整。1996 年起，苏格兰将原来的 29 个区域议会与 37 个行政区议会合并为 29 个新议会，威尔士将 8 个郡县议会与 37 个行政区议会合并为 22 个一元化议会。法国大力推行行政区划改革，取得了两个方面的主要成果，一是在省级行政区以上成立大区，二是成立市镇联合体。目前 80% 的法国居民生活在市镇联合体中。市镇联合体是将单个市镇联合起来形成合力，通过政府间合作，获得公共服务的规模效益，共同提供单个市镇无力提供的公共服务。20 世纪 60—70 年代西德地区进行行政区划改革，20 世纪 90 年代德国在东德地区进行行政区划改革。在行政区划改革以前，西德地区多数市镇不足 1000 人，绝大多数的市镇不到 5000 人，行政区划改革后市镇总数大幅减少，由原来的 24200 多个市镇减少到 8500 多个市镇，减少约 65%；由原来的 425 个县减少到 235 个县，减少约 45%。雅加达（印尼首都）4 月 23 日报道，民主党总统候选人 Susilo Bambang Yudhoyono 表示，关于巴布亚岛行政区划的赞成和反对意见在实际上要跟随政府的两个管理制度的发布同步化，

---

[1] Golos, Hivzo (2007), "ADMINISTRATIVE AND TERRITORIAL DIVISION OF SANJAK (1912—1941)", *STATUS OF NATIONAL MINORITIES IN SERBIA* 丛书: Serbian Academy of Sciences and Arts Department of Social Sciences Scientific Conferences vol. 120 No. BK30 pp. 495–504。

[2] Richard Wild (1972), "The Administrative Division of the Supreme Court of New Zealand", *The University of Toronto Law Journal*, Vol. 22, No. 4 (Autumn, 1972) (pp. 258–266).

[3] Bugayev, V K (1991), "Improving the administrative-territorial division of the USSR", *Soviet Geography*, Vol. 32 No. 8 p. 545.

这两个制度应该同步化以便能使政府解决巴布亚岛的现存问题。① 2010 年古巴国民议会在其第五次普通会议上批准了一个法律修正案,决定调整古巴现行行政区划。在一次全体会议上,古巴的人民代表们讨论了 1976 年 7 月 1304 号法案的修改建议,当时古巴的省从 6 个增加到 14 个。而此次调整又增加了两个新省。②

(四) 少量关于行政区划与政治经济社会关系的研究

行政区划问题的研究需要多学科共同参与,行政区划研究本身涉及人文地理、政治经济、社会文化,有关行政区划的研究应紧密结合公共经济、行政管理体制改革等问题,具有很强的综合性。Sanchez-Martinez、Maria-Teresa 认为,在 20 世纪初,西班牙就引入了一个通过流域进行水资源管理的创新系统,并在后来获得《欧盟水框架指令》的认可。而近年来,由于各种各样的政治和行政的原因,许多激烈的领土争端不断出现,挑战这个系统的合法性。水管理的方式也随之变化,朝着更加环境友好型的方向演进。文章最后的建议是流域仍然是水管理系统的基本领土单元,尽管这要求国家层面的水资源协议。③ Sanhueza、Maria Carolina 认为,鉴于智利的独立和国家组织的最终程序,智利需要通过按照共和模式来划分国家领土以建立一个新的政治—行政秩序。然而,这是一种来自国外的观念,这种应用于智利的模式起源于 1789 年法国资产阶级革命后出现在法国的领土划分模式。这个事件给一个国家的空间组织提供了平等主义和共和的思想支持。④ H. L. Fang 认为在运用遥感数据进行农作物的产量估计中,必须估计特定行政区划的农作物的面积和单位面积的产量。有两个方法被采用,一是用行政边界来划分研究区域的目标成像,以此为基础对土地覆盖或土地使用类别进行处理,农作物确认和面积计算得以实现。二是

---

① "NATIONAL NEWS: SBY ON CONTROVERSY OVER PAPUA'S ADMINISTRATIVE DIVISION", *Antara*, Apr 24, 2004.

② Anonymous (2010), "CUBAN PARLIAMENT APPROVES NEW POLITICAL-ADMINISTRATIVE DIVISION", *Info-Prod Research (Middle East)*, Aug 3, 2010.

③ Sanchez-Martinez, Maria-Teresa (2012), "Who Manages Spain's Water Resources? The Political andAdministrative Division of Water Management", *INTERNATIONAL JOURNAL OF WATER RESOURCES DEVELOPMENT*, vol. 28, No. 1, 特刊: SI, pp. 27 – 42。

④ Sanhueza, Maria Carolina (2008), "The first political-administrative division of Chile, 1811—1826", *HISTORIA-SANTIAGO*, vol. 41 No. 2 pp. 447 – 493.

首先实现土地覆盖或土地利用类别的处理，然后从行政边界图像来划分研究区域并估计面积。文章分别将这两种方法称为策略 A（切割和分类）和策略 B（分类和切割）。在这篇文章中，这两种策略用来对稻谷收成进行估计。结果显示，在无人监管的聚类分析程序中策略 B 比策略 A 更好，对中稻谷物种植面积的估计的准确率超过了 81%，对早稻种植面积的估计的准确率达到 90%。[1] J. U. Gerloff 讨论了苏联解体后各种问题恶化。这些问题包括各种地理实体的现状变化、生育率下降和急剧上升的死亡率所致的人口减少，国内的移民和无法控制的通货膨胀等。[2] G. Lecaer 和 R. Delannay 对法国本土的行政区划的拓扑性质和度量性质进行了调查。它们与生物组织中所测量的性质不同。这证实了在失调的 2D 细胞结构中拓扑相关性的有限变化，细胞壁数量分布的变化。他们将分别由部门和区域的主要城镇所构成的二维平点程序 P1 和 P2 与不对称的复杂的随意的矩阵特征值所构成的参考程序进行比较。[3] N. G. Bodas 研究了工业教育与瓜廖尔（印度城市）行政区划的关系，从而更加有效地利用教育资源，来提高落后国家的人力资源能力。[4] Olga Shulgina 认为，直到最近，俄罗斯的行政领土区划问题也没能引起历史学家强烈的兴趣。然而实际上俄罗斯的行政区划问题影响了领土的经济和社会政治存在。这个国家的行政区划受到政治因素的影响，行政、官僚和政党的结构的影响越大，行政领土分裂的程度就越高。[5]

---

[1] Fang, HL (1998), "Rice crop area estimation of an administrative division in China using remote sensing data", *INTERNATIONAL JOURNAL OF REMOTE SENSING*, vol. 19 No. 17 pp. 3411 – 3419.

[2] Gerloff, J U (1996), "Administrative divisions, population, and the social situation in the Russian Federation: selected problems in the development of Russia", *Zeitschrift fur den Erdkundeunterricht* vol. 48 No. 4 pp. 163 – 166.

[3] LECAER, G; DELANNAY, R (1993), "THE ADMINISTRATIVE DIVISIONS OF MAINLAND FRANCE AS 2D RANDOM CELLULAR STRUCTURES", *JOURNAL DE PHYSIQUE I* vol. 3 No. 8 pp. 1777 – 1800.

[4] N. G. Bodas (1973), "On Technical Education with Special Reference to Gwalior Administrative Division", *Social Scientist*, Vol. 1, No. 11 (Jun., 1973) (pp. 63 – 71).

[5] Shulgina, Olga (2005), "Administrative Territorial Division of Russia in the 20th Century: The Historical-Geographic Aspect", *Social Sciences*, 36.4 (2005): 66 – 81.

(五) 少量关于行政区划与民族问题的关系的研究

在西方国家，民族问题本身是一个十分敏感的问题，而行政区划与民族问题关系密切，因此，行政区划与民族问题引起一些学者的关注。Mladen Klemenčić和Željka Richter 指出在克罗地亚这个国家经过了一个骚动时期，取得独立之后于 1992 年末引入了一个新的行政领土系统。这个新的国内领土组织是在几种不同准则间的妥协所形成的，它反映了克罗地亚的位置和地理特点以及这个国家的历史和以此为基础所形成的各种传统地区。作为新的区划的第一级单元——县，是主要的功能区。除了县，也有更低层级的行政区划，即以农村为主的区域成立的自治市和城市化水平更高的区域的镇。这个新的国内划分也为以塞尔维亚人为主的聚居区提供了一种领土自治的模式，塞尔维亚人是克罗地亚的第二大民族。因为这个原因，就划分了具有各自特点的两个区域。① Touraj Daryaee 研究了公元 3—7 世纪阿拉伯穆斯林的征服对波斯末代王朝期间（约 226—641 年）萨珊波斯王波西丝的行政区划的影响。② 波斯尼亚将国家划分为五个行政单位，一个早已存在的以塞尔维亚人为主的行政区，一个目前不存在的以克罗地亚人为主的行政区，一个以波黑穆斯林为主的行政区，和两个混合的行政区。这个模式考虑了现实情况并将保护克罗地亚人，而克罗地亚人在当时是波斯尼亚黑塞哥维那濒临灭绝的群体。③

二 国内研究现状

中国真正意义上的省级行政区划改革研究始于清末的维新派人士康有为，此后，关于行政区划改革的研究文献主要有张文范主编的论文集《中国省制》，李治安著的《行省制度研究》，郭荣星著的《中国省级边界地区经济发展研究》，李晓杰著的《体国经野——历代行政区划》，林汀水著的《中国历代行政区划制度的演变》，周振鹤撰写的《中国历代行政区划的变迁》以及《中华文化通志·地方行政制度志》，张在普撰写的

---

① Mladen Klemenčićand Željka Richter (1995), "Administrative-Territorial Division of Croatia", *GeoJournal* Vol. 35, No. 4 (April 1995) (pp. 391 –403).

② Touraj Daryaee (2003), "The Effect of the Arab Muslim Conquest on the Administrative Division of Sasanian Persis / Fars", *Iran*, Vol. 41, (2003) (pp. 193 –204).

③ Anonymous (2009), "Croatian party leader urges division of Bosnia into five administrative units", *BBC Monitoring European*, Nov 13, 2009.

《中国近现代政区沿革表》，孟昭华和王涵编著的《中国历代国家机构和行政区划》，许正文编著的《中国历代行政区划与管理沿革》，张明康和张明聚编著的《中国历代行政区划》，郭荣星的《中国省级边界地区经济发展研究》，浦善新著的《中国行政区划改革研究》，张文范主编的《中国行政区划研究》，刘君德、靳润成、周克瑜编著的《中国政区地理》，田穗生、罗辉、曾伟编著的《中国行政区划概论》，刘君德编著的《中外行政区划比较研究》以及《中国行政区划的理论与实践》，舒庆编著的《中国行政区经济与行政区划研究》，靳尔刚、张文范主编的《行政区划与地名管理》等。研究论文主要有方海兴撰写的《国情国力的重要表征——建国以来省级行政区划沿革》、何立波撰写的《建国初期中国省级行政区划的变迁》、顾保国撰写的《省级行政建制的演变与改革》、于建超撰写的《中国省制问题研究》、刘小康撰写的《行政区划改革：视角、路径及评价》、华伟和于鸣超撰写的《中国行政区划改革的初步设想》、李金龙撰写的《论中国行政区划体制改革的价值》以及《行政区划体制改革：一种现实主义分析》、刘君德和贺曲夫撰写的《论"强县扩权"与政区体制改革》、谭其骧撰写的《中国行政区划改革设想》、浦善新撰写的《中国行政区划改革浅议》等。国家社科基金项目有一项关于省级行政区划改革的研究"中国省级行政区划改革研究"，由谭君久主持，2002年批准下达，但未见其相关研究成果公开发表。此外，有不少博士生、硕士生专注于行政区划相关问题的研究。博士论文主要有南开大学赵聚军的《中国行政区划改革的理论研究——基于政府职能转变的视角》、中央民族大学田烨的《新中国民族地区行政区划研究》、华东师范大学（人文地理学）博士熊竞的《我国特大城市郊区（域）行政区划体制研究》、复旦大学（历史地理学）博士林涓的《清代行政区划变迁研究》、河南大学（人文地理学）博士常黎的《河南省行政区划与区域经济发展研究》、华东师范大学（人文地理学）博士胡德的《政府权力的空间过程及其影响》、华东师范大学（人文地理学）博士华林甫的《中国政区通名改革研究》等。硕士生论文就不在此列举。现在从十个方面对这些研究成果做简要梳理和评价。

（一）有关行政区划基本理论问题的研究有待进一步深化和系统化

有学者已从行政学视角提出关于行政区划的一些基本理论问题，但有待深入研究。范今朝着重讨论了行政区划的概念、类型、层次以及起源、发展等问题，并归纳出当代世界各国行政区划的主要模式，即英美模式、法德模式和苏联模式。① 马丽研究行政区划的含义、特点、类型及功能，专门研究了行政区划变更，并将行政区划变更的内容按具体情况分为建制变更、行政机关驻地迁移、隶属关系变更、行政等级变更、更名和命名等六个方面；归纳概括了行政区划的政治性、政策性、阶级性、系统性、综合性、地域性与区界的不重叠性、动态可变性等特征；概括出一般行政地方、城市地方、民族自治地方、特殊型行政区等行政区域的四大类型；从政治与施政职能、经济与管理职能、社会建设与管理职能等三方面概括了行政区划的功能。② 可见，马丽从行政学、政治学的研究视角对行政区划的一些基本理论做了较为全面的初步研究，但还处于探索阶段。一些研究结论还难以经得住逻辑的推敲。比如，行政区划的政治与施政职能、经济与管理职能、社会建设与管理职能到底是行政区划的职能还是政府的职能，行政区划的职能是否就是政府的职能，还可能存在逻辑不清或概念混淆的问题。不过，她提出了有关行政区划研究的一些值得关注的理论问题，有待我们更加深入地研究。而行政区划的改革或优化的主要目标、制约因素、推动因素和阻碍因素及其相互关系等基本理论问题尚未见系统研究。

（二）关于行政区划变迁规律的研究处于初步探索阶段

有学者试图总结探索行政区划变迁发展的一些历史规律，从而增强行政区划改革的自觉性，无疑具有相当大的现实意义和理论意义。周振鹤以中国历史时期的政治地理现象为研究对象，主要采用历史学方法，对中国历史政治地理开展研究，提出了从沿革地理、政区地理到政治地理的范式转换③，对行政区划与自然区划、文化因素的关系、中国历史上行政区划层级变迁的三循环④、中国历史上行政区划幅员的确定、行政区域划定的基本原则⑤以及其他相关因素进行了深入研究，取得了很有价值的研究成

---

① 范今朝：《权力的空间配置与组织的制度创新》，博士学位论文，华东师范大学，2004年，第2页。

② 马丽：《当代中国行政区划改革设想》，硕士学位论文，东北师范大学，2007年，第3—5页。

③ 周振鹤：《中国历史政治地理十六讲》，中华书局2013年12月第1版，第3—22页。

④ 同上书，第121—134页。

⑤ 同上书，第141—182页。

果。林涓以中国历史政治地理作为基本的研究取向,从历史视角专门研究清代的行政区划改革,全面考察清代地方行政区划、行政制度的调整、清代各级地方行政区划变迁的特点,系统分析清代行政区划改革的深层原因。林涓在结论中指出,对那些地处偏远、经济落后的地区来说,往往因为政府管理的幅员过大,交通不便,公文往来颇费周折,增加了地方管理的难度,设置直隶州专门管理则不失为最好的解决办法;地方形势比较重要的(如跨府或跨省的地方),也是中央调整政区设置的一个重点;那些赋税繁重、政务复杂的地区,为减轻赋税负担而设置直隶州也是一个主要的做法;对那些"民淳事少""僻处山阻"的地区,设置直隶州的意义就不大。在进行政区调整的时候,中央政府的主要依据包括划界时往往根据地形,但为了政府有利于加强地方控制又作了"犬牙相入"的调整。因地区发展的不同,可以分为经济发展型政区、过渡型政区与落后型政区;往往是将发展型政区分设州县,将过渡型政区作升级或改制,而将落后型政区进行撤销或归并。发展型地区,人口多、赋税重,而较为落后的地区又往往幅员广袤且地处偏僻,因地区大小进行归并。一些范围较大的府州县进行分设,而范围小、事务简、粮少赋轻之地则予以归并。从以上事实我们可以看到,便于地方的管理和中央的控制,是政区调整的关键因素。地理因素会影响到政区调整,其次,影响地方行政区划变动的就是经济因素,事实上,政区的变化也更多地体现了地方经济的开发程度。与地方行政区划的变更关系较为密切的,还有一系列为巩固中央集权而采取的军事等行动。[①] 林涓从对清代行政区划调整的历史考察中探寻行政区划变迁具有规律性的东西,是非常有价值的。林涓将影响行政区划调整的主要因素概括为地理因素、经济因素、政治因素和军事因素等三方面。但林涓的研究重点是对清代行政区划调整的相关历史事实的考察,而对行政区划调整的影响因素的分析仅在结论中点到即止,较为原则、概括,有待进一步系统化研究。王敏对中国省级行政区划的变迁历史分两个阶段做了粗略的梳理,论述了从秦汉到元朝的一级政区的变迁历史,分析了从元朝到中华人民共和国成立以来中国省级行政区划变迁的历史。在此基础上,较全面地总结出中国省级行政区划的历史变迁规律。她大致总结出四条规律:一是

---

① 林涓:《清代行政区划变迁研究》,博士学位论文,复旦大学,2004年,第218—222页。

省级行政区划演变中的非行政区向行政区转化规律，二是省级行政区划逐步稳定的规律，三是省级行政区划类型不断增加的规律，四是省域面积不断划小的规律。王敏还对世界行政区划具有代表性的英、法、日三个国家的一级行政区划的改革历史进行了简述和分析，并从中得出对中国的省级行政区划改革具有指导性的宝贵经验，具体包括行政区划改革与国家政治体制和政治传统相适应、改革遵循法制原则、促进城市型政区发展、减少行政层级等带有普遍性的规律。[1] 这些规律的研究无疑是十分有意义的，但是关于行政区划历史发展规律的研究是有相当大的难度的。目前关于规律性的理论研究本身还很少，总结出来的规律本身也只是涉及行政区划的某个别方面，还很不全面、很不系统，且目前总结出来的一些原则、经验等带有规律性的东西的普遍适应性也还有待实践的检验。

（三）关于中国行政区划改革的重要性、必要性和可行性研究不断深化

关于中国行政区划改革的重要性和必要性的研究是要推动行政区划改革的首要问题，因此学术界广为重视，并从很多的视角加强研究，出了不少研究成果。

（1）近年来关于行政区划改革的必要性的研究重点在经济和效率。高峰、陈承新在《省级行政区划制度改革再构想》一文中分析了省级行政区划改革的必要性，包括中国的省规模过大，数量太少，行政事务繁杂；省级行政区划限制了地方经济的发展；中央与地方之间利益表达渠道不通畅。[2] 浦善新在《中国行政区划改革研究》[3]，刘君德、靳润成、周克瑜在《中国政区地理》等书中对省级行政区划改革的必要性进行了分析[4]。他们从省区数量偏少、幅员过大、省区规模差距悬殊、省区名称混乱、省区边界犬牙交错以及提高行政效率、解决一级政区遗留问题、淡化"行政区域经济"、改善中央与地方的关系等方面来分析改革的必要性。汪旻艳以省级建制调整为核心的行政区划改革为现阶段行政体制改革的突

---

[1] 王敏：《我国省级行政区划改革研究》，硕士学位论文，湖南大学，2010年，第29—37页。

[2] 高峰、陈承新：《省级行政区划制度改革再构想》，《衡阳师范学院学报》2006年第1期。

[3] 浦善新：《中国行政区划改革研究》，商务印书馆2006年版，第258—264页。

[4] 刘君德、靳润成、周克瑜：《中国政区地理》，科学出版社1999年版，第165—167页。

破口,并指出了中国现行省级行政区划设置存在的诸多弊端,提出了优化地区布局、强化经济全方位辐射、增加省级行政区划数量、划小省级行政区划规模、增设直辖市发挥中心城市的辐射带动功能、省县直辖、减少行政层次等对策措施。① 张娟从地方政府财政制度合理有效运行的角度分析了地方政府层级划分的重要性,分析了中国行政区划的演变规律,指出了中国现实中地方政府层级划分的混乱状态及其对中国经济社会发展的制约,从提高行政效率、优化配置资源、促进生产要素合理流动、节约财政开支、减轻群众负担、加快社会经济发展等方面论证了科学合理地设置行政层级的重要意义。② 王敏在分析中国现行省级行政区划现状的基础上,指出和剖析了当前中国省级行政区划体制所存在的各种问题,进而阐析了改革中国现行省级行政区划的必要性,认为中国省级行政区划改革的必要性具体表现在有利于提高行政管理效率、有利于解决一级政区历史遗留问题并理顺其关系、有利于推进区域经济一体化协调发展、有利于改善中央与地方关系,并指出了行政区划与国家权力、行政区划与央地关系之间的本质联系,认为省级行政区划的布局关系着中央与地方之间的关系,每一次省级行政区划的调整过程就是中央与地方关系的一次调整过程;并认为有助于解决中央与地方关系处理过程中"一统则死,一放就乱"的矛盾现象。③ 马丽全面系统地描述了中国现行行政区划存在的主要弊端,并从有利于消除行政壁垒与地区封锁、有利于提高行政效率、有利于改善中央与地方关系等方面论证了行政区划改革的必要性。④ 周晓美认为行政区划的改革,目前已成为中国政府行政管理体制改革讨论中的一个热点问题,并揭示了作为上层建筑的行政区划与经济基础不相适应的状态,并列举了表现的主要问题,从而来论证行政区划改革的必要性。⑤ 贺曲夫也列举了

---

① 汪旻艳:《现行省级行政区划改革研究》,硕士学位论文,南京师范大学,2007年,第29—34页。
② 张娟:《我国行政区划层级设置研究》,硕士学位论文,河海大学,2007年,第4页。
③ 王敏:《我国省级行政区划改革研究》,硕士学位论文,湖南大学,2010年,第22—28页。
④ 马丽:《当代中国行政区划改革设想》,硕士学位论文,东北师范大学,2007年,第6—10页。
⑤ 周晓美:《中国省级行政区划改革研究》,硕士学位论文,电子科技大学,2007年,第26—31页。

行政区划存在的主要问题来论证行政区划改革的必要性。① 纵观已有研究，有关中国行政区划改革的必要性的研究十分扎实充分，且主要的研究结论也基本一致，对中国当前行政区划存在的主要问题的认识较为深刻、准确。对行政区划的不合理因素对行政管理效率的制约作用的研究较为深入，但对行政区划、行政层级对中国的行政效率、资源配置、区域经济平衡发展的影响的相关研究还不够全面、不够深入，尤其对中国的单一制国家结构形式和中央高度集权的行政体制对行政区划的设置的科学性的深刻影响的相关研究尚未引起学术界的应有重视；对行政区划的设置对政治稳定、社会自治能力的提升等相关问题的影响或者关系也未引起学界的关注。因此，有关行政区划改革的必要性的研究也还有一定的研究空间。

(2) 关于市领导县体制的利弊和存废的争议十分激烈。自从1982年中国一些地区试行市领导县体制以来，有关市领导县体制的作用和弊端的争论就没有停止过。尤其在20世纪80年代后期，仁者见仁，智者见智，褒贬不一，愈演愈烈，形成两个针锋相对的阵营。支持者认为，市领导县体制有利于城乡结合、城市带动农村、城乡一体化、打破城乡二元结构、缩小城乡差别，可以从财政保障、经济支持、人才流动、工农互补等多方面促进城乡统筹发展，实现以城带乡、以工促农，促进县域经济的快速发展。反对者普遍认为，用行政手段把市和县强行捆绑在一起，市级政府往往利用手中的行政权力，自觉不自觉地将发展重心放在城市，在经济利益和财政资源的配置上向城市倾斜，不仅没有缩小城乡差距，反而加剧了农业反哺工业、城市剥削农村的不合理状况。本来省是进行行政管理较实的层次，地区相对来说比较虚，市领导县体制使地级由虚变实，不仅加剧了市县之间的矛盾，而且随着市权力的不断扩大，省市矛盾也时隐时现。更为严重的是，行政性分权还可能导致既没有行政协调又没有市场协调的混乱状态。农村和城市各自具有不同的特殊情况，在政策制定、政策执行以及公共服务的提供和行政管理的方式上本应差异化，才能提高针对性、适应性和有效性，结果，在城区，政府抓经济、企业办社会这种产品经济模式下形成的局面未能根本改变，环境建设、社会服务、基础设施完善没能认真抓好。大多数地方城区由市委、市政府全面领导，县由市委农工部、

---

① 贺曲夫：《中国省级行政区划改革研究》，硕士学位论文，湖南师范大学，2004年，第28—31页。

市政府农委（农业局）条条管理，某个市领导分管，在一定程度上造成农业生态环境脆弱、土壤退化、水利失修、发展后劲不足，乡镇企业和农民建房滥占耕地和随意布点的问题日益突出，"三农"问题愈演愈烈。市领导县体制失败的根本原因是体制本身的缺陷。①

（3）关于行政区划改革的可行性的研究还不够全面、系统和深入。高峰、陈承新在《省级行政区划制度改革再构想》一文中分析了省级行政区划改革的可行性，包括从制度利益分析，认为省制并没有直接的利益受害者；从技术可行性分析，认为现代科技和交通条件为改革打下了良好的基础；综合国力的上升，有充分的资金支持。② 侯景新、浦善新、肖金成在《行政区划与区域管理》中认为，从国际比较、中国历史上的行政区划设置情况以及行政区划发展趋势、改革时机、改革基础等方面来看，行政区划改革都是可行的。③ 田穗生、罗辉、曾伟在《中国行政区划概论》一书的附录一中特别地对中国的省级行政区划改革的可行性进行了较为深刻的详细阐述，他们从管理层次与幅度理论、行政效率的提高等方面论证了改革的可行性。但他们对重划省区的可行性提出了质疑，认为一个国家地方行政层次的多少，不是一个纯理论问题，更不是能由人们主观意愿随意决定的。通过重划省区达到减少省县之间一级层次的目的以提高效率的必要性是不充分的。主要理由是认为效率高低的决定性因素在于职责权限的划分是否明确，而层次对效率的影响并不是决定性的。还认为，重划省区取消中间层次要克服宪法上的困难，要克服党的民族政策的困难以及省区地域过于辽阔的困难。④ 马丽从经济发展、改革环境、国际形势等方面论证了中国行政区划改革的可行性，指出中国具有改革的大环境，经济的迅速发展为改革提供依据和保障，城市化为改革提供基础，交通基础设施、通信以及信息服务技术的发展为改革创造条件，世界上大多数国家的行政区划设置为改革提供可借鉴的经验，世界各主要国家致力于提高

---

① 浦善新：《中国行政区划改革研究》，商务印书馆2006年版，第82—86页。
② 高峰、陈承新：《省级行政区划制度改革再构想》，《衡阳师范学院学报》2006年第1期。
③ 侯景新、浦善新、肖金成：《行政区划与区域管理》，中国人民大学出版社2006年版，第303—315页。
④ 田穗生、罗辉、曾伟：《中国行政区划概论》，北京大学出版社2005年版，第264—276页。

行政效率，适当减少地方行政管理层级，适度增加各级政府管理幅度，促使行政区划由原来的尖耸型组织结构逐渐向扁平型组织结构转变。[1] 纵观已有研究，对行政区划可行性的研究相对必要性的研究而言，成果较小且深度还远远不够。已有的可行性研究主要集中在技术条件、经济发展等方面，且往往比较宏观、原则，说服力不够。对管理能力、组织要素、社会发展等方面的可行性研究还较为薄弱。尤其缺乏对行政区划改革的相关利益主体的利益分析，缺乏对各相关利益主体的动力、阻力的深入研究，故行政区划改革的可行性研究有待进一步拓展和深入。

（4）关于行政区划改革可能存在的风险和收益的对比分析及风险防范研究有待加强。行政区划改革将面临一些风险，已有的行政区划改革实践和案例已经反复证明了这一点。但现有行政区划改革的相关研究更多关注的是行政区划改革可能产生的收益，而较少关注甚至往往是忽略了行政区划改革可能面临的风险。2012年4月发生的重庆"万盛事件"就是明证。因此，行政区划改革的相关研究要加强风险研究，尤其要加强对改革风险的防范研究。

（四）关于行政区划改革基本思路和改革趋势的研究结论基本一致

纵观各位学者有关行政区划改革的基本思路、改革方向的研究发现，在减少行政层级、采用三级制、缩省增省、适当划小省区等基本思路和改革方向上是基本一致的。马丽提出了中国行政区划改革的设想，主要包括减少行政区划层级，采用实三级制，逐步撤销地级行政建制，实行省直管县（市），继续稳定县级行政建制，强县扩权，保留乡（镇）级行政建制，增加省级行政单位，适当划小省区，继续推进政府机构改革，运用扁平化理论，重建政府组织结构与幅度。[2] 周晓美认为根据中国行政区划体制存在的问题和社会的发展趋势，调整省级行政区域的管理规模划小省区，撤销地级市管县体制减少行政层次，是提高行政管理效率、降低行政管理成本的必然要求。[3] 贺曲夫将中国的省级行政区由现在的34个增加

---

[1] 马丽：《当代中国行政区划改革设想》，硕士学位论文，东北师范大学，2007年，第11—14页。

[2] 同上书，第17—25页。

[3] 周晓美：《中国省级行政区划改革研究》，硕士学位论文，电子科技大学，2007年，第44—57页。

到60个（12都、36省、8自治省、4特别行政区），并提出了修改宪法有关条款及相关法律法规、加大投入培育一些区域性中心城市、"先试点，后推广""先易后难"等行政区划改革策略。① 这些青年学人的研究结论与包括傅角今、刘君德、浦善新以及下节即将提到的众多学界前辈的基本思路和改革方向都是一致的。可见，对中国行政区划改革的基本方向和主要思路已经没有太大的争议。

尽管华伟、陈占彪等少数学者对缩省增省提出了质疑，但他们的最后结论仍然是赞同对明显不合理的省区先行采取划小方案，在其他省区采用局部微调的办法，做一合理的划小和调整。他们认为，缩省增省后会加剧地方保护主义、区域分割和"诸侯经济"。陈占彪认为缩省是治标之法，而政治制度改革才是治本之术。因此，他强调，划小省区要与民主政治体制改革结合进行。② 无疑，行政区划调整与政治体制改革应相互促进，但中国具有中央高度集权的传统，推行地方自治也是极其艰难和漫长的，且中国地区发展差距之大，地区发展条件的优劣差距也极大，而通过公共资源的掌控者中央政府的转移支付和政策支持是促进落后和艰苦地区发展的重要手段，而省级政府是重要的平台和承载者，因此，地方自治、削弱省级政府的作用，无疑是大幅度增大中央政府的管理幅度，既是不可行的，也将大大削弱政府在平衡地区协调发展中的作用。

（五）关于省级行政区划改革分省缩省方案方面的研究成果十分丰富

国内学者在省级行政区划改革的基本思路上已经达成基本的共识，从清朝末年至今已经有较多的分省缩省方案问世。

1. "增省缩省、分省减层"是学术界关于省级行政区划改革的共识。省级行政区划研究的最终目的就是要提出一套科学可行的省级行政区划改革方案，主要是增省缩省方案。省制改革中的主流方案是将幅员过大的省级行政区域适当划小，从而增加省级行政区的数量，总体思路是"缩省并县，省县直辖，创新市制，乡镇自治"。从19世纪末以来，"重划省区"研究和呼声引起不少关注。尤其在20世纪前半叶，中国学术界与政

---

① 贺曲夫：《中国省级行政区划改革研究》，硕士学位论文，湖南师范大学，2004年，第52—64页。

② 陈占彪：《行政组织与空间结构的耦合——中国行政区经济的区域政治经济学分析》，东南大学出版社2009年版，第136—146页。

界共同努力孕育了新的省制改革方案,但由于解放战争和中华人民共和国的成立而中断。关于省区改革的问题,其实在清末以来都有大量的专家学者尽心研究,大家在中国省制的弊端及分省减层的改革思路上都有比较一致的认识。

2. 关于"增省缩省"的具体方案不少,但大同小异。"增省缩省"方案早在清末和民国时期就被广泛地提及,很多论著被收集到1995年由张文范主编的《中国省制》一书中。尽管大家的意见大都主张将中国的一级省区适当缩小,并提出了不少分省方案和建议。1916年,孙洪伊向国会提出划中国为50省区,每省辖40县的建议。1917年,国民政府内务部曾发表《改革全国行政区域意见书》,规划54个一级行政建制。以康有为、梁启超、章太炎等为代表的"废省派",主张废除省制,以道制代之,以当时中国60多个道为一级政区,使地方治理趋于正规化。以胡焕庸、张其昀等为代表的"析省派"提出将一省分为数省。胡焕庸从未来发展角度,于1941年提出了将原有28省和蒙古、西藏2地方,调整为64省2地方的方案(包括了当时仍属中国的现蒙古国);张其昀考虑历史背景及地理环境等因素,于1946年把中国调整为60省。以洪绂、黄国璋、傅角今等为代表的"重划派",则主张打破既有省区界线,彻底重新划分省区。黄国璋方案把中国重新划分为56省、2地方及海军要塞3处(旅顺、威海及澎湖列岛);洪绂于1945年认为中国可重新划分为57省1地方。对中国省区重划研究得最全面、最系统的应当是时任国民政府内政部方域司司长傅角今,他是中国近代省制改革问题研究的集大成者,1948年,傅角今主编的《重划中国省区论》对中国历代行政区划制度的历史沿革、重新划分省级行政区的相关研究的进程、重新划分省级行政区的主要方案、重新划分省级行政区的必要性和重要性、重新划分省级行政区的技术问题、重新划分省级行政区的草案及实施步骤等做了深入探讨,系统地提出新省区划分草案,他主张将中国划分为56省、2地方、12直隶市。中华人民共和国成立以后,在相当一段时间里,研究的学者比较少。1989年11月在江苏昆山召开首届中国行政区划学术研讨会,省级行政区划成为会议讨论的热点。随后,胡焕庸、谭其骧、刘君德、浦善新、周振鹤等提出了各自的省级行政区域划分改革方案。谭其骧认为适当划小省区,是完全符合国家行政管理、经济文化发展需要的,中国大致可划分为50个左右的一级政区,提出其50道的分省改革方案。华东师范大学中国行政区划研究中心的刘君德综合考虑一定的面积和人口规模、自然地理状况（包括资源的分布与开发利用、保护及环保）、依托经济实力较强的大中城市、交通网络条件、历史状况和民族分布等因素，在其主编的《中国政区地理》中主张将中国重新划分为59个一级政区。浦善新提出将中国划分为50—60个省（自治省、都市省和特别行政区）的方案，并建议缩小省区可在吉林、辽宁、四川、海南、宁夏等地先试点。周振鹤在《地方行政制度志》一书中认为，数目控制在50个左右比较合理，太多则中央不便管理，太少则不能收到实效。田穗生、罗辉、曾伟等在《中国行政区划概论》的附录一中主张将中国划分为50个省级政区。胡星斗、刘小康、金太军、郭荣星等都提出了缩省增省的行政区划改革方案。郭荣星将中国分为43个一级行政区。戴均良提出可以选一些特大城市来培育和发展直辖市，建议扩大北京、天津、上海的管辖区域。王凌峰2004年撰文《中国需要调整省级行政区划》，提出将中国分为3个特区、2个直辖市和42个省共50个省级行政区的方案。贺曲夫于2004年提出将中国的省级行政区由现有的34个调整到60个的方案，[①] 60分省方案如下：东北区包括沈阳都、大连都、辽西省、吉林省、黑龙江省、兴安省；华北区包括北京都、天津都、青岛都、冀州省、山东省、河北省、山西省、内蒙古自治区；华东区包括上海都、南京都、浙江省、江苏省、淮海省、安徽省、江西省；华中区包括武汉都、湖北省、三峡省、河南省、隆中省、湖南省、武陵省；华南区包括广州都、深圳都、福建省、潮汕省、南岭省、广北省、雷州省、海南省、香港特别行政区、澳门特别行政区、台湾特别行政区、金厦特别行政区；西南区包括重庆都、川北省、西川省、凉山省、贵州省、广西自治省、云南省、澜沧省、西康自治省、西藏自治省；西北区包括西安都、陕北省、甘肃省、宁夏自治区、河西省、青海省、柴达木省、北疆自治省、伊犁自治省、南疆自治省。

3. 新的省域划分方案须紧密结合自然地理、历史传统和发展需求综合考虑。简要回顾各研究方案表明，相关研究都得出了中国的省域数量应该大量增加、省域规模应该大幅缩小的一致结论。甚至在具体的缩省方案的数量上都相差不大。划小省区需要确立一个科学的标准。考虑中国幅员

---

① 《清末以来关于我国省制改革相关方案的基本回顾》，2011年7月6日，http://blog.sina.com.cn/s/blog_ 4de273a50100vn1g.html。

面积广大、人口多、民族复杂、地区发展不平衡、行政管理任务量大等实际情况,把中国省级单位数量确定在 60 个左右为宜。新的省级政区的划分应尽可能地与自然地理区和经济区相一致,以保证经济区与行政区的契合,以便形成合理的经济网络。同时,必须充分考虑历史文化传统的认同和地缘认同。划小省区组建新省的基本原则应是以现有的省区为基础,将其一分为二或三,同时进行有限度的省界调整,在几省的接壤地带重划一个新省对这些偏远区域的经济社会发展具有很大的推动作用,因此,在特定的具有一定历史地理基础条件的地区可以采用。

(六) 关于政府职能与行政区划改革的关系研究凸显行政区划改革的紧迫性

随着政治经济社会文化的快速发展,政府的职能重心及其职能履行方式无疑会随之发生巨大转变,而随着政府职能的转变,行政区划在承载政府职能履行中的作用及方式也应该随之而变化。因此,关于政府职能转变与行政区划改革关系的研究具有一定的理论意义。赵聚军认为需要从政治发展和政府治理模式转换,尤其是从政府职能转变的视角,强化对行政区划的理论研究,并尝试建立一个新的分析框架。他关注到政府职能重心定位与行政区划改革之间存在的内在联系,提出了行政区划改革基本目标的确定主要取决于该时期国家政府职能重心的具体定位,行政区划改革是为政府基本执政目标服务的基本观点。[①] 应该说,加强行政区划与政府职能关系的研究对完善行政区划的相关理论是有较强的理论价值的。但是相关研究还太过宏观、原则,对政府职能与行政区划关系的研究还不够深入、不够具体,以规范分析为主,因此,论据的说服力不强,解释力也难以加以有效的检验,而据此提出的关于行政区划改革的对策性研究也就缺乏针对性和可操作性。且政府职能只是政府的众多要素之一,也是影响、制约行政区划改革的众多因素之一,关于政府职能与行政区划关系的研究对要全面把握行政区划的相关问题、全面系统构建行政区划的相关理论的要求而言,还有待深入研究。但赵聚军的研究揭示了行政区划在政府职能作用发挥中的重要地位,对行政区划改革提出了强烈要求。

[①] 赵聚军:《中国行政区划改革研究:政府发展模式转型与研究范式转换》,天津人民出版社 2012 年版,第 15—18 页。

（七）关于民族问题与行政区划的关系研究要求正确处理自治与发展的关系

行政区划与民族问题的关系是一个重要的问题，但只有少数国内学者对此开展专门研究。田烨认为民族区域自治制度的实施与少数民族地区行政区划设置关系密切，少数民族地区行政区划设置是贯彻实施民族区域自治制度的组织载体和保障，少数民族地区行政区划设置的优劣直接关系到民族区域自治制度的实施效果。中华人民共和国成立以来，中国民族地区行政区划改革经历了从自治区单一的行政建制到目前自治区、自治州、自治县三级行政建制的发展，使民族区域自治制度更加完善。但随着时代的发展和政治经济社会文化的进步，尤其是近年来城市化、城镇化的加速发展，少数民族地区加快探索行政区划调整的创新形式势在必行。[①] 民族地区行政区划的调整或改革必须要促进民族自治权和城市化进程的有机结合，要有效地保障少数民族的自治权利和发展权利，不可偏废。无疑民族问题是行政区划设置须考量的重要因素。民族问题对政治社会的稳定至关重要。随着经济社会发展的一体化加剧，民族融合得到加强，少数民族分散杂居的分布面广，而少数民族集中居住的地区往往是经济社会发展落后的地区，因此对中央和上级政府的经济、政策支持的盼求十分急切，在这样的地区设立省级政府加强对这些地区经济社会发展的经济、政策支持，并不干涉其民族区域自治，不会面临太大的矛盾，且在行政区划上的分割比合并更易于被当地人民接受。这必然要求正确处理民族区域自治与经济社会发展的关系。

（八）关于城市化与行政区划关系的相关研究凸显行政体制的重要性

有关城市化与行政区划关系的几项研究在一定程度上触及了行政体制对行政区划以及行政体制通过行政区划对经济社会发展的制约影响或促进作用。熊竞专门研究了特大城市郊区的行政区划体制。他重点研究了特大城市郊区行政区划体制的作用，从政区地理学的角度阐述了特大城市郊区行政区划体制的概念，分析行政区划的本质特征，研究了（特）大城市郊区政区体制演进的历史，从形式分治（合治）与实质分治（合治）的视角对中国郊区行政区划体制的演变进行了理论总结，开展了上海郊区政

---

① 田烨：《新中国民族地区行政区划研究》，博士学位论文，中央民族大学，2009年，第26—28页。

区体制的实证分析，提出了中国特大城市郊区行政区划体制改革的现状、问题、逻辑起点、指导思想和基本原则，并指出了直辖市与省辖特大城市在未来郊区行政区划体制改革上的不同路径、模式、方案和思路等。[1] 范今朝论证了城市发展与政区演变的互动关系，指出城市发展与政区演变的强烈互动关系表现为二者的同构与异构，具有一定的新意，并在一定程度上揭示了政治体制和行政体制对行政区划改革的重要影响；并提出当代中国行政区划改革的四大方略，一是城市内部自身行政体制、政治体制的改革，是行政区划改革成功的前提和保障；二是城市型政区的行政区划改革是近期推进城市发展的重要手段；三是将"分权体制""都市善治"和"聚落自治"确定为中国政区改革的目标，分别对应高层政区、中层政区和基层政区；四是加强各层级行政区划调整的规划。[2] 熊竞和范今朝等的相关研究已经触及了政治体制、行政体制、权力体制对行政区划的发展及其适应性、效应的制约影响作用。但他们的研究主要还是限于行政区划对城市发展的作用，且对政治体制、行政体制等对行政区划制约影响作用或与行政区划关系的研究还不直接，对行政体制、政治体制与行政区划关系的研究还是寓于行政区划与城市发展的相关关系之中。不过他们的研究可以作为支持本项研究主要观点的有力论据。

（九）关于行政区划与区域经济发展关系的研究越来越受到重视

从清朝末年到 20 世纪下半叶，中国学者和实务界关于缩省增省改革的呼声主要是基于政治统治的目的，而到了 20 世纪八九十年代，学者主要是从经济发展的角度提出缩省问题。

陈占彪以行政组织与空间结构的耦合为研究视角，对中国行政区经济的区域政治经济学开展研究，主要对中国区域政治经济学中所涉及的若干重大问题给予理论分析与说明；试图通过中国行政区划的理论与实践来加强对中国区域政治经济的深入研究。[3]

陶希东以单个跨省都市圈为研究对象，对跨省都市圈的"行政区经

---

[1] 熊竞：《我国特大城市郊区（域）行政区划体制研究》，博士学位论文，华东师范大学，2009 年，第 221—243 页。

[2] 范今朝：《权力的空间配置与组织的制度创新》，博士学位论文，华东师范大学，2004 年，第 172—188 页。

[3] 陈占彪：《行政组织与空间结构的耦合——中国行政区经济的区域政治经济学分析》，东南大学出版社 2009 年版，第 1—8 页。

济"现象及其多元化形成机理和整合机制等重大问题,开展了较为系统的理论研究和实证研究。他发现了由相互封闭的行政区经济向相互开放的都市圈经济发展的演变趋势,指出了跨省都市圈的行政区经济现象的经济根源、城市政府间非合作"囚徒困境"、社会根源和社会信用危机等问题,提出了构筑区域市场经济体系、区域城际合作体系、区域社会体系和区域政治体系等跨省都市圈经济的整合机制以及跨省都市圈城市政府间关系再造和区域政治制度创新等路径。[1]

常黎以河南省区域经济发展与行政区划的现状为基础,运用定性和定量分析的方法,研究河南省区域经济发展与行政区划之间的关系,论证了行政区划改革与调整的区域经济发展效应,具有一定的研究难度;并研究了行政区划改革与调整存在的突出问题,提出了优化河南省行政区划与区域经济发展关系的构想,指出要深化政治体制和经济体制改革,充分发挥市场机制配置资源的基础性作用,从根本上解除行政区划对区域经济发展的制约。[2]

无疑,行政区经济和地方保护主义在中国是普遍现象,也正因为如此,划小省区、增加省份可能面临加剧地方保护主义,而对经济社会的一体化发展形成客观挑战;同样也因为如此,在政府高度主导、政府资源掌控能力特别强的中国,通过缩小省区,在经济发展欠发达的区域增设省区,通过政府的主动支持,来平衡、协调地区间的经济社会发展就很有必要。而这对矛盾可以通过对政府的经济发展职能和市场监管职能的适度分离来予以解决。

(十)关于政区的发展历史、政区通名等的考察研究有助于行政区划的规范化

有不少人文地理学专业的学者加强了对政区的发展历史、政区通名等问题的研究。林涓全面考察清代督抚的设置、分布及辖区变化,清代直隶州的改革,直隶州和府的关系,道的辖区变迁与驻所之间的关系,清代各

---

[1] 陶希东:《转型期中国跨省市都市圈区域治理——以"行政区经济"为视角》,上海社会科学院出版社2007年版,第1页。

[2] 常黎:《河南省行政区划与区域经济发展研究》,博士学位论文,河南大学,2007年,第136页。

道及其驻所的变化,清代高层政区中的布政使司及其下属区划变迁情况。① 华林甫考察了政区通名的古今变迁、中外政区通名的对比,总结历史上的分省经验。② 杜萍从地图学和地理信息系统的角度开展了基于本体的中国行政区划地名识别与抽取研究。③ 杜萍从地图学和地理信息系统学视角展开的相关研究与本项研究从行政管理学视角的相关研究属于不同的学科和视角,但其研究成果对进一步规范行政区划的改革是有裨益的。

三 综合评析

在了解国内外对行政区划相关研究文献的基础上,现对相关研究所取得的成绩和不足做简要评析。

（一）对国外文献的分析评价

西方国家有关行政区划的研究现状给予我们如下启示。一是国外研究侧重在大都市区和城市型政区的研究,对正处于快速城市化的中国而言,具有很强的现实借鉴意义。二是国外对行政区划的研究特别关注效率,这与西方管理思想发展中科学管理时期特别重视和追求效率有关,有助于中国在政府管理中进一步明确管理效率的价值地位,从而进一步引起有关行政区划研究对效率的重视。三是由于西方发达国家多是联邦制,即使是单一制,也多是自治体的地方政府,中央集权很弱,权力主要在公民和地方,中央政府的调控力度和对资源的掌控度都比中国弱,除了美国、加拿大、澳大利亚和原苏联而外的多数西方国家国土面积相对中国而言都很小,因此这些国家的行政区划对全国经济社会文化发展的影响力相对中国而言要小得多,因此,行政区划对学术界的吸引力较小,理论研究相对不足。尽管西方学术界尚未建立一个完整的行政区划理论体系,但因中国政治体制的鲜明特色,而不能将中国的行政区划与西方国家的行政区划等量齐观,也正因为如此,急需重视对行政区划的政治学和行政学视角的研究。

（二）对国内学者研究的评价

纵观100多年以来,国内学者有关行政区划问题的研究取得了不少成

---

① 林涓:《清代行政区划变迁研究》,博士学位论文,复旦大学,2004年,第10—12页。
② 华林甫:《中国政区通名改革研究》,博士学位论文,华东师范大学,2002年,第1页。
③ 杜萍:《基于本体的中国行政区划地名识别与抽取研究》,博士学位论文,兰州大学,2011年,第1页。

果,并且在改革的必要性和改革的基本思路上取得了基本的共识。一是对中国历史上一些重要时期的行政区划变迁的历史研究,二是对中国行政区划存在的突出问题及其改革的必要性的研究,三是关于缩省增省的具体改革方案的研究,四是对市管县和省直管县改革的研究,五是关于行政区划与政府职能、经济发展、城市化、民族问题等相关问题的关系的研究。

国内学者有关行政区划的研究成果尚存诸多不足,难以满足推动行政区划改革的现实要求。一是对行政区划改革研究背景的变化重视不够。对增省缩省的方案研究起源于清朝末年,也基于当时的政治经济社会背景,而中国的政治经济社会发展变化很大,时代的变迁以及当前科学发展的要求,对优化行政区划提出了更高的要求,也赋予了新的含义。因此,对行政区划改革的研究应该基于新的视角。二是有关行政区划改革研究的政治学、行政学、经济学视角严重不足。中国学者有关省级行政区划的研究也指出了存在的许多问题,但缺乏有足够说服力的判定标准。尤其缺乏将行政区划视为政治体制、行政体制和经济体制的重要组成部分而从政治学、行政学和经济学视角对其展开系统分析,最终导致有关行政区划研究的理论深度不够。因此,对行政区划的科学性及其优化路径的考量基准、考量方式和分析视角加以进一步拓展就很有必要。三是以定性研究为主,定量研究缺乏。中国学者有关省级行政区划改革的必要性的研究主要是定性分析,缺乏对做出这些问题判定的科学根据的定量研究,而行政区划作为政府实现公共治理、公共事务管理和公共服务的重要载体,其优劣程度必定影响到政治经济社会文化的发展,因此从行政区划与政治经济社会文化全面协调可持续发展的相关性分析来论证行政区划改革的必要性具有很强的实践意义和理论意义。四是有关行政区划改革的可行性研究不足。中国学者有关行政区划的研究主要集中在省级行政区划,而有关省级行政区划的研究主要着眼于增省缩省的具体方案,但缺乏对具体方案的科学论证,因此改革方案缺乏说服力。对省级行政区划改革的研究及其成果颇多,但未见这些成果的任何应用,一方面是因为研究成果本身的可行性不够,另一方面表明行政区划改革的阻力巨大、动力缺乏,而现有研究几乎还未涉及对行政区划改革的动力机制和利益博弈的研究。五是对行政区划改革的系统性、理论性和规律性的研究不足。已有研究成果主要着眼于行政区划本身的静态研究,对行政区划改革或优化的动态研究不足;主要着眼于现象研究,对现象背后本质性和规律性的因素研究不足;对行政区划优化相关要素的研究过于原则和概括，对制约行政区划优化的主要因素及其相互关系的研究深度不够。因此，急需对行政区划改革或优化进行全面系统的理论建构。

（三）本项研究的研究空间

从现有研究文献的分析中不难发现，有关行政区划的理论研究急需构建一个具有一定解释力的一般性的理论框架，来全面阐释行政区划、行政区划的优化目标、行政区划优化的制约因素及其相互关系，并以对国内外有关行政区划改革的实证研究为手段对该理论框架进行实证检验。在此基础上，再以行政区划优化论的一般性理论为指导，来研究中国行政区划的现实问题，从而提出具有一定说服力的、具有一定可行性的中国行政区划的优化路径。

本项研究可从行政区划优化的价值目标、制约行政区划优化的要素和行政区划优化的推动因素等三方面对优化行政区划的相关要素展开分析。一是关于行政区划优化目标或要求的研究。本项研究可从提高行政效能、提升自主治理能力、推动协调发展、维护政治稳定探讨行政区划优化的价值目标或要求。二是关于制约行政区划优化的主要因素的研究。从自然地理、民族文化差异、区域文化传统等方面研究环境要素对行政区划优化的制约，从国家结构形式、地方政府体系和政府职能模式等方面研究组织要素对行政区划优化的制约和影响，从政府治理能力、社会自治能力和中心城市的经济辐射带动能力等方面研究能力要素对行政区划优化的制约和影响。三是关于行政区划优化的推动因素的研究。从经济高速增长后对经济协调发展的客观要求、作为最广大人民群众根本利益的代表的政府及其政治领袖推动经济社会文化协调可持续发展并实现社会公平正义的高度责任感以及逐渐成熟的公民社会对各地区经济社会平衡发展的理性要求等方面研究行政区划优化的推动力。四是关于行政区划的优化与各相关要素的相关关系的系统研究。在对自然区、民族区或文化区与行政区划优化的关系，国家结构形式是单一制还是联邦制、地方政府体系是自治体还是行政体、政府职能模式是职能高度融合型还是高度分化型等三大组织要素与行政区划的关系，政府治理能力、社会自治能力、经济辐射能力等能力要素与行政区划的关系等方面具有很大的研究空间。本项研究志在对行政区划优化的价值目标、制约因素和推动因素及其相关关系展开全面分析，从而建立起行政区划优化的理论分析框架。五是对关于行政区划优化的理论分析框架的实证检验。从中国行政区划现存的主要问题及其形成的主要影响因素的分析、行政区划对经济社会协调发展的影响的实证分析和新中国成立后行政区划调整的典型案例的分析中对理论分析框架进行实践检验；以国外行政区划的现状和发展历史为根据对本项研究提出的理论框架进行实证分析。六是在理论研究和实证研究的基础上提出优化中国行政区划的建议方案和行动策略。

第三节 研究的思路和方法

本项研究试图通过规范分析发现行政区划优化的目标、影响因素及其相关关系，并通过历史和现实的实证检验来验证本项研究的理论假设和分析框架。在此基础上，对优化中国行政区划面临的问题、阻力及其对策措施等展开应用研究，提出建议。

一 研究思路

本项研究运用行政管理等相关理论及基本原理原则规范分析在中国特色的行政管理体制下行政区划对政治经济社会发展的影响；运用规范分析，提出行政区划优化的目标和价值，探寻影响和制约行政区划优化的主要因素，试图建立影响因素、行政区划及其优化目标之间的理论分析框架，并运用中国历史和现实的相关数据做实证检验，以验证理论分析框架的科学性及其应用性；运用统计年鉴等公开数据统计分析各省域内经济社会发展的不平衡现状与行政区划的相关关系，以验证理论假设；运用统计年鉴等公开数据和地方志以及其他历史资料，对比海南建省、重庆直辖、西康省撤销前后的经济社会发展状况，通过国外行政区划相关资料，对若干国家行政区划现状、改革历程及其影响因素展开比较研究，以验证理论假设；充分借鉴已有有关中国行政区划改革的研究成果，在相关统计数据分析的基础上，提出缩省增省、省直管县减少行政层级以及优化行政区划的路径等改革思路与对策。

二 研究方法

本项研究综合采用下述主要研究方法：
一是规范性研究。对优化行政区划研究的理论基础以及从行政管理效率、政府治理（自治）能力、经济社会发展、政治稳定等视角对行政区划科学性的考量基准与方式等进行规范性研究，对制约和推动行政区划优化的主要因素及其相互关系进行规范性研究，以构建行政区划优化的理论分析框架。

二是描述性研究。通过统计年鉴等公开数据对省级行政区域内、重庆直辖前后、海南省建立前后的经济社会发展现状展开描述性研究，对省域规模、行政层级与经济社会发展不平衡性做相关分析，对中国行政区划科学性进行实证检验。对优化行政区划的制约因素和优势条件，诸如自然地理环境因素、历史文化传统、民族文化现状、相关利益主体及其利益格局、政府组织结构、交通基础设施状况、各级政府管理能力和治理能力现状、政府职能模式、经济社会发展现状、财政保障能力现状等进行描述性研究。

三是规定性研究。对优化行政区划的目标、省级行政区划适度规模、省直管县减少行政层级以及优化行政区划的路径、策略等改革思路与对策展开规定性研究。

四是比较研究。对世界主要国家行政区划的设置现状及其影响因素展开比较研究，对中国省级行政区域内、重庆直辖前后、海南省建立前后、西康省撤销前后的经济社会发展现状以及省域规模、行政层级与经济社会发展不平衡性展开比较研究和相关分析。

五是实证研究。对行政区划与经济社会协调发展的相关关系进行定量的实证研究，对行政区划与各相关要素的相关关系通过典型案例等进行实证研究。

三 研究过程

第一阶段 2012年3—6月，对已有相关研究成果进行综述，对相关基础理论、已经取得的研究成果、未来研究空间等进行梳理，为进一步的深入研究提供研究基础和理论指导。

第二阶段 2012年7—8月，通过规范分析，探寻行政区划优化的基本目标、影响因素及其相互关系等，构建理论分析框架。

第三阶段 2012年9—10月，采集各省市区经济社会发展的相关数据，为本研究的理论假设提供初步的数据支撑，在相关基础理论的指导下，对行政区划与经济协调发展做相关分析，验证理论假设和分析框架，修正理论分析框架。

第四阶段　2012年11—12月，收集若干主要国家行政区划的相关资料，分析其他主要国家行政区划的现状及其形成的主要影响因素，验证理论假设和分析框架，研究其借鉴意义和对中国行政区划优化的启示。

第五阶段　2013年1—4月，根据理论分析框架和其他主要国家的经验和启示，研究中国制约和推动行政区划优化的各种因素，探寻中国行政区划的优化路径和实施策略，形成完整的初稿，报老师审阅。

第四节　研究的基本假设与命题

本项研究的基本命题是在中央集权的体制下，"自上而下"的政策执行模式要求扩大管理幅度、减少管理层级，划小省区，增加区域经济中心，增强各区域经济中心的辐射带动效果，同时减少行政层级，提高资源分配效率和公平性，从而推动城乡区域协调发展。

一　研究假设

本项研究对行政区划及其相关要素的相关关系提出如下假设。一是省域内的地区差距、城乡差距十分突出，除了区位和自然地理条件等因素而外，还受制于行政管理体制因素的约束。二是省级行政区划的规模与其治下行政层级的数量及每一层级的管理幅度是影响省域经济社会协调发展、政治社会稳定和行政效能的重要因素，省域过大和省内行政管理层级过多会加剧省域经济社会发展的不平衡性、降低政治社会的稳定性和行政效能，从而对区域、城乡经济社会的统筹发展产生一定的阻碍作用。三是科学确定省级行政区域的适度规模，重新划分省级行政区域，增加省级行政区域数量、缩小省级行政区域规模，合理设置省会城市，增强省域政治经济社会文化中心的带动功能和辐射能力；撤销地级派出机关或地级市管县体制，实现省直管县，减少行政管理层级，提高行政管理效率；能进一步提高行政效能、维护政治社会稳定、推进区域协调发展、提升社会自治能力，实现区域、城乡统筹发展。

二　基本理论命题

基于前述的研究假设，本项研究主要提出如下具体的理论命题：

命题一：作为正式制度的行政区划制度的特性以及各级政府、利益集团等各利益主体在行政区划制度变迁中的成本收益差异等因素决定"上下结合"的强制性制度变迁将是行政区划优化的基本路径。

命题二：提高行政效能、提升自主治理能力、推动协调发展、维护政治稳定既是行政区划优化的价值目标，又是行政区划优化的必然要求；既对行政区划优化提出目标定位，又为行政区划科学性的价值判断提供基准。

命题三：一定行政区域不跨自然区、民族区或文化区，可以增强同一行政区域内环境的同质性、公共需求的一致性、公共政策的适应性、行政行为的有效性，从而提高行政效能。但可能加剧地区间发展差距。行政区跨自然区、民族区或文化区，行政效能面临削弱的挑战，但可促进地区间协调发展。

命题四：国家结构形式、地方政府体系、政府职能模式等组织要素和政府治理能力、社会自治能力、经济带动能力等能力要素是影响一定的行政区域的政府的管理幅度和管辖面积及其行政效能的关键因素。

命题五：中国的省域规模与省域平衡发展呈负相关关系，这要求适当划小省级行政区域面积，增加省级行政区域数量。

命题六：行政区划的优化要求管理幅度和行政层级适度，行政区划的优化须与国家政治体制和政治传统相适应，行政区划的优化须遵循法治原则，城市化的加剧要求促进城市型政区发展，行政区划多元化可以满足多层次服务需求。

命题七：政府治理能力提升为行政区划的优化、各级政府管理幅度的扩大奠定了坚实的能力条件；政府职能的分化和政府职能模式的差异化可以避免行政区划优化与政府多元价值目标的冲突；经济总量的增大可以提高更多区域经济中心的经济规模水平。

命题八：中国中央政府、省级政府、新省级政府、大多数县市区政府及其所在地的公民具有推动行政区划优化的动力；将被保留的其他地级政府既不具有动力，也不具有较大阻力；将被撤销的原省会城市政府、地级政府所在地区中心城区的区政府具有一定的阻力。

三 核心概念界定

本项研究的核心概念主要包括行政区划、行政区划的科学性以及行政区划的优化。

(一) 行政区划

学术界关于行政区划概念的定义不一而足，但对该概念的本质规定都比较一致，且多源自该领域权威专家侯景新、浦善新、刘君德等的定义或受其启发。侯景新、浦善新等有关"行政区划"概念的界定，特别强调根据国家行政管理和政治统治的需要、遵循有关的法律规定、充分考虑各种客观因素、实行行政区域的分级划分、并据此建立政府公共管理网络、为社会生活和社会交往明确空间定位等几个核心要素。[①] 刘君德认为，"行政区域"是一个静态概念，是指地方行政机关所辖的区域或范围；而"行政区划"则是一个动态概念，是指将领土划分成不同层次结构的区域的过程。[②] 综合上述观点，行政区划是国家对行政区域的划分。在应然层面，行政区划是国家根据政治和公共管理的需要，基于对经济联系、地理条件、民族分布、历史传统、风俗习惯、地区差异、人口密度等客观因素的考虑，根据有关法律规定将全国的地域划分为若干层次大小不同的行政区域，以在各个区域设置相应级别、具有层次唯一性的地方政权机关为标志，为建立纵横有序、权责明确的公共管理网络提供空间定位。在实然层面，行政区划是管理者依据历史传统、自己的价值取向及其管理需要，以其理性能达到的程度，根据有关法律规定将全国的地域划分为不同层次、不同大小的行政区域，以在各个区域设置相应级别、具有层次唯一性的地方政权机关为标志，为权力等级序列和任务分工格局提供空间定位。行政区划概念主要涉及以下几个相关问题。

1. 行政区划的功能。根据行政区划的基本概念和本质内涵，行政区划具有三大基本功能：

一是空间定位功能。行政区划是行政权力和行政责任的空间定位。行政区划是以通过一组具体的经度和纬度来确定任何一个地区的区域位置为基础，再结合面状地理事物的轮廓形状特征、线状地理事物的分布特征（如山脉、河流、交通线、行政区划界线、海岸线等分布状况）和点状地理事物的相关位置（如城市、矿产、山峰等）来对国家权力、公共权力

---

① 侯景新、浦善新、肖金成：《行政区划与区域管理》，中国人民大学出版社2006年版，第13页。

② 刘君德、靳润成、周克瑜：《中国政区地理》，科学出版社1999年版，第3页。

和行政权力及其相应的责任进行空间定位。通过空间定位，确定一定区域的行政权力和行政责任在空间上的具体分配。

二是资源配置功能。对一个社会的价值进行权威性地分配是政治系统的基本功能。任何资源都处在一定的行政区域内，任何资源都应该有确定的所有者，任何资源的分配都是在一定的主体之间进行。土地、矿产、税收、人口以及其他各种资源都由政治体系进行权威的分配。而资源分配要有效率，并能分配得公平公正，就需要合理地确定权利主体及其相互的权利关系。无疑，行政区划制度本身就是政治体系对各种资源包括权力进行权威分配的重要载体。行政区划在本质上体现为国家权力在特定地域空间基础上，以国家的政治组织结构的方式来进行地域分割或要素配置。①

三是权力载体功能。所谓权力载体主要是指人民主权和国家权力发生作用的组织形式、运作形式和行使路径等。如果没有行政区划这一组织载体为依托，人民主权的具体行使和运行就难以落地生根，国家权力对各社会主体、市场主体、政治主体的支配就难以落实，国家权力对各种公共事务的管理就难以落实具体的责任者。因此，行政区划是权力行使的重要载体之一。

2. 行政区划的层级。行政区划无论作为静态概念还是动态概念都是有明显的层级分别的。首先是全国的行政区域划分，即第一层级的行政区划，在我国是划分为省、直辖市和自治区，在美国等联邦制国家，第一层级的行政区划为各个州的建置和区域划分。其次是对省、直辖市和自治区以及联邦成员国或州的行政区划，即第二层级的行政区划，在中国的直辖市是划分为区、县，在一些省是划分为地区或较大的市，在自治区是划分为较大的市或自治州等。第三层级的行政区划在中国的多数地方是将较大的市或自治州等划分为区、县、自治县和市，在直辖市是将区、县划分为镇、乡。第四层级的行政区划是中国的多数地方将区、县、自治县和市划分为乡、镇、民族乡等行政区域。可见，在中国这种单一制国家结构形式且中央集权行政体制下，行政区划的层级十分明显清晰，且比较规范和统一。本项研究发现，中国行政区划最突出的问题是多数省区的范围过大，管理幅度偏小；管理层次过多，行政效率低下。这个突出问题对省域内区

---

① 王贤彬、聂海峰：《行政区划调整与经济增长》，《管理世界》2010 年第 4 期。

域间经济社会的协调发展、行政效能等产生严重的不利影响。相对来说，县级及其以下层级的行政区划的问题没有省级和地（市）级行政区划的问题突出，基层行政区划对经济社会发展和行政效能的制约影响也不及高层行政区划严重，其影响力和影响范围要小得多，且基层行政区划与普通公民的生产生活的直接联系更紧密，而省级行政区划的优化主要涉及的是县区市级以上政府和政府间关系的调整，对普通公民的生产生活不会产生太大的直接影响。因此中国行政区划的优化首先要着眼于省级行政区划，缩小过大面积的省区，增加省级行政区划数量，增大中央政府和省级政府的管理幅度，撤销地（市）级管理层级，实现省直接管理县级政府。故本项研究的研究对象为省、直辖市、自治区及其直接相关层级的行政区划，应该是县级以上层级的行政区划问题，因为本项研究的优化思路坚持县域整体调整，因此本项研究所直接涉及的行政区划的调整或变化实际上是较大的市、自治州、省、直辖市、自治区的行政区划及其与县级行政区划的隶属关系的调整。

3. 行政区划的主体。行政区划作为一个动词，是应该由一定的主体将领土或行政区域划分成不同层次结构的区域。而根据前述行政区划的功能，行政区划在本质上是对资源、权力和责任的配置，因此，行政区划的直接主体应该是具有对社会资源、公共权力和责任享有分配权力的主体。根据戴维·伊斯顿的观点，能对全社会价值进行权威性分配的应该是政治系统。因此，行政区划的主体应该是以国家权力机关及其执行机关为主体的政治系统。《中华人民共和国宪法》第三十条对中华人民共和国的行政区域划分做出了基本规定。《中华人民共和国宪法》第六十二条规定，全国人民代表大会行使批准省、自治区和直辖市的建置、决定特别行政区的设立及其制度等职权。《中华人民共和国宪法》第八十九条规定国务院行使批准省、自治区、直辖市的区域划分，批准自治州、县、自治县、市的建置和区域划分等职权。《中华人民共和国宪法》第一百零七条规定省、直辖市的人民政府决定乡、民族乡、镇的建置和区域划分。《国务院关于行政区划管理的规定》对宪法条款进行了比较粗略的细化。《国务院关于行政区划管理的规定》规定省、自治区人民政府驻地的迁移，自治州、县、自治县、市、市辖区的更名和隶属关系的变更及其人民政府驻地的迁移等也都由国务院审批；国务院将县、市、市辖区的部分行政区域界线的变更审批权授予给省、自治区、直辖市人民政府行使，批准变更时，同时报送民政部备案；乡、民族乡、镇人民政府驻地的迁移由省、自治区、直辖市人民政府审批；行政公署、区公所、街道办事处的撤销、更名、驻地迁移，由依法批准设立各该派出机关的人民政府审批。根据《中华人民共和国宪法》和《国务院关于行政区划管理的规定》的相关规定，中国的行政区划主体应该是全国人民代表大会、国务院和省、直辖市的人民政府构成的主体体系。在中国是由全国人民代表大会、国务院和省、直辖市的人民政府分别行使不同级别的行政区域划分的权力。

  而本项研究所重点关注和研究的行政区划是省、直辖市和自治区的行政区划问题，因为"划小省区、缩省增省、分省减层"的省级行政区划的优化思路将涉及"市管县"和"省直管县"的问题，这就必然涉及下辖区、县的较大的市的建制问题以及下辖县、自治县、市的自治州的建置的问题，还必然涉及省、自治区和直辖市的建置和省、自治区、直辖市的区域划分等问题。按照《中华人民共和国宪法》的规定，省、自治区和直辖市的建置应该由全国人民代表大会批准，省、自治区、直辖市的区域划分应该由国务院批准，自治州、县、自治县、市的建置和区域划分应该由国务院批准。由此，本项研究有关中国行政区划的研究的研究对象是省、市、自治区的建置及行政区域划分和较大的市、自治州、县、自治县、市的建置和行政区域划分问题。而相关的行政区划的主体就是全国人民代表大会和国务院。全国人民代表大会和国务院享有县级以上行政区划的决定权。

  应该说，全国人民代表大会和国务院是县级以上行政区划的直接主体。而行政区划还有相关利益的间接主体。除了一个国家或一定行政区域的国家权力机关及其执行机关而外，该国家或该区域的公民、企业、社会组织是行政区划所产生的结果的相关利益主体。全国人民代表大会的代表和政府官员只是广大公民的代表而已，代表广大的公民、企业、社会组织等直接行使行政区划制度的制定和调整的权力。而在这些间接主体中，利益相关性也有明显的差异，譬如，偏远地区、欠发达地区公民对行政区划优化的诉求可能就比其他区域的公民强烈，只是有些公民没有意识到行政区划对其利益的影响。公共知识分子、专家学者、相关的学术团体、社会组织等凭借其资源优势、话语权和影响力等成为行政区划间接主体中的代表。

  4. 行政区划的程序。前述的宪法规定显示，我国行政区划的程序性规定缺失。除宪法而外尚无专门规范行政区划行为或过程的法律规范,只有《国务院关于行政区划管理的规定》《民政部关于行政区划调整变更审批程序和纪律的规定》,法律层次较低。《国务院关于行政区划管理的规定》规定变更行政区划向上级人民政府报告的内容应包括变更的理由、范围,隶属关系,政治经济情况,人口和面积数字,拟变更的行政区域界线地图以及县级和县级以上人民政府(含行政公署)的报告或意见等;并规定各级民政部门分级负责行政区划的管理工作。《国务院关于行政区划管理的规定》也有行政区划程序的简单规定,各级民政部门在承办行政区划变更的工作时,应根据情况分别同民族、人事、财政、外事、城乡建设、地名等有关部门联系洽商;在承办民族自治地方的行政区划变更的工作时,应同民族自治地方的自治机关和有关民族的代表充分协商拟定。各级民政部门,应建立完整的行政区划档案。① 《民政部关于行政区划调整变更审批程序和纪律的规定》对县级以上行政区划单位的设立、撤销、隶属关系的变更、更名、区域界限的调整以及政府驻地的迁移等事项的审批程序做出了相关规定。② 但这个规定实际上只是民政部内部的一个工作制度,规定了民政部相关处室制定年度计划、对省(市、区)行政区划调整变更的申报的处级审核、司级审核、部级审核、批准、建档、监督和工作纪律要求等内容。《中华人民共和国民族区域自治法》第十四条对民族自治区的调整程序做了原则规定。③

根据上述相关规定,我国省域内自治州、自治县、县、区、市的建置和行政区域划分的调整程序为由省、直辖市、自治区的党委、政府内部讨论决定后,在上一年度向民政部提出变更部分行政区划的申请,经过民政部的层层审核,报请国务院批准。国务院的批复即为行政区划调整的最终具有效力的法律文件。省、直辖市、自治区的建置的调整应由民政部负责制订方案,报国务院审核后,报全国人民代表大会批准。省、直辖市、自治区的行政区域划分的调整应由民政部负责制订方案,报国务院批准。

就当前宪法规定和国务院规定的行政区划的主体权限设置也存在明显

---

① 国务院:《国务院关于行政区划管理的规定》,中央政府门户网站 2009 年 3 月 30 日。
② 民政部:《民政部关于行政区划调整变更审批程序和纪律的规定》,法律教育网 2004 年 1 月 5 日。
③ 《中华人民共和国民族区域自治法》,2005 年 7 月 29 日,中央政府门户网站。

不合理的地方，就三个直接主体——全国人民代表大会、国务院和省级人民政府。这本身体现的是中央政府对行政区划的高度控制。有关行政区划调整的方案制订、论证环节、参与主体、议案提出、权利救济等相关的程序性规定太过简略，这就导致行政区划的改革或优化的规范性不强、参与缺乏程序法律保障等问题。这不利于行政区划调整或改革过程的公开透明、公众参与、意见征集，不利于提高方案的科学性和相关利益主体的诉求表达。总之，当前中国的行政区划优化模式是典型的"自上而下"的行政区划优化模式，只有上级政府才有建议权、决定权，下级政府没有涉及自身行政区划的建议权，甚至影响力都没有或者很小，不利于行政区划相关利益和诉求的表达。

行政区划的建置或区域的调整除了要经过全国人大、国务院、省级人民政府批准外，在经过全国人大、国务院、省级人民政府批准前，各地方应有相应的规范程序来保证各利益相关方充分表达自身的利益诉求。在几个省、直辖市、自治区中分出部分或全部领域组成新省，或者重新划定了省级行政区域的边界，此种情况下应由相关省、市、自治区及其下辖的涉及直接变动的自治州、自治县、县、区、市的人民代表大会投票表决。公民投票可以按照简单多数表决原则进行。各级政府（行政机关）都应享有在其行政区域内的行政区划的建置、隶属关系和行政区域划分的调整的方案制定权、向同级人大提出相关议案交付表决的权力。各级政府都应享有向上级政府提出涉及本行政区域及相邻、相关的同一级别的行政区域的行政区划建置和行政区域划分调整的建议的权力，并且上级政府应就该建议的必要性、科学性、可行性进行论证，并交付相关行政区域的人民代表大会进行投票表决，然后将本议案交由同级人大投票表决，做出本区域内相关行政区划的调整的决定。从而增强各级政府及其人民对自身行政区划的设置的影响力和建议权，建立起"上下结合"的行政区划优化模式。

5. 行政区划的类型。根据行政区域的自然地理、民族文化、居民分布等构成特性、公共事务的管理需求特点、管理方式差异等将行政区划分为五种类型。一是地域型政区（或称普通型政区），这是政府基于一般地域范围实行行政管理的基本需要而设置的，是世界各国最主要的政区类型。二是城市型政区，这是政府基于对人口和二、三产业相对密集的城市（镇）区域实施专门行政管理的需要而设置的，因为人口和二、三产业的密集分布导致其公共事务、公共服务的密集度、复杂性、专业性和要求比普通型政区更高，管理的方式比普通型政区更需要多样化。随着城市化的加剧，中国的城市型政区将得到快速发展和迅速增加。三是民族型政区，这是政府基于对少数民族聚居区实行民族区域自治而特别设立的一种政区类型，这类型政区因其民族文化、传统文化的特殊性和经济社会发展的特殊阶段或发展水平对公共事务的管理和公共服务的提供提出了特殊要求。四是经济型政区。这是政府基于经济发展的特殊需要，专门划定一定的行政区域，在该区域内实行特殊的经济制度、经济政策、财政税收金融政策和经济管理方式。如中国的上海自由贸易区、上海浦东新区、天津滨海新区、重庆两江新区以及保税港区等。五是政治型政区，这是政府基于政治、军事等某一项或几项特殊管理的需要，在特定时期、特定地区设置的区别于国内其他一般政区的特殊行政区划类型，如中国香港、澳门和台湾等特别行政区，政治型政区与其他政区在根本的政治制度、行政制度、社会制度等重要方面存在明显的差异。[1] 行政区划类型的细分有助于提高行政区划的水平和管理效果，提高行政区划的灵活性和适应性，从而提高行政管理的针对性。

（二）行政区划的科学性

目前国内学术界对行政区划科学性有所提及，但尚未发现对行政区划科学性这一概念的深入研究。行政区划的科学性是指国家对行政区域的划分对提高行政效能，维护政治社会稳定，促进国家的政治、经济、社会、文化、生态的全面、协调、可持续发展，以实现国家整体利益和人民根本利益最大化的目标的合理化程度。行政区划的科学性是一个抽象的概念，但为了便于研究，可以从几个维度来探讨衡量行政区划科学性的指标。但鉴于行政区划科学性研究的难度，本项研究尚难针对各个指标提出具体的标准，或者说因制约行政区划科学性的因素太复杂，本身也不可能提出一个统一的具体标准。行政区划的科学性主要应该体现在如下几个指标上。

一是行政区域的行政层级的合理性。行政区域的行政层级是指在一定的行政区域的划分中的层次数目。地方行政层级设置过多有损于行政回应性、不利于节约行政成本、加剧上级侵占下级利益等弊端丛生。因此，随着条件的变化，适度减少行政层级，增强地方政府的回应性、提高行政效

---

[1] 刘君德、靳润成、周克瑜：《中国政区地理》，科学出版社1999年版，第5—7页。

率、增强地方自主性和地方居民的自治，是增强行政区划科学性的必然趋势。

二是行政区域的管理幅度的适当性。所谓管理幅度是指一定行政区域的政府直接管理或控制的下级行政区域的数量。管理幅度和行政层级是影响管控幅度的重要指标。因此，根据政府的管理（治理）能力、居民的自治能力以及其他各种条件合理确定一级政府适宜的管理幅度是增强行政区划科学性的必然要求。根据表5-1的统计数据，参考各主要国家中央政府（联邦政府）的管理幅度情况，按照管理幅度要尽可能大的原则，一个国家的中央政府（联邦政府）的管理幅度可以在40—80为宜，一级政区的管理幅度可以适当扩大，具体管理幅度的确定要依据其能力要素、环境要素和组织要素综合确定。

三是行政区域的管控幅度的可控性。所谓管控幅度是指一定行政区域的政府能够进行有效的社会管理、市场监管和政治控制以维护政治和社会稳定的适宜的最大地理面积。一定行政区域的管控幅度由该行政区域的管理层级和各层级政府的管理幅度综合决定。而管理幅度由一定行政区域的政府的社会控制（社会管理）能力的大小与该行政区域的社会自治能力的大小综合决定。因此，根据政府管控能力和社会自治能力的高低合理确定行政区域的管控幅度是增强行政区划科学性的必然要求。任何政府可以依据其各级政府的管理幅度通过增减行政层级来扩大或缩小其管控幅度。

四是行政区域的发展幅度的可能性。所谓发展幅度是指一定的行政区域的政府通过资源分配、公共服务等带动该区域协调发展的能力和该行政区域政治经济社会中心对周边或远郊的经济辐射带动该区域协调发展的能力综合决定的所能辐射带动发展的最大地理面积。在其他条件既定的情况下，一定行政区域政府的资源分配带动能力越大，该行政区域的管辖面积可以越大；同理，在其他条件既定的情况下，一定行政区域的政治经济文化中心的经济辐射带动能力越大，该行政区域的管辖面积可以越大，因此，根据区域政府的资源分配带动能力和该区域经济中心的经济辐射带动能力合理确定一定行政区域的发展幅度是增强行政区划科学性的必然要求。

五是行政区域的管辖面积的适度性。一定行政区域的管辖面积应该由发展幅度和管控幅度中的短板来决定。在政府管控能力和社会自治能力既定的条件下，一定行政区域的政府的管控幅度可以通过增加行政层级来加以扩大或通过减少行政层级来缩小。因为增加了行政层级，即使管控幅度大，但政府同样可以实现对其有力控制，但因为行政层级的增加，行政成本可能大大增加。因此这种秩序和稳定的获得是低效率的。因此，根据一定区域的发展幅度和管控幅度中的短板合理决定一定的行政区域的管辖面积是增强行政区划科学性的必然要求。根据表5-2的统计数据，参考各主要国家的相关数据以及考虑现代陆路交通工具的通达时间、经济中心的经济辐射半径等因素，除特殊地理条件而外，一个省级行政区的管辖面积以不超过5万—10万平方公里为宜，具体数值的确定要受到环境要素、组织要素和能力要素以及形态优化系数等多方面的制约。按照第三章第二节末的分析，一定行政区域的管辖面积要由发展幅度和管控幅度中的短板来决定，主要取决于经济中心的经济辐射能力。据中国现有经验，长三角地区的经济总量很大，含有上海、杭州市、南京市等三大政治经济中心，而长三角地区的总面积也不过10万平方公里，有效辐射区域十分有限。同样，珠三角地区的经济总量也很大，其总面积不过6万平方公里，有效辐射区域也十分有限，难以辐射到粤西、粤北、粤东等地区。因此，省级行政区域面积以不超过5万—10万平方公里为宜。

六是行政区域的形态优化系数。行政区域的形态优化系数是指在一定的行政区域找出一条跨越全区域的距离最长的轴，以这条轴为直径作圆，计算该行政区域实际面积与圆形面积之比，即行政区域的形态优化系数。形态优化系数比值越大，行政区域形状越合理，行政区域内部通达性越强，越有利于行政管理和经济交流。因此，在综合考虑地理、人文等制约条件的基础上，合理划分行政区域，增大行政区域的形态优化系数是增强行政区划科学性的必然要求。

（三）行政区划的优化

行政区划的优化是指以促进国家的政治、经济、社会、文化、生态，可持续发展和追求国家整体利益、人民根本利益最大化为目标，通过对行政层级和管理幅度的调整，不断提高国家行政区域划分科学性所做的努力及其进程。

一是行政区划优化的价值目标。行政区划的实质是实现行政管理权力和责任的划分。因此，行政区划应通过合理确定政府的管理层级及各级政府的管理幅度，实现对公共权力及其相应责任的科学划分来提高行政效能，有力地维护政治稳定，有效地推动城乡区域经济社会文化的协调发展，最终还要提升整个社会和公民的自治能力，以便更好地实现政府的各项职能，使整个社会的公共利益最大化。优化行政区划的直接目标是提高行政效能，优化行政区划的根本目标是提升治理能力，优化行政区划的积极目标是推动协调发展，优化行政区划的消极目标是维护政治稳定，行政区划的优化要首先保证政治稳定这一消极目标的实现。

二是行政区划优化的制约因素。行政区划的优化将面临诸多制约因素，我们将其中最主要的一些因素分别概括为环境要素、组织要素和能力要素。这些要素将从不同的角度制约、影响行政区划对政治经济社会文化生态发展的作用效力。同时，这些要素并非孤立地存在和发展，环境要素、组织要素与能力要素之间存在着紧密的相关关系，它们相互作用、相互促进，并相互制约，共同制约着行政区划的层级和幅度。因此，行政区划的优化必须严格考量这些相关要素及其可能对行政区划及其作用效果产生的影响，从而提高行政区划优化的科学性和可行性。考量行政区划的基本要素是环境要素，主要包括自然地理环境、民族文化差异、区域文化传统等主要方面。考量行政区划的核心要素是组织要素，主要包括国家结构形式、地方政府体系、行政权力体制以及政府职能模式等国家及政府的组织结构和权力结构要素。本项研究将国家结构形式划分为两种类型：单一制和联邦制；将地方政府体系划分为两种类型：行政体地方政府体系和自治体地方政府体系；将政府职能模式划分为职能分化型和职能融合型两种。考量行政区划的关键要素是能力要素，主要是政府对经济社会文化等的公共治理能力，社会及其公民、社会组织的自治能力以及一定行政区域内的经济政治文化中心的辐射能力等及其与该行政区域的管理幅度的相对关系。行政区划的优化必须综合考量环境要素、组织要素和能力要素的影响制约。

三是行政区划优化的推动因素。行政区划优化的推动因素主要包括经济推动、政治推动和社会推动三个方面。优化行政区划无疑会面临既得利益集团的巨大阻力和各种路径依赖，因此，对行政区划优化这类宏观的政治改革需要特别的推动力量才可能得以实现。政府及政治领袖的公共责任是推动行政区划优化的主观因素。民主政治的发展是推动行政区划优化的客观因素。制度作为一种基本的公共产品，制度供给是政府的基本责任。无疑，行政区划作为一种基本的政治制度之一，政府具有当然的供给责任。当行政区划制度难以满足各地区公民尤其是欠发达地区公民的发展需求时，政府有责任推动行政区划制度的改革创新和适时调整，以推动各地区经济社会的平衡发展。因此政府尤其是中央政府及政治领袖基于公共责任、政治责任和经济社会科学发展预期等成为推动行政区划优化的主要因素。公民社会的形成及其对行政区划问题的关注将是形成公众议程和政府议程的基本条件和推动因素。

第五节 研究的主要内容及创新

本项研究的主要内容是通过规范分析发现行政区划优化的目标、行政区划优化的影响因素及其相关关系，并进行实证检验，然后针对中国的行政区划优化提出对策建议。

一 研究的主要内容

本项研究主要围绕行政区划优化的相关要素及其相互关系展开，在建构理论分析框架的基础上，加以实证研究和应用研究。

一是研究考量行政区划科学性的核心理念与基准。从行政效能、治理（自治）能力、经济社会发展、政治稳定等视角研究行政区划科学性的考量基准与方式。

二是探寻优化行政区划的影响因素及其相关关系，并建立分析框架。从环境要素、组织要素和能力要素等方面探寻优化行政区划的影响因素，并试图深入考察这些影响因素之间的相关关系，并建立各主要影响因素之间的相关性的理论分析框架，以增强行政区划理论推动中国行政区划改革的理论解释力和指导力。

三是对优化行政区划的影响因素及其相关性进行实证分析。通过公开数据对省级行政区域内、重庆直辖前后、海南省建立前后的经济社会发展现状展开比较，对省域规模、行政层级与经济社会发展不平衡性做相关分析；对若干主要国家的行政区划现状及其历史成因做实证分析，以验证理论假设。

四是探寻优化中国行政区划的动力和阻力机制。通过对优化行政区划的问题与反思、基础与条件、利益主体的损益分析，研究优化行政区划的动力机制与主要障碍，为行政区划的优化找准突破口和实施策略提供依据。

五是提出优化中国行政区划的可行路径与对策。提出优化中国行政区划的基本路径、改革思路、行动步骤和实施策略等。

二 主要创新

本项研究的主要创新在研究视角创新、研究方法创新和研究内容创新等三个方面。

（一）视角创新

研究视角的创新主要体现在以新制度主义为分析工具，从政治学、行政学和经济学等多学科视角进行研究。一是从制度需求、制度供给和制度变迁的视角探析优化行政区划的本质。二是从政治学、行政学、经济学视角对行政区划的优化开展研究，有别于已有研究主要是历史学和人文地理学的研究视角。

（二）方法创新

采用规范分析的方法构建行政区划优化的理论分析框架，采用实证分析的方法对理论分析框架进行实证检验。一是将描述性研究与规范性研究紧密结合，在对现象进行描述的基础上，通过规范分析探索行政区划优化的基本规律。二是用定量分析的方法对行政区划与经济社会协调发展的相关关系进行定量研究，并据此验证本项研究的研究假设和核心理论命题。三是将比较研究与规范性研究紧密结合，在对若干国家行政区划进行比较研究的基础上，将本项研究构建的理论分析框架运用于实践分析，并在实践分析中检验本分析框架的解释力。

（三）内容创新

本项研究的内容创新主要体现在理论分析框架的建构及其实证检验。一是从行政管理效率、政府治理（自治）能力、经济社会发展、政治稳定等视角研究行政区划科学性的考量基准与方式。探寻政府管理层级、管理幅度与管理效率及其与政治稳定、经济社会发展之间的相关关系。二是探寻优化行政区划的影响因素及其相关性，并建立理论分析框架。从环境要素、组织要素和能力要素等方面探寻优化行政区划的影响因素，并试图深入考察这些影响因素之间的相关性，并建立各主要影响因素之间的相关性的分析框架，以增强行政区划理论推动中国行政区划改革的理论解释力和指导力。三是通过公开数据对省域大小与省域内经济发展差距的相关关系进行实证，对重庆直辖前后、海南省建立前后、西康省拆撤前后的经济社会发展现状展开比较，对省域规模、行政层级与经济社会发展不平衡性做相关分析，对中国行政区划科学性进行实践检验。四是通过对优化行政区划的利益主体的损益分析，研究优化行政区划的动力机制与主要障碍，揭示可能的破解之道，提出优化行政区划的路径与对策。五是在省级行政区划与省直管县配套改革思路中，通过面积、人口、经济规模以及省会城市的辐射距离等提出缩省增省、分省减层的优化思路，并提出行政职能管理模式差别化建构的设想，深入探讨地级政府人员的分流与安置和行政区划优化方案的实施策略。

三 有待进一步深入研究的问题

基于时间的有限、资料收集的难度和本人研究能力的局限，本项研究主要还存在以下四方面的问题有待深入研究：

问题一：本项研究采用实证的方法研究了行政区划与经济协调发展程度的定量关系，但对行政区划与政治稳定、自主治理能力、行政效能等的关系的研究还限于定性研究，因此，对行政区划与政治稳定、自主治理能力、行政效能等行政区划优化价值目标的实证研究还有待深入。

问题二：对行政区划优化的动力、阻力机制的研究也主要限于规范分析和定性研究，缺乏对各相关主体的意愿、动机和动力的深入调查和实证研究。

问题三：对中国历史上近现代以来的行政区划调整前后的效果比较的案例分析，对相关的主要观点缺乏足够有说服力的数据加以支撑。

问题四：本项研究试图构建关于行政区划优化的基本理论框架，但对所构建的理论框架的实证分析，主要还限于对中国的各省市区的经济发展平衡性的实证研究，一是对中国行政区划与其他相关因素的相互关系的实证研究不足，二是对国外的行政区划与相关因素的关系的实证研究相对不足。

第一章　制度供给：优化行政区划的本质分析

行政区划作为一种正式的制度供给，面临制度供给短缺和路径依赖的两难困境，行政区划制度的诱致性变迁难以克服正式制度特性及各相关利益主体的利益差异所带来的重重阻力，"上下结合"的强制性制度变迁将成为行政区划制度变迁的基本路径。

第一节　作为制度供给的行政区划

制度是约束人们行为及其相互关系的一套行为规则。① 新制度主义认为，制度是人或组织之间的行为准则和互动关系，是人类给自身施加的一种约束，是社会运作的规则。制度供给就是为规范人们的行为而提供法律、伦理或经济的行为准则或规则。制度主义学者所说的制度包括引导着人们政治行为的正式组织之内的正式和非正式的规则和程序，他们所关心的是整个国家和社会制度，正是这些制度对政治行动者界定自身利益及其与其他群体间的权力关系结构起着形构作用。② 这些规则包括正式制度（宪法、法律、普遍法、规章）、非正式制度（惯例、规范、行为守则）以及执行这些规则的机制与方法。制度有助于平衡社会的各种不同利益，决定各个政治力量如何分配他们的收益和成本。③ 正式制度是非人格化、明确的以及可预期的。行政区划是国家管理权限在地域上的划分，为分地域进行国家管理活动提供边界，其实质是国家权力在地域上的配置。行政

---

① 罗必良：《和谐社会：制度的基础性作用》，人民网，2006年10月24日。
② ［美］凯瑟琳·丝莲、［美］斯文·史泰默：《比较政治学中的历史制度学派》，载薛晓源、陈家刚《全球化与新制度主义》，社会科学文献出版社2004年版，第232—247页。
③ 吉嘉伍：《新制度政治学中的正式和非正式制度》，《社会科学研究》2007年第5期。

区划具有两个构成要素：地域划分和权力划分，其核心在于配置不同层次的权限。① 行政区划作为国家结构体系，无疑是统治阶级意志在政治上的反映。② 行政区划制度是在一定社会经济基础上形成的政治上层建筑。③ 无疑，行政区划制度应该归于正式制度的范畴。正式制度影响非正式制度的运作轨迹，正式制度的变化明显强烈地影响着政治组织内非正式制度的变化。④ 因此，行政区划作为一种重要的制度供给，将为国家在政治控制、资源分配、社会管理和公共服务过程中的权力配置和责任划分提供重要的空间定位，在政治稳定、社会和谐、经济发展、文化进步等各方面发挥着重要作用。

一 行政区划是行政管理的组织载体

行政区划是国家为便于行政管理而对国家进行的区域划分，是一个国家进行行政管理的基础和基本手段。对绝大多数国家来说，要维护其政治统治、实现社会治理，只有中央政权是不够的，必须建立地方政权体系。而行政区划制度是否合理科学，将直接决定行政管理和政治控制的效率的高低。美国经济学家罗纳德·科斯在《企业的性质》一文提出了交易费用。因为市场运行需要交易费用，因此，依靠直接的等级性权力进行资源配置的企业和政府等科层组织就在一定范围内成为了市场的替代机制。科斯指出，"企业就是作为通过市场交易来组织生产的替代物而出现的"，⑤ "实际上，政府是一个超级企业（但不是一种非常特殊的企业），因为它能通过行政决定影响生产要素的使用"。⑥ 但是政府和企业等科层组织的运行需要内部交易费用即组织费用，企业或政府等科层组织的边界取决于交易费用与组织费用的比较，企业或政府规模的边界在于边际交易费用与边际组织费用相等的那一点上。因此，由于企业或政府组织的管理也是有

---

① 徐颂陶、徐理明主编：《走向卓越的中国公共行政》，中国人事出版社1996年版，第59—60页。
② 田穗生、罗辉、曾伟：《中国行政区划概论》，北京大学出版社2005年版，第12页。
③ 同上。
④ 吉嘉伍：《新制度政治学中的正式和非正式制度》，《社会科学研究》2007年第5期。
⑤ [美] R. H. 科斯：《社会成本问题》，载[美] R. 科斯、A. 阿尔钦、D. 诺斯等《财产权利与制度变迁——产权学派与新制度学派译文集》，上海三联书店1991年版，第21页。
⑥ 同上书，第22页。

费用的，企业或政府组织的规模不可能无限扩大。同理，行政区域的大小和行政层级的多寡同样取决于行政组织费用和行政区域间及政府间合作的各种交易费用的比较和分担方式。特别是在一个多层级的行政组织对一个超大范围的各种公共事务进行集中的高度控制和管理的情况下，行政成本更可能大幅度攀升。正如科斯指出的，"在企业内部组织交易的行政成本也许很高，尤其是当许多不同活动集中在单个组织的控制之下时更是如此"①。因此，行政区划应该根据行政层级和管理幅度与政府行政组织费用、行政成本等的相互关系合理确定，以期通过科学合理的行政区划既达到国家政权的稳固、国家的统一和社会的安定团结，又能有效地降低行政成本，并推动经济的发展和社会的进步。

二 行政区划是资源配置的产权界定

国家通过对行政区域的划分，对公共权力和各种资源的归属和使用范围进行了明确界定。戴维·伊斯顿认为，政治系统"必须能成功地完成两个功能：其一，能够为一个社会分配价值；其二，设法使大多数成员至少把这种分配作为义务予以接受"②。可见，对一个社会的价值进行权威性地分配是政治系统的基本功能。任何资源都处在一定的行政区域内，任何资源都应该有确定的所有者，任何资源的分配都是在一定的主体之间进行。土地、矿产、税收、人口以及其他各种资源都由政治体系进行权威的分配。而资源分配要有效率，并能分配得公平公正，就需要合理地确定权利主体及其相互的权利关系。无疑，行政区划制度本身就是政治体系对各种资源包括权力进行权威分配的重要载体。行政区划在本质上体现为国家权力在特定地域空间基础上，以国家的政治组织结构的方式来进行地域分割或要素配置。③ 作为一定行政区域的代表的政府本身是一个具有完全行为能力的行政主体和民事主体，那么要提高政府间以及整个政府体系资源分配的效率和效益，就需要进行科学合理的行政区划制度设置。且政府作

---

① [美] R. H. 科斯：《社会成本问题》，载 [美] R. 科斯、A. 阿尔钦、D. 诺斯等《财产权利与制度变迁——产权学派与新制度学派译文集》，上海三联书店1991年版，第21—22页。

② [美] 戴维·伊斯顿：《政治生活的系统分析》，王浦劬译，华夏出版社1999年1月第1版，第28页。

③ 王贤彬、聂海峰：《行政区划调整与经济增长》，《管理世界》2010年第4期。

为本行政区域内所有公民的根本利益的代表，政府所承担的权利义务关系本身是公民权利义务关系的体现。可以认为，行政区划制度就是对政府间或政府体系内各主体间的权利义务关系进行初步确定的框架。可以说，行政区划是权力的界线、利益的界线，是对一定行政区域的代表即政府所拥有的各种资源进行分配的权利主体的范围进行的一种权利划分。新制度经济学认为，产权是一种权利，是一种社会关系，是规定人们相互行为关系的一种规则，并且是社会的基础性规则。因此，首先，一定的行政区域及其政府本身就是一个权利主体，就必然有其自身的利益，并且体现在各行政区政府及其权力行使者身上的利益还是多重的。卢梭曾揭示："在行政官个人的身上，我们可以区别三种本质上不同的意志。"[①] 包括个人固有的意志、团体的意志和公意。其实一个行政官除了具有卢梭上述三种不同意志而外，还有行政官所在行政区所有公民的共同利益及其政府本身的集体利益。因此，行政区及其政府作为权利主体，在资源分配中必然受到其各种利益关系的制约和影响，其设置和划分在很大程度上将直接影响着公共资源的配置效率及其公平性。阿尔钦认为："产权是一个社会所强制实施的选择一种经济品的使用的权利。"[②] 新制度经济学认为，产权实质上是一套激励与约束机制。产权安排直接影响资源配置效率，一个社会的经济绩效如何，最终取决于产权安排对个人行为所提供的激励。因此，作为对参与资源分配的权利主体范围的权利划分的行政区划的优化将直接影响公共资源配置的效率，最终将影响到一个地方甚至整个国家的经济社会的发展速度和发展质量。

三 行政区划是公共责任的空间定位

行政区划制度是政治体系对其所代表的公民所承担的公共责任的一种划分。作为国家结构单元的地域性政治实体，其所拥有的公共权力和所承担的相应的公共责任的来源方向和具体方式因单一制或联邦制的国家结构形式而有所不同。在单一制国家中，地域性政治实体拥有的公共权力不是

[①] [法]卢梭：《社会契约论》，何兆武译，商务印书馆1982年版，第82—83页。

[②] [美] A. A. 阿尔钦：《产权：一个经典注释》，载[美] R. 科斯、A. 阿尔钦、D. 诺斯等《财产权利与制度变迁——产权学派与新制度学派译文集》，上海三联书店1991年版，第166页。

至高无上的，必须服从国家的权力，只能在其管辖的范围内行使权力，且行使的权力在范围上和内容上也是有限的；而在联邦制条件下，联邦成员单位的权力来自自身所固有，其权力变更需经成员单位共同认可。尽管在两种国家结构形式下，一定行政区域的政府的权力来源在表现形式上存在差异，但其实质都是来源于其所代表的人民，只是直接与间接的区别。与公共权力行使相伴随的是公共责任。在联邦制国家结构形式下，行政区域的规模将决定该区域行政主体所面向的直接权利主体公民的范围和数量的多少；在单一制国家结构形式下，一定行政区域的行政主体是以通过行政层级向上逐级承担公共责任为主，因此，其行政层级的多寡和行政区域的大小也将影响责任机制的效率和责任的大小，从而影响到行政主体及其成员为公共利益而努力行动的责任感和动力。曼瑟尔·奥尔森（Mancur Olson）的集体行动的逻辑指出，小集团比大集团更容易组织起集体行动，"集团越大，它提供的集体物品的数量就会越低于最优数量"[1]；他还指出，具有选择性的激励机制的集团比没有这种机制的集团更容易组织起集团行动，"只有一种独立的和'选择性'的激励会驱使潜在集团中的理性个体采取有利于集团的行动"。[2] 他特别强调，"大集团被称作'潜在'集团，因为它们有采取行动的潜在的力量或能力，但这一潜在的力量只有通过'选择性激励'才能实现或'被动员起来'"；但"比起大集团来，小集团能更好地增进其共同利益"。[3] 因此，行政区划的优化在一定程度上可以进一步激发各行政主体和社会成员为共同利益而努力奋斗的动机和责任感。

第二节 行政区划制度的路径依赖

路径依赖是指"人们过去的选择决定了他们现在可能的选择"[4]。诺斯指出，一个国家现行的制度左右未来的制度演变路径。"路径依赖"原

---

[1] ［美］曼瑟尔·奥尔森：《集体行动的逻辑》，陈郁、郭宇峰、李崇新译，上海人民出版社1995年版，第29页。

[2] 同上书，第41页。

[3] 同上书，第42页。

[4] ［美］道格拉斯·诺思：《经济史中的结构与变迁》，上海三联书店1991年版，第1—2页。

本是指首先发展起来新技术凭借占先的优势地位利用规模效应及其产生的学习效应和协调效应，实现自我增强的良性循环；而更优良的技术却因为迟到一步，没能获得足够的追随者，而陷入恶性循环。诺斯证明制度变迁同样具有报酬递增和自我强化的机制。行政区划制度同一切政治上层建筑一样，一旦形成后它就有自身的发展趋势和规律。违背行政区划制度自身的发展规律，强行推动变革，终将面临巨大的障碍和阻力，从而给经济社会的发展带来危害。因此，行政区划的优化要求在既定的优化目标下，正确选择行政区划的优化路径并不断调整路径方向，使行政区划沿着不断增强和优化的轨迹演进，避免陷入制度"锁定"状态。

一 行政区划优化对国家结构形式的依赖

新制度经济学认为，一国政治法律制度影响着约束着经济自由度和个人行为特征，进而影响经济和社会效益。一种制度一旦形成后，就会形成某些既得利益集团。即使现存制度难以满足现实制度需求、制度创新或制度变迁将对全局更有效率，但这些利益集团强烈地希望巩固和强化现有制度以便保障他们继续获得既得利益，因此既得利益者对制度变迁的阻碍是路径依赖的主要原因之一。在一定的国家结构形式下，现存行政区划制度的既得利益者因为背后的巨大利益以及制度变迁将可能付出的成本而惧怕甚至阻碍行政区划制度的优化。尤其现存行政区划制度下各种组织建设、基础设施投入、政府官员的职位升迁路径及其预期，尤其是在现存行政区划制度下某些政府组织及其重要职务所拥有的对公共资源的分配能力和分配范围等都将在行政区划制度的优化或调整中受到损害，并使得这些既得利益者在前期的巨大投入的收益大大减少甚至亏损，从而阻碍制度的变迁，形成路径依赖。

尤其在单一制国家结构形式和中央集权的行政体制下，权力资源及其他重要资源集中在中央政府和上级手中，权力运行和公共资源的分配是"自上而下"展开，行政区划的优化将直接剥夺处于优势地位的高层地方政府的部分利益，如中国的省级政府、地级政府所掌控的各种资源的削减。因此，与现行行政区划制度相关的特殊利益集团具有保持现行制度的巨大动力。尤其是这些利益集团本身在利益博弈中处于主导地位，有能力有机会加强现有制度，从而促使行政区划制度保持原有的惯性、按原有的方向持续下去，即使现行行政区划制度很难满足更大群体的公共利益需求。而在联邦制国家结构形式和地方高度自治的地方政府体系下，其权力是"自下而上"运行，即使部分资源也"自上而下"分配，但因为其行政层级少且上下级政府不存在服从和隶属关系，地方政府在资源分配中的影响力远没有在单一制国家结构形式下的高层地方政府的影响力那么大；并且在联邦制和地方高度自治的国家结构形式下，行政区划制度对经济社会发展的影响作用要比在单一制国家结构形式下低得多；并且行政区划优化的最终决定权力也来自下面而非上面。因此，国家结构形式是导致行政区划制度的路径依赖的重要变量。

二 行政区划优化对人文地理环境的依赖

新制度经济学认为，非正式制度对人的行为的影响和作用是更持久的、更深层的，比正式制度具有更强的稳定性，其变迁是内生的、缓慢的、渐进的、连续的。在历史上，许多国家的政治法律制度等正式制度的差异并不大，但其政治、经济、社会发展的路径和成效却相差很大，其主要原因就是不同的传统文化等非正式制度在起重要作用。

一个国家的行政区划往往受一定的历史沿革、山川地理、风俗民情等多种因素的深刻影响和制约。在某一特定的区域内，人们生存和活动所依赖的自然地理和气候特征、山川地貌、风俗民情以及在特定自然环境中所形成的自然经济形态、生活习俗等铸就了具有鲜明地方特色的地域观念。这种观念在几百年的历史演变中，形成了隶属于这一模式下人们的基本价值观、生活方式、方言特色，形成了主导许多人行为方式选择的内在驱动，带有突出的地方文化烙痕。[1] 这种传统地域观念是长期历史发展过程中的心理积淀，根深蒂固，成为主导人们参与社会活动、经济活动重要的心理影响因素。"那种对内在心态起支配作用的'根意识'，却使他们在面对变革各种传统的过程中，必然要带来程度不同的心理障碍和心态失衡。"[2] 因此受制于人们传统地域观念、传统价值观念、生活方式、行为取向的制约，行政区划制度变迁具有很强的路径依赖。

行政区划制度变迁对文化的路径依赖在很大程度上警醒我们，行政区

---

[1] 郑为汕：《省级行政区划改革的主要难点探析》，《理论探索》2003年第6期。
[2] 周晓美：《中国省级行政区划改革研究》，硕士学位论文，电子科技大学，2007年，第37页。

划的优化路径和方向应尽可能适应文化、习俗的特性。文化的独立性要求我们应谨慎地将一个亚文化的行政区域并入另一个亚文化的行政区域，导致同一行政区内的文化冲突。因此，行政区划的调整和优化应尽可能地防止行政区域的简单合并。而行政区划的优化除了合并而外，还有大量的在行政区域分离的基础上成立新的行政区域的现实需求，在这种情况下，是否受制于文化习俗的不良影响还有待实践的检验。以重庆市直辖为例，原隶属于四川的重庆、万州、黔江和涪陵从原四川省分离，成立直辖市——重庆市。重庆直辖以来，在中央的大力支持下，自身实力逐步增强，可以说，树立重庆直辖市的"形象"成为重庆人自发的共同追求。因此，"成渝口水仗"逐步升级衍生成"川渝之争"，出现了不少令人关注的文化现象，如在重庆出现了"渝菜"取代"川菜""渝剧"取代"川剧""重庆话"取代"四川话"、欲将"四川外语学院"改为"重庆外语学院"、欲将"四川美术学院"改为"重庆美术学院""川江号子"改为"渝江号子"。重庆"去四川化"现象是值得关注的一个文化现象，这对我们思考行政区划的优化路径极具参考价值，以尽可能降低行政区划优化对地域文化的路径依赖。

随着信息化、经济全球化的加剧，文化交融将成为文化发展的主流，在文化交融的同时，民族特色文化和地域特色文化将进一步得到彰显，文化包容性将进一步增强，这也将在一定程度上减弱行政区划优化对地域文化的路径依赖。

与地域文化观念紧密相连的是自然地理状况。自然地理单元主要是依据各地自然地理条件、地形地貌、山川河流来分隔的。自然地理条件直接影响着该地区人们的活动空间、生活方式、行为习惯和生存质量。行政区划应该与自然地理格局协调一致。如果行政区划的优化考虑自然地理因素，则有利于实现区域内的人口、资源、环境与经济、社会的协调发展，从而达到区域内可持续发展的目标。行政区划须考虑到综合地势因素，以自然地理的基本特征为依托，实现一定范围内经济布局的相对均衡性和合理性。因此，行政区划的优化将对自然地理条件形成路径依赖。以中国为例，地势西高东低，呈三级阶梯状分布，山脉众多，纵横交错，起伏显著，地貌形态类型的空间分布决定了行政区划的优化应当尽量在保持地形完整性的基础上，适当考虑平原与山地的合理配置、平原与丘陵交错、山地与盆地或绿洲、草场多重组合。①

三 行政区划优化对经济发展路径的依赖

推动城乡、区域经济社会协调发展是行政区划优化的基本目标。由于受行政力量的影响，经济区的发展往往与行政区的发展存在紧密联系。经济区是客观存在的经济活动区域，行政区是国家实施政治控制和社会管理的特定地域单元。② 一定的行政区对既有经济中心和经济区的依赖往往会对行政区划的进一步优化形成阻碍，同时，行政区的调整、重新划分或分离可能对既有经济区的进一步发展造成负面影响。法国经济学家弗朗索瓦·佩鲁的经济增长极理论指出，经济增长不会同时出现在所有地方，总是首先由少数区位条件优越的点发展成为经济增长极。增长极的极化效应使资金、能量、信息、人才等向发达地区集中，之后再通过扩散效应把经济动力与创新成果传导到广大的腹地。因此，经济中心欲进一步依靠经济中心的地位，利用极化效应进一步发展自己，周边地区欲借助经济中心的扩散效应带动自己的发展。而行政区与经济区的同一或交叉或分割关系在很大程度上会影响到极化效应和扩散效应的发挥。因此，这在一定程度上形成了经济发展和行政区划优化之间的相互路径依赖。

经济区和行政区的发展要求当地政府按照公众的要求，完善政府职能，为政治、经济、社会、文化、生态的发展提供基本公共服务。为加强经济区的建设和发展，行政区须加强经济区内部各行政区之间的合作，促进区域的融合发展；同时往往还基于增长极的辐射带动功能，通过行政力量干预和政策优惠等措施在一定的行政区域内为所在的经济区打造经济中心作为该经济区的增长极。为充分发挥增长极的引擎作用，各相关行政区往往围绕增长极按照经济区功能构建合理的生产力布局构架，提升经济区在全国、甚至全球市场经济中的竞争力。行政区划的优化要求正确处理经济区与行政区的关系，充分发挥行政区和经济区的各自功能，促进区域的协调发展。③ 而行政区的政府作为具有自身独立利益的行政主体往往通过

---

① 周晓美：《中国省级行政区划改革研究》，硕士学位论文，电子科技大学，2007年，第38页。

② 汪阳红：《正确处理行政区与经济区的关系》，《中国发展观察》2009年第2期。

③ 同上。

地方保护主义，破坏经济区统一开放市场的形成，在一定程度上阻碍生产要素合理流动和资源优化配置，致使各行政区之间的经济矛盾更加突出。因此，行政区域的分离在一定程度上会阻碍经济区的发展。以中国为例，区域经济的运行往往采用"政府主导"模式，地方政府逐步丧失了本应维护市场公平竞争的职能，反而通过不合法的手段和方式加剧了市场竞争的不公平，在一定程度上通过免除法律监管等手段保护了假冒伪劣产品的生产、保护了非法排污和高能耗的企业。各级政府为了追求本地利益最大化，运用行政权力改变资源的市场化配置格局，形成了中国区域经济中特有的行政区经济现象。[①]

不同层级的行政区在上级行政区的行政协调下存在加强自我约束从而消除行政区域壁垒的可能，按照经济联系来推动区域之间的联合与协作，并且已经形成了各种经济联系和发展趋势，一旦行政区划调整建立起新的行政区，势必树立起新的贸易壁垒，为经济发展造成新的障碍。同时，一定区域内的行政区已习惯于已经融入的经济区，将为行政区划制度的变迁形成路径依赖。因此，行政区划的优化要克服行政区与经济区的矛盾冲突，促进经济区协调发展，不仅不能为经济发展增添障碍，还要进一步推动各区域间经济社会协调发展。

第三节 行政区划制度的变迁路径

制度变迁是指制度的替代、转换和交换过程，它的实质是一种效率更高的制度对另一种制度的替代过程。[②] 制度变迁能否发生取决于很多因素，如相对价格的变化、制度变迁的代理人以及制度变迁的成本与预期收益的比较等。拉坦从制度供给的角度研究制度变迁问题，诺斯开创性地完成了有关制度变迁理论的工作。诺斯认为，制度变迁是制度不均衡时人们追求潜在获利机会的自发交替过程。林毅夫认为制度变迁包括人们在制度不均衡时，追求潜在获利机会的自发变迁（诱致性变迁）与国家在追求租金最大化和产出最大化目标下通过政策法令实施的强制性变迁。林毅夫认为，诱致性制度变迁指的是一群（个）人在响应由制度不均衡引致的

[①] 汪阳红：《正确处理行政区与经济区的关系》，《中国发展观察》2009年第2期。
[②] 卢现祥主编：《新制度经济学》，武汉大学出版社2011年第2版，第182页。

获利机会时所进行的自发性变迁;强制性制度变迁指的是由政府法令引起的变迁。①

一 行政区划制度的供给短缺

很多成功的改革走的是一条渐进式制度创新之路,其核心思想是先易后难,具体到制度体系是先改革经济领域后改革政治领域,经济改革又是先改革增量后改革存量、先改革外围后改革核心。这种渐进改革是一种智慧的策略,在改革初期具有一定的合理性,它可以绕开现行政策、法律、行政等方面的制度约束,尤其重要的是避免了与既得利益集团的正面冲突,大大降低了改革的阻力、成本和风险。但改革进行到一定程度,行政体制和政治体制对经济改革形成"瓶颈"制约,政治体制和行政体制改革必须及时跟进,否则,改革难以深入、难以为继。而行政区划制度是政治制度和行政制度的重要组成部分,其实质是国家权力在空间上的配置。② 因此,行政区划制度是一国政治制度和行政制度的核心制度之一。如果核心制度供给短缺,则无论进行多少配套制度的创新,制度供给的边际效率不变或者下降,从而跌入"制度陷阱"。③ 行政区划制度应当最大限度地发挥其为经济社会建设和发展先进生产力服务、促进城乡区域协调健康有序发展的作用;此外,行政区划制度还要符合民主价值的要求,更好地实现和保障公民权利,让人民生活得更加便利和幸福。行政区划作为一种国家权力再分配的途径,需要解决在中央政府与地方政府、上级政府与下级政府之间权力的平衡配置问题,以实现尽可能多的制度创新收益。行政区划的核心是管理层级与管理幅度的问题。④ 行政区划就是国家按照管理学的基本原理将管理层级和管理幅度进行划分而形成的组织结构形式

---

① 林毅夫:《关于制度变迁的经济学理论:诱致性变迁与强制性变迁》,载[美]R.科斯、A.阿尔钦、D.诺斯等《财产权利与制度变迁——产权学派与新制度学派译文集》,上海三联书店1991年版,第374页。

② 李金龙、王思婷:《行政区划体制改革的价值基础与政治伦理诉求》,《求索》2011年第5期。

③ 肖庆文:《省管县体制改革的政府行为差异与推进策略选择》,《中国行政管理》2011年第9期。

④ 鄢敦望、刘江峰、李有富:《管理学原理与应用》,湖南人民出版社2008年版,第171—172页。

的具体表现。随着分权改革的推进，金字塔状的多层次、小幅度的结构形式已不再适应现代市场经济和民主社会的现实需要。分权与地方自治是伴随着科技信息化、政治民主化和经济市场化而形成的政府创新和治道变革的一种发展趋势。[①] 当行政区划难以有效支撑廉洁高效、运转协调、行为规范、公平公正的行政管理体制时，这就在一定程度上表明行政区划制度的供给短缺。以中国当前行政区划制度下的惠农政策的制定与执行为例，当前的行政区划及行政体制决定了权力"自上而下"的运行向度，中央和上级控制着大部分财力，按照省、市（地）、县（区）、乡（镇）、村等层级"自上而下"逐级进行分配，必然导致各级政府在"三农"政策执行上的被动甚至盲目，资金截留、挪用、厚此薄彼等现象屡见不鲜，必然导致政策执行成本高昂，政策执行效率低下，更无法实现公平公正，并形成恶性循环。这对推动城乡区域经济社会协调发展形成了极大的制度障碍。中国大多数省份的省域内存在着巨大的发展差距，省域面积过大导致省内经济中心难以发挥其辐射带动功能导致省域内经济难以协调发展，当中央和上级掌控的各种资源从金字塔的顶端逐渐流向金字塔的塔基时，行政层级多、管理范围广、管理幅度大导致资源的分配效率极其低下，导致在省级之间和省内各区域之间资源分配的公平性、合理性严重缺乏，加剧马太效应。以中国的"市管县"体制为例，在工业化初、中期，经济社会发展效应以集聚为主、扩散为辅，主要资源需要向城市集中。此时采用市管县体制就会给地级市利用行政手段剥夺县域资源提供机会[②]，但加剧了城乡之间的不平衡发展，甚至巨大差距。在科学发展、城乡统筹发展、协调发展的要求下，实现市县分治、扩大省级政府管理幅度、实现省直管县的呼声就越来越强烈。这些都对行政区划制度供给提出了紧迫要求。

二 行政区划制度的诱致性变迁

诱致性制度变迁是指现行制度的变更，或者新制度的产生，是由一人或一群人在响应获利机会时自发组织、自发倡导和自发实行的。制度供给

[①] 李金龙、王思婷：《行政区划体制改革的价值基础与政治伦理诉求》，《求索》2011年第5期。

[②] 吴金群：《省管县体制改革中的管理幅度研究》，《中共浙江省委党校学报》2012年第1期。

是一种公共物品,"搭便车"的问题在所难免。林毅夫指出,"制度变迁通常需要集体行动。因此,'搭便车'(free rider)是制度变迁所固有的问题"。① 因此,从这个意义上讲,行政区划制度的诱致性变迁的难度是极大的,甚至是不可能进行的。行政区划制度本身具有宏观性,保持现行制度所产生的高成本或推动制度创新或变迁后所产生的收益增量都将由众多的社会成员分摊,当现行行政区划制度导致分配的极度不平衡时,既得利益者与利益受损者都将是一个庞大的利益集团。按照曼瑟尔·奥尔森(Mancur Olson)的集体行动的逻辑所指出的那样,"搭便车"的问题是无法避免的。并且行政区划制度的变迁是需要成本的,并且还存在前述的路径依赖等问题。因此,"建立一个新的制度安排是一个消费时间、努力和资源的过程"。② 并且行政区划制度作为一种正式的制度安排,而"正式的制度安排变迁,需要创新者花时间、花精力去组织、谈判并得到这群(个)人的一致性意见"。③ 而且"改变一种正式的制度变迁会碰到外部效果和'搭便车'问题"。④ 再者,"制度不均衡以不同的方式影响不同的人",⑤ 因此,新的制度安排可能会损害某些人的利益。因此,行政区划制度的诱致性变迁几乎是不可能实现的。

三 行政区划制度的强制性变迁

强制性制度变迁则是由政府命令、法律引入和实行的。如果新制度的产生仅仅依靠诱致性变迁的话,一个社会中的制度供给就会满足不了需求,因此,需要国家干预以弥补制度供给的不足,那就是强制性制度变迁。"国家干预可以补救持续的制度供给不足。"⑥ 提供法律和秩序是国家的基本功能。因此,在行政区划的优化中,政府是最主要的制度创新主体。然而,政府体系内部各构成主体因为其所处的立场和所具有的不同利

---

① 林毅夫:《关于制度变迁的经济学理论:诱致性变迁与强制性变迁》,载[美] R. 科斯、A. 阿尔钦、D. 诺斯等《财产权利与制度变迁——产权学派与新制度学派译文集》,上海三联书店1991年版,第373页。

② 同上书,第389页。
③ 同上书,第390页。
④ 同上书,第391页。
⑤ 同上书,第392页。
⑥ 同上书,第394页。

益而具有不同的动力，各层级政府在制度创新中的动力的大小不仅取决于制度创新收益，还取决于不同利益主体即不同区域的各级政府在行政区划制度创新中的收益分享和成本分担上存在的巨大差异，从而各级政府有着不同的态度和行为。以中国为例，中央政府以及各省、市、县级地方政府在行政区划制度变迁中的收益预期和将承担的成本是有明显差异的。中央政府承担较低的制度创新成本却能分享到大量制度创新收益，因此，中央政府是行政区划优化的主要推动者。省域面积和省域规模较大的省级政府在行政区划优化中将面临被分割的风险，因此属于利益受损者，将在获得制度创新的收益的同时，也承担制度变迁的部分成本。对地级市级政府将在行政区划的优化中面临被裁撤的风险，而行政区划制度变迁的收益相对来说将远远低于制度变迁的成本，因此将是行政区划优化的主要反对者。多数县级政府尤其是地处相对偏远地区的县级政府将是行政区划制度变迁的直接受益者，并且其承担的制度变迁成本将极低，因此将是积极的拥护者。当然，如果采用"并县"的优化路径的话，将会增加部分县级政府在制度变迁中承担的成本，将会增加行政区划制度变迁的阻力。因此，行政区划的优化将是在中央政府大力推动下，在部分省级政府、市（地）级政府、绝大多数县级政府及其治下的广大人民的拥护下的"上下结合"的强制性制度变迁。

本 章 小 结

本章从制度供给和制度变迁的视角探析优化行政区划的本质。本项研究将行政区划视为一种重要的制度供给，认为行政区划制度将为国家、各级政府及其成员在政治控制、资源分配、社会管理和公共服务过程中的权力行使和责任承担中的行为及其相互关系提供一套基本的行为规则框架。

但行政区划的制度变迁将对国家结构形式、人文地理、经济发展中心及其经济区形成路径依赖，从而决定了行政区划的优化应该在既定的行政区划制度变迁价值目标下，正确选择行政区划制度变迁的路径并不断调整行政区划优化的路径方向，使行政区划优化沿着不断增强的轨迹演进，避免陷入"制度锁定"状态。

行政区划制度面对经济社会协调可持续发展要求下巨大的制度需

求，供给严重不足。作为正式制度的行政区划制度的特性以及各级政府、利益集团等各利益主体在行政区划制度变迁中的成本收益差异等因素决定了"上下结合"的强制性制度变迁将是行政区划优化的基本路径。

第二章 目标与制约：优化行政区划相关要素论析

优化行政区划具有提高行政效能、提升治理能力、推动协调发展、维护政治稳定等四大价值目标或基本要求，面临环境要素、组织要素、能力要素三重制约和经济、政治、社会等三大推力。

第一节 优化行政区划之价值目标

行政区划的实质是实现行政权力和责任的划分。因此，行政区划应通过合理确定政府的管理层级及各级政府的管理幅度，实现对行政权力及其相应责任的科学划分来提高行政效能、维护政治稳定、推动城乡区域经济社会文化的协调发展、提升整个社会和公民的自治能力，以便更好地实现政府的各项职能，使整个社会的公共利益最大化。

一 优化行政区划的直接目标——提高行政效能

可以说，行政学的诞生源于对效率的追求。伍德罗·威尔逊在《行政学之研究》中认为政治与行政的理想模式要求行政应拥有巨大的权力和不受限制的自由处置权限，而同时公众舆论将起权威性评判家的作用，必须在一切方面都对公众舆论有敏锐的反应，促使公务人员有理智、有力量地开展活动，又与公众思想保持着非常紧密的联系，这样既能保证了行政的效率又能保证行政的方向。韦伯笔下的官僚制、泰勒的科学管理等一系列理论所贯穿的理性化以及西方公共管理理论将"三 E"（Economy, Efficiency and Effectiveness）作为价值追求的核心，也都是以追求效率为旨归。可见，追求行政效率、提高行政效能是行政学、行政制度以及行政区划制度所应追求的主要目标之一。

行政效能是指行政主体在实施经济调节、市场监管、社会管理和公共服务等行政行为时，以最小的公共资源投入来实现最佳的行政工作目标，达到资源优化配置并产生良好经济社会效益的程度及能力。行政效能是数量与质量的统一、功效与价值的统一、目的与手段的统一、过程与结果的统一。行政效能有质和量、快与慢、投入及产出等内涵。政府行政效能高，意味着政府提供公共服务和社会管理、化解社会矛盾的能力强、效率高、回应性强，分配公共资源的成本低、效率高、公平性强。一般认为，权力高度集中和问责不力、权力高度分散和监督不力是行政效能低下的体制原因。中国各层级政府之间以及政府各部门之间，上级与下级之间，都存在着权力过于集中的问题。如果适当减少行政环节，增大行政管理幅度，可以使层级结构趋于合理，则从上至下和从下至上的行政信息流通顺畅、快速和更加直接与准确，使单位时间内的行政行为增多，行政效率提高，行政投入减少，行政效果更好，从而提高行政效能。[①] 一些国家也曾经发生政府权力高度分散、行政区域规模太小以致难以有效提供公共服务导致行政效能低下的现象。可见，作为全国政府行政组织结构的行政区划将从组织结构上直接制约或影响着行政效能的高低。因此，优化行政区划，通过合理确定政府行政层级，科学确定各级政府的管理幅度，并在此基础上规范各级政府之间的权力责任关系，以形成科学合理的行政组织结构和权力责任关系，将是提高行政效能的基本途径。因此，提高行政效能将是优化行政区划的直接目标。

二　优化行政区划的根本目标——提升治理能力

自20世纪70年代以来，公共行政向公共管理的范式转换要求政府、行业协会、自治团体、企业、公民等各种治理主体在公共事务的治理中各展其长、各得其所，尽力摒弃传统公共行政的垄断和强制性质，强调政府、企业、团体和个人的共同作用，充分挖掘各种管理和治理主体、管理工具的潜力，从而改善公共事务的治理效果并提高每一个人在现实社会中的自由度，以增强公共管理的合法性、透明性、责任性、回应性和有效性。因此，作为政治制度、行政制度重要组成部分的行政区划制度的优化就必然将提升包括政府在内的整个社会的合作治理能力作为主要目标，甚

[①] 杨代贵：《论行政组织对行政效能的影响》，《江西社会科学》2003年第1期。

至是根本目标。

地方政府是实现国家治理和科学发展的基石。地方政府治理能力的好坏,直接关系到一个国家社会、经济、文化的科学发展和政治稳定。科学发展和社会主义和谐社会建设的宏伟目标需要各级地方政府提升自己的治理能力。[1] 而地方政府和基层政府的治理能力提升与社会自治能力的提高是相辅相成、互相促进的。

埃莉诺·奥斯特罗姆认为,自主治理是与市场、国家并存的一种治理形式,一群有着自治愿望和强烈个人主体意识的理性人通过自主合作治理能实现集体利益的优化。如果人们的个人主体意识、公民意识不强,总寄希望于借助外部力量的干预,就难以产生自主组织与自主治理的愿望和行动。在高度集权体制下,统治型和管制型的地方政府为加强人们自身主体意识和增强自主参与的能力留下的发展空间很小,在很大程度上制约了产生自主组织与治理的愿望和行动,制约了自主组织与治理能力的提升。但是,政府作为制度的提供者,政府必须为社会自治、公民的自主治理提供公平的制度保障,自主治理才可能得以产生。这就必然要求政府体系合理分权,对行政区划进行科学设置,让各层级政府的权力触角适度地作用于各个区域的公民、组织、社会及其对公共事务的处置过程中。并通过行政区划这种正式制度的合理设计,来促成正式制度与非正式制度之间的转化与联系,为自主治理的社会规范和社会秩序的形成与演化创造条件、留下足够的发展空间。[2] 这就必然要求通过政府体系的纵向分权,推动地方、基层和社会自治。地方自治与分权是一对孪生姐妹。地方自治要求中央和上级政府将权力交给地方,而分权要求地方自治。[3] 行政层级过多,造成权力过分集中,阻碍分权改革的顺利推进。[4] 可见,地方的治理能力以及社会的自治能力提升与行政区划的改革调整存在紧密关系,地方政府治理能力和社会自治能力的提升无疑是优化行政区划的根本目标。

---

[1] 汤建辉:《我国地方政府治理能力建设研究》,硕士学位论文,湖南大学,2009年,第2页。

[2] 张鑫:《奥斯特罗姆自主治理理论的评述》,《改革与战略》2008年第10期。

[3] 李金龙、王思婷:《行政区划体制改革的价值基础与政治伦理诉求》,《求索》2011年第5期。

[4] 同上。

三 优化行政区划的积极目标——推动协调发展

效率和公平是人类社会的基本价值，但效率和公平本身存在着价值矛盾。绝大多数的社会制度、国家制度、行政制度以及公共政策的制定无不是在特定历史条件下追求着效率和公平的辩证统一。而一个社会经济社会的全面协调可持续发展的要求就是效率和公平两大基本价值辩证统一的体现。全面协调可持续发展要求经济社会的发展既要有效率，更要寻求代际间、城乡间、区域间、群体间的公平。而行政区划制度本身制约着城乡间、区域间和群体间的资源、权力和责任的分配。因此，推动协调发展是行政区划制度所应追求的价值目标。

中共十六届六中全会审议通过的《中共中央关于构建社会主义和谐社会若干重大问题的决定》要求打破行政区划鸿沟，推动各区域协调发展。这种区域发展的不平衡，导致大部分医疗、教育等服务设施集中在大城市，造成就业和安居向大城市过度集中，而小城市尤其是农村经济发展和公共服务都严重滞后，导致城乡差距、区域差距很大，进一步导致发展滞后地区的发展后劲严重不足，形成马太效应和恶性循环。在区域和省域内过于集中的城市优势与悬殊的地区差距将影响到整个区域经济发展和国家的整体竞争力。刘易斯·芒福德在20世纪60年代主张建立许多新的城市中心，形成一个更大的区域统一体，促进区域的整体发展，重建城乡之间的平衡。有研究表明，在区域经济发展模式中，城市捆绑发展、资源配置的一大"瓶颈"就是行政区划的隔阂。①

行政区划的调整，有利于推进区域均衡发展；有利于整合利用各行政区资源，拓展新的发展空间；有利于创新体制机制，优化行政资源配置；有利于推进核心区与周边地区、偏远地区的资源整合，通过行政区划的调整；有利于对现有的各种公共资源进行有效的空间整合，推进各省区以及省域内各地区之间的均衡发展。行政区划调整后，减少行政层级；有利于精简机构，合理配置地区经济、社会资源，提高行政效能，降低行政成本，提升区域规划建设和整体管理水平，增强公共服务能力，推动区域协调发展。

---

① 《打破行政区划鸿沟 我国确定各区域"协调发展"战略》，《公共商务信息导报》2006年10月26日。

各级政府谋划和制定本地区经济社会发展战略和发展政策不会跨越行政区域范围和行政层级，而是在自己的权限范围和权力作用范围内来进行战略规划和决策。尤其在资源配置上，由于中央政府和地方政府、上下级政府实行的是"分灶吃饭"的财政体制以及在行政区域范围内两级政府对资源配置各具有相应的调控权力和权限，所以决策者在确定本地区发展目标、开发重点、建设时序以及资源配置等方面是严格的受行政区划影响的。上级政府在资源配置和战略规划上首先考虑的是全行政区域的重点发展项目，下级政府在区域发展上的资源配置和战略规划则服从于上级政府所确定的重点。尤其在资源"自上而下"分配的体制下，下级行政区必须倚重于上级政府，处于从属地位，并且很难左右甚至监督上级政府的资源分配。尤其在城市行政区，行政区划过小就限制了资源在更大范围内的优化配置，容易导致公共资源配置浪费，社会管理和行政成本增加，城市管理效率降低；相同功能区或同一经济区被多个行政区分割，容易造成经济发展、社会发展、城市建设规划的不协调，导致建设上的同质化而缺少特色；如果增设统一协调功能的领导机构或管委会等行政管理机构则会增加行政管理层级，不仅过多占用行政资源，增加开发成本与管理成本，还会降低行政效率。所以合理划分行政区域，有利于经济社会发展战略规划的制定和实施，有利于功能区域的合理布局，有利于提高资源整合、资源配置的效率和效益，有利于增强基础设施的规模效益降低开发成本和管理成本，有利于提高社会管理效率，有利于调动各级政府基础设施建设和推动经济社会协调发展的积极性。① 可见，推动区域经济社会协调发展是优化行政区划的积极目标。

四　优化行政区划的消极目标——维护政治稳定

　　秩序和稳定是任何一个国家的政府都要实现的最基本目标，也是实现其他目标的基础和保障。正如美国政治学家亨廷顿指出，"首要的问题不是自由，而是建立一个合法的公共秩序。人当然可以有秩序而无自由，但不能有自由而无秩序"。② 尤其对发展中国家，整个社会没有全

---

① 高岭夏：《行政区划对城市化推进的影响与对策》，《经济丛刊》2008年第1期。
② [美]塞缪尔·P.亨廷顿：《变化社会中的政治秩序》，王冠华、刘为等译，上海人民出版社2008年版，第6页。

局性的政治动荡和社会骚乱，是经济社会文化发展和提高人民福祉的基本保障。

当然，一个国家能否保持长期的政治稳定是由多个因素交织在一起作用的结果，如统治阶级政治权力的腐败、经济社会发展严重滞后公民发展心理预期、财富分配严重不均、国家重大政治决策失误、国内外敌对势力进行公开或不公开的颠覆和破坏等。因此，在通过加速发展经济、实现分配公平、积极推进民主政治和法制建设、大力开展反腐败斗争、加强政治文化建设等根本措施维护政治稳定的同时，还需要正确处理中央与地方、上级与下级之间的利益和权利，并通过科学合理的行政区划的建构来防止国家四分五裂。既要通过行政区划的优化实现各种政府间、地区间利益的公平分配和经济社会发展权利和机会的平等保护；还要通过行政区划的优化实现权力和力量的科学分配，在中央和地方、上级和下级政府之间为政治稳定构建一个平衡的权力格局；也要通过行政区划的优化实现上情下达和下情上传的高效率，使行政权力的行使和各项管理工作的开展更有效率，从而迅速、彻底消解、化解各种不稳定因素。可见，政治稳定是优化行政区划最基本的目标，因此，行政区划的优化要首先保证政治稳定这一消极目标的实现。

第二节 优化行政区划之制约因素

行政区划的优化将面临诸多制约因素，我们将其中最主要的一些因素分别概括为环境要素、组织要素和能力要素。这些要素将从不同的角度制约、影响行政区划对政治经济社会文化发展的作用效力。同时，这些要素并非孤立地存在和发展，环境要素、组织要素与能力要素之间存在着紧密的相关关系，它们相互作用、相互促进，并相互制约，共同制约着行政区划的层级和幅度。因此，行政区划的优化必须严格考量这些相关要素及其可能对行政区划及其作用效果产生的影响，从而提高行政区划优化的科学性和可行性。

一 环境要素——考量行政区划的基本要素

考量行政区划的环境要素主要包括自然地理环境、民族文化差异、区域文化传统等主要方面。自然地理环境本身直接影响着民族文化和区域文化。自然地理环境和文化环境差异必然对政府行政管理行为和政策选择等产生深刻影响。因此，行政区划的优化必然要以自然地理环境和社会文化环境作为考量的基本要素。

(一) 自然地理环境——自然区

自然地理环境是指人类生存的自然地域空间，是人类赖以生存的自然界，是人类社会存在和发展的自然基础，是生产资料和劳动对象的各种自然条件的综合，是政府制定各种政策、执行各种政策的基础条件和外部制约因素。自然地理环境除了山地、高原、盆地、平原、丘陵五种最重要的常态地貌类型以外，还有类型繁多的特殊地貌分布，如冰缘地貌、海岸地貌、冰川地貌等。复杂多样的地理环境为经济形态的多元化和社会文化的多样化提供了条件。自然区与行政区的一致吻合有利于政策的制定与执行；但可能对政治统治不利，如元朝曾蓄意把同一自然地理单元分割给若干个行省，便于控制地方。但后来的历史证明，靠自然地理分割也难以维持永久的统治。毕竟，政治稳定主要不是靠地理分割来实现的。自然区与行政区的一致，有利于政府提高行政管理的效率和效益，更有利于当地经济社会文化发展。政府是推动或阻碍一个国家、一个地区经济社会文化发展的重要力量和根本因素。政府履行职能职责的基本手段是公共政策。公共政策是一项含有目标、价值与策略的大型计划。[1] 戴伊认为，公共政策是关于政府所为和所不为的所有内容。[2] 良好的公共政策的制定与执行效果是受自然环境的直接影响和作用的。自然环境是一个国家、社会和民族生存与发展的物质基础，自然环境的巨大差异性要求公共政策更具灵活性和针对性，才可能适应不同的政策目标群体的政策需求，具有针对性和适应性。对一定的行政区域的地方政府制定区域性政策而言，其自然地理环境和社会文化环境的相似性越高，政策环境的复杂性就越低，对公共政策需求的同质性就越强，对政策制定质量和执行水平的要求就相对越低，政策对相同环境的适应性就越强，政策执行变异的可能性也越低，政策更容易满足同一行政区域内各主体的共同需求。因此，相同的自然地理和社会

---

[1] H. D. Lasswell and A. Kaplan, *Power and Society*, N.Y.: McGraw-Hill Book Co., 1963, p. 70.

[2] [美] 托马斯·R. 戴伊著：《理解公共政策》，彭勃等译，华夏出版社2004年版，第2页。

文化环境更加有利于政策的制定、执行和政策效率的提高，也更加公平公正。那么政策推动该行政区域的经济社会文化发展的作用效果就越明显。经济社会的快速发展和行政效能的提高是维持政治稳定更长久的内在动力，比依赖地理分割维持政治稳定更可靠、更持久。

山川河流是人类活动的巨大障碍。在一定的行政区域内，大的山脉或河流将给这个行政区政府的行政行为以及行政区内的贸易往来造成巨大的交通障碍，在公共基础设施的供给上政府的压力也更大，行政时间和行政成本会更高。这在一定程度上也要求行政区与自然区的合一。但是，当不同的自然区隶属于不同的行政区后，会进一步加剧不同行政区之间的社会分割，造成行政区及自然区之间的孤立和封闭，阻碍行政区和自然区之间的经济贸易往来，从而制约经济社会的发展。尤其是各行政区的政府将进一步缺乏打通山脉河流的交通基础设施建设的动力。因此，这就需要更上一层级行政区的政府加强下级行政区之间的交通公共基础设施建设，从而推动更大范围的统一大市场的形成，推动经济社会文化的交融和发展。

（二）民族文化差异——民族区

民族文化是影响行政区划的重要因素。民族是人们在历史上形成的一个具有共同语言、共同地域、共同经济生活以及表现于共同文化上的共同心理素质的稳定的共同体。不同的生活环境，语言和经济生活造成了世界各民族的文化各有特色。语言是民族文化的重要组成部分。而语言是行政沟通、政策沟通的基本工具，因此，各民族间的语言障碍将是决定一定的行政区域政府的行政效率和政策有效性的重要影响因素。宗教对文化的影响很大以及民族文化中蕴含的哲学、政治观念、道德观念，尤其是价值观、价值追求以及审美观念、审美表现意识等将深刻地影响着文化主体的行为方式、行为取向和行动效力。这对不同民族的公民对政府的管理行为、公共服务的供给以及各种政策的制定与执行中的目标价值以及行动方略等的认同将产生重要影响。从而将制约着政府对行政行为、行政目标和政策方案等的选择。并且不同民族文化背景对同一行政区域内公民的凝聚力的提升、和谐共处的程度等都将产生重要影响，决定着政府行政的社会基础。

可见，通过行政区划的优化促进民族融合可以进一步促进各民族的共同发展，但多民族共居一定的行政区划内也必将给政府的管理带来挑战。

以中国为例，中国自古以来就是一个多民族的国家，尤其是边疆地区居住着许多少数民族，因此，行政区划必须要针对民族文化的特殊情况，区别对待。

（三）区域文化传统——文化区

区域文化是由于地理环境和自然条件不同所导致的历史文化背景差异所形成的明显与自然地理环境有关的文化特征，是特定区域的生态、民俗、传统、习惯等文明表现。区域文化差异主要反映在方言文化、饮食文化、民间信仰和民间建筑等多方面。方言文化是区域文化的重要内容之一。尤其是因为山区交通闭塞不便利，所以方言较多。方言能增加人与人之间的感情，部分意思只有方言才能表达清楚，方言成为媒介交流在文字外的补充。饮食文化，特别是民间的日常饮食，如西藏的酥油茶，主要是取材于当地，或是运输到当地，当地的老百姓吃得起经常吃；饮食的方式也是不同的，比如，有些地方是坐在炕上吃。民间信仰以中国为例，中国人的宗教意识比较淡薄，但是各地都有很强烈的民间信仰。除了一般的大宗教外，一般人的信仰有很强的地域性。四川信仰二郎神，北方信刘猛将军，江西信许真君，江南信蚕桑娘娘，福建信妈祖等。民间建筑包括寺庙、宝塔、公共建筑、民居等。民居必须要符合当地的实际（建筑材料等）。如一些地方住窑洞、福建土楼、上海的石库门房子等。区域文化差异反映的是生活习惯、行为方式和价值取向等方面的差异。以中国为例，诸如江淮文化、徽文化、齐鲁文化、燕赵文化、三秦文化、三晋文化、楚文化、吴越文化、巴蜀文化、河洛文化、岭南文化、东北文化等。这些文化差异同样会对政府的管理行为、公共政策的选取、政策沟通、政策传播和政策执行效果等产生重要影响。因此，行政区划的优化必然要充分考虑地域文化传统的差异。

二　组织要素——考量行政区划的核心要素

考量行政区划的组织要素主要包括国家结构形式、地方政府体系、行政权力体制以及政府职能模式等国家及政府的组织结构和权力结构要素。国家结构以及政府的组织结构和权力结构将通过权力的运行方向及其对公共资源分配的决定作用来影响行政区划在推动经济社会发展中的作用效果。"中国历代行政区划沿革的核心就是政区层次级数的变化，这一变化集中体现了中央集权与地方分权之间此消彼长的演变过程。"[①] 国家结构形式、地方政府体系及政府职能模式是中央集权与地方分权关系的集中体现。

(一) 国家结构形式

国家结构是指国家部分与整体之间、中央政府与地方政府之间正式的、稳定的关系。单一制和联邦制是当前世界各国的两种主要国家结构形式。

国家结构形式体现的是政府权力的来源及其运行方向，那就决定着各层级行政区划之间的内在关系以及由权力所支配的公共资源的分配格局。国家结构形式在很大程度上决定了中央政府或联邦政府与地方政府或州（成员国）政府在国内事务尤其是地方事务管理中的主导地位。而行政区划体系本身就是国家结构体系的一种具体体现。因此，在不同的国家结构形式下，行政区划制度就会对行政管理的效率、效能等产生不同的影响。

单一制国家的所有权力来源于中央政府，且主要公共资源也来自中央政府，因此，在社会事务管理中所需要的权力及其他主要公共资源都由中央政府自上而下进行分配，且中央政府与地方政府在国内各种事务上的管理权限和责任没有宪法层面的明确划分，即使有所谓的事权划分，那也是中央给予地方的一种较为稳定的临时授权，其权限责任的变更主要取决于中央政府，地方政府处于完全的从属地位，中央政府与地方及其下级政府在地方事务管理的权责上具有同质性、重复性，主要差别体现在宏观和具体的程度上，责任模糊。因此，行政层级以及行政管理的幅度等就将直接决定着各种资源分配和行政权力行使的效率、效果和公平性。

联邦制国家的权力来源于成员政府，联邦政府所掌控的资源十分有限，且在国内及地方事务的管理权限和责任划分上明确固定，这种权责分配的变更在宪法层面，且取决于多方合意的达成，因此，复杂的变更程序决定了联邦和成员政府的权责分配十分稳定，且各自在国内及地方事务管理中的权责界限十分明确，同质性和管理的重复性相对很低，责任明确。并且公共资源相对分散地由各行政主体控制和支配，甚至资源和权力主要被控制在州和地方政府，权力运行和资源分配的链条很短，因此，行政层

[①] 周振鹤：《中国历史政治地理十六讲》，中华书局2013年版，第121页。

级以及行政管理幅度对资源分配和行政权力运行的效率、效果和公平性的影响相对单一制国家要小得多。

(二) 地方政府体系

地方政府体系主要包括行政体地方政府体系、自治体地方政府体系和混合体地方政府体系三种类型。[①]

行政体地方政府体系是中央集权体制的产物。[②] 行政体地方政府体系是指在上下级地方政府之间存在直接的命令、指挥与服从的行政关系，行政体地方政府的首长及其主要部属由中央或上级政府任命，从它们那里获得权力的授予，秉承它们的命令，在它们的指挥、监督下，执行治理本地域的各项事务。行政体地方政府作为中央政府或上级政府在当地的代表，行使治理本地域的权力，本身不具备独立的法人资格。行政体地方政府行使权限的权力由中央或上级政府授予，是中央和上级政府的下级行政组织，不存在代表当地公民利益和意愿的代议机关。行政体地方政府体系不符合政治民主精神，但有利于克服地方主义倾向，协调各地的均衡发展。[③]

自治体地方政府体系由自治体地方政府构成，在上下级政府间不存在行政隶属关系，各自治体地方政府依法自主地处理权限内的事务，中央和上级政府依法对其实施监督、指导。自治体地方政府是由当地居民依法选举产生的地方政府。自治体地方政府的权力来自当地居民，由本地域居民选举产生，对当地居民负责，在国家宪法和法律规定的范围内，拥有大小不等、程度不同的地方自治权，包括组织权，在法定范围内自主设立机构、任免人员、制定规章制度；财政权，拥有自身的公共财产，在法定范围内可自主决定为筹集自治经费而征税、借债；行政权，有权为维持本地域社会秩序和维护、增进本地居民利益，从事对本地社会公共事务的管理；地方立法权，在不与国家宪法和法律相抵触的前提下，就本地自治事务制定所需的法规条例；制裁权，对违背地方自治法规、条例的居民，自治体地方政府拥有行政制裁权，即给予行政处分和惩戒。[④]

[①] 曾伟、罗辉主编：《地方政府管理学》，北京大学出版社 2006 年版，第 9 页。

[②] 同上书，第 10 页。

[③] 同上书，第 10—11 页。

[④] 同上书，第 12—13 页。

混合体地方政府体系由混合体地方政府构成。在运作上兼具上述两种体系的特点：体系中的地方行政机关都是中央和上级行政机关的下级机关，存在命令指挥与服从的行政关系，但在议决机关之间的关系上，则保持法律监督与指导关系。混合体地方政府的权力一部分来自当地居民（形式上）；另一部分则来自中央和上级政府（实质上）。[①] 混合体地方政府是一种过渡形式。

在一个国家内可能存在并立的地方政府体系，即指在同一国家内，同时存在两种类型的地方政府。如中国，在混合体地方政府外，还存在高度自治的自治体地方政府——香港、澳门特区和台湾地区的政府。

基于混合体地方政府体系尽管在形式上承认地方政府的权力来自当地居民，但实质上其地方政府的权力仍然主要来自中央和上级政府，只是独立自主程度比行政体地方政府略高一些。为简化理论分析，我们在做本项研究的相关理论分析时，仍然将混合体地方政府体系视为行政体地方政府展开比较分析。

在行政体地方政府体系下，公共事务的管理、决策的最终决定权不在当地公民（或本地议会或人民代表大会）手中。对一个地方的任何一项重要公共事务的管理的权力都源自上级政府，只是因为其重要性和影响大小的差异而逐级向上追溯的层级有所不同而已。因此，凡是相对重要的公共事务的管理权限往往要涉及的是多个行政层级，且越是上级政府，其主动性越强。因此，在一定行政区划制度下的行政层级和管理幅度就将直接决定着行政权力运行链条的长度和行政权力作用范围的广度。如果行政层级过多、管理幅度过小，这就必然加剧马克斯·韦伯所述的"官僚制"机关等级制[②]特征所带来的负面效果。具体表现在，层级节制，责任分散；规则控制，目标移位。[③] 更何况规则的作用是有限的，因为"政策问题过于复杂而多变，乃至于不可能形成完全详细的规则"。[④] 因此，有限

[①] 曾伟、罗辉主编：《地方政府管理学》，北京大学出版社2006年版，第13—14页。

[②] [德] 马克斯·韦伯：《官僚制》，载彭和平、竹立家等编译《国外公共行政理论精选》，中共中央党校出版社1997年版，第34页。

[③] [美] 罗伯特·K. 默顿：《官僚制结构和人格》，载彭和平、竹立家等编译《国外公共行政理论精选》，中共中央党校出版社1997年版，第98页。

[④] [美] 德博拉·斯通：《政策悖论——政治决策中的艺术》（修订版），中国人民大学出版社2006年版，第295页。

的规则必须在公民参与和民主监督中才可能发挥其最好的效能。

在自治体地方政府体系下，公共事务的管理、决策的最终决定权就在当地公民或本地议会手中。即使存在多个地方政府层级，但对一个地方的某一项重要公共事务的管理的权力都直接来源于当地人民或议会。因此，对大多数相对重要的地方公共事务的管理权限都不涉及地方政府的多个层级，而是直接地听命于本地公民或议会。因此，在一定行政区划制度下的行政层级和管理幅度将直接决定着行政权力作用范围的广度，但对行政权力运行链条的长度的影响不大。因此，在自治体地方政府体系下，一方面，行政区划制度对行政管理的效率、效果和公平性的影响相对较小；另一方面，下级政府对上级政府的依赖和管理需求较小，还因为民众的直接监督加强，上级政府对下级政府的监督需求也有所降低，与在行政体地方政府体系下相比较而言政府的管理幅度可以适度扩大、管理层级可以适度减少。

同理，在联邦制和单一制结构形式下、在自治体和行政体地方政府体系下，对行政区划制度改革本身的决定权也就有很大的差异。

(三) 政府职能模式

根据社会公共需求，政府在国家和社会公共事务管理中承担的职责和功能，主要包括管理的公共事务的范围以及采取什么方式进行管理两个方面。按照斯密的理论，政府的职能作用限于三大方面："君主的义务，首在保护本国社会的安全，使之不受其他独立社会的暴行与侵略"；"君主的第二个义务，为保护人民不使社会中任何人受其他人的欺侮和压迫，换言之，就是设立一个严正的司法行政机构"；"君主或国家的第三种义务就是建立并维持某些公共机关和公共工程"。[1] 政府职能决定着行政机构的设置及管理方向、内容、范围、方式。在不同的历史时期、不同的环境条件下和不同的政治经济社会发展阶段，随着社会公共需求和政府供给能力的变化，政府职能在维持一定的持续性和稳定性的同时，各级政府职能的内容、重点、强度和履行方式会发生一定的变化。政府职能发展一般遵循以下规律：一是职能重心从以政治职能为重心逐渐向以经济职能、社会事务管理职能、科技文化职能为重心转变；二是职能性质从保卫性、统治

---

[1] ［英］亚当·斯密：《国民财富的性质和原因的研究》（下卷），郭大力、王亚南译，商务印书馆1974年版，第254、272、284页。

性职能为主向管理性、服务性职能为主的方向转变；三是职能分化从混淆不清的职能向高度分化的职能转变；四是职能方式从以人治为主、行政手段为主向以法治为主、综合运用法律、经济和管理手段转变；五是职能范围从"守夜警察"向"万能政府"再向"有限政府"转变。① 可见，政府职能范围广泛、方式多样，政府既要维护其政治统治的稳定，还要推动经济社会文化的快速发展。一般而言，政府的职能范围越大，管理的事务越多，其直接管理的下级政府的数量就只能越少；相反，政府的职能范围越小，管理的事务越少，其直接管理的下级政府的数量就可以越多。也就是说，职能范围与管理幅度在总体上是成反比的。因此，政府职能范围将直接影响着管理幅度的大小，间接影响着行政管理的层级数量。以在计划经济体制下的中国为例，政府职能几乎无所不包。为实现集中的行政控制，中国各级政府的管理幅度都很小，就形成省管市—市管县—县管乡镇的多层级地方治理结构。② 不仅如此，政府职能范围越广泛，发生职能目标和价值冲突的可能性越大。而行政区划的设置在面对广泛的职能目标时，无疑会陷入价值冲突、目标冲突的两难困境。那么如何有效解决行政区划的优化在政府职能履行的价值目标冲突中的两难困境，就是行政区划优化将面临的重要问题。从前述分析可见，职能的发展规律包含政府职能的分化，从政府职能的分化程度来看，分化程度越高，越有可能化解行政区划的优化在政府职能履行的价值目标冲突中的两难困境。维护政治稳定的职能与促进经济社会快速发展的职能的分化，维护市场统一的职能、促进统一大市场健康发展的职能与促进地方经济社会快速发展的职能的分化，资源提取职能与资源分配职能的分化，管制职能与分配职能的分化等，十分有利于行政区划优化，因职能的差异而区别对待。可见，政府职能的分化程度将制约着行政区划的优化对政府实现其功能和价值目标的影响。此外，政府职能的分化和职能模式的转变还会对行政区划的优化对政府机构的设置和行政成本的影响产生影响。从机构设置上看，如果行政区划的优化要求缩小省份，将意味着增加省的数量，假如每个省机构设置与原来相同，就意味着国家行政机关数量的大量增加，因此假如政府职能模

---

① 《政府职能及其理论》，中国人民大学出版社教学资源库课件系统2012年8月1日。
② 吴金群：《省管县体制改革中的管理幅度研究》，《中共浙江省委党校学报》2012年第1期。

式不变，职能分化程度太低，必然造成机构设置重叠、人员冗杂的后果。① 因此，政府职能的分化程度在一定程度上制约或影响着对行政区划的考量。

政府职能的分化程度高，政府职能履行机构的设置模式就可以多样化，而不仅局限于单一的政府职能履行模式和机构设置模式，从而化解行政区划优化所面临的政府职能目标和价值的冲突困境。履行维护政治稳定职能、履行经济调节职能、履行市场监管维护统一大市场健康发展职能、履行公共资源提取职能等的政府机构的设置可以脱离行政区划的限制，不拘泥于与行政区划的一一对应，而履行公共资源分配职能、履行公共服务职能、履行社会管理职能、履行地方经济社会文化发展规划职能等的机构可以按照行政区划的要求对应设置，从而实现行政区划的优化促进政府多方面职能履行效率、效能、效益的共同提高，而不是此消彼长或顾此失彼。

三　能力要素——考量行政区划的关键要素

考量行政区划的能力要素主要是政府对经济社会文化等事务的公共治理能力，社会及其公民、社会组织的自治能力，以及一定行政区域内的经济政治文化中心的辐射能力等及其与该行政区域的管理幅度的相对关系。

（一）政府治理能力

政府治理能力是指政府科学制定并有效执行公共政策，将公民的共同意志、上级政府的要求和本级政府的意志、目标转化为现实，有效地适应并不断改变自身生存环境，从而创造更好的生存与发展条件，实现公共利益最大化的能力。施雪华认为"政府综合治理能力"是指处于特定的历史、社会和自然环境中的政府，维护自己的政治统治，管理社会事务，服务大众需要，平衡社会矛盾，促进社会稳定发展的所有潜在的或现实的能量或力量的有机整体。② 可见，政府治理能力本身会受到客观条件的制约，有着特定的价值取向和明确具体的内涵。

地方政府治理能力主要是指地方政府在特定的区域环境和制度条件

---

① 左兵团：《改革中的中国行政区划及其应然走向》，硕士学位论文，南京师范大学，2007年，第20页。
② 施雪华：《政府综合治理能力论》，《浙江社会科学》1995年第5期。

下，通过获取、配置和整合各种资源，执行国家法律规范，制定区域公共政策，维护社会秩序，提供满足社会需求的公共服务，正确履行政府职能的能力。信息技术和交通设施建设水平的高低制约着政府系统的内部管理和行政控制以及各级政府对整个市场和社会的治理的途径、方式和手段的有效性，将直接决定着政府治理能力的高低。在交通设施和信息通信比较落后的时代，因为信息处理和传递速度慢、效率低，行政管理手段比较有限，政府的管理幅度相对较小，只能增加行政管理层级，实行"尖耸型"金字塔式的层层控制。当互联网络、移动手机、固定电话等信息通信，铁路、高速公路、航空、港口等交通设施，都有了突飞猛进的发展后，这就大大提高了各级政府组织的信息传递速度、管理与控制能力，并缩小了各层级政府间的时间、空间和心理距离。[①] 在信息技术的有力支撑下，内网处理业务、专网传输文件、外网与公众互动等信息沟通交流平台将有力地推动政府组织结构和工作流程的优化重组。因此，信息技术和交通条件等的改变为政府治理能力提升提供了重要的技术条件。此外，政府内部的各种权力关系、制度规范以及公务员的素质和能力等将在很大程度上决定着政府治理能力的高低。

政府治理能力具体可以分为很多方面的能力，如资源提取能力、公平分配能力、社会控制能力等。且这些具体能力的变化并非是同向一致变化。有的政府可能社会控制力强，但公平分配公共资源的能力可能并不强，导致资源分配往往顾此失彼，被既得利益集团所左右，甚至中饱私囊，公共服务供给效率低下等。

行政区划优化所要进行的区划调整、职能转变、人员调整、机构改革和权力下放，将主要考验中央或上级政府的经济调控与市场监管能力、地方或下级政府的承受与转型能力、基层政府的社会治理与公共服务能力。中央政府或上级政府的管理能力和调控能力越强，其所能直接管理的地方政府或下级政府的数量就可以越多；中央政府或上级政府的调控能力和管理能力越弱，其所能直接管理的地方政府或下级政府的数量就只能越少。如果地方政府、下级政府、基层政府能够相当自主而且依法合理地处理好地方公共事务，规范、科学、合理地使用公共权力，不断提升地方治理能

[①] 吴金群：《省管县体制改革中的管理幅度研究》，《中共浙江省委党校学报》2012年第1期。

力，那么中央政府或上级政府的管理幅度就可以适当扩大。因此，中央政府和各级地方政府的治理能力是制约行政区划的重要因素。

(二) 社会自治能力

社会自治是公民对基层公共事务和公共秩序的自我管理和维护，其管理主体是公民、社会组织或民间组织，它是一种非政府的公共行为，是基层民主的重要实现形式。① 社会自治的主体是广大的公民，是人民群众的自我管理，这种自我管理是通过多样化的非政府公共组织有组织地实现的，社会自治的组织载体，主要就是各种社会组织。公民的政治素质和参政能力以及与此紧密相关的人与人、人与组织、人与社会的相互关系以及由此决定的社会行为规范直接决定着一定时期一个国家或一个社会的社会自治水平。社会自治通过最大限度地激发公民的主体意识、培养公民的新型政治文化、调动公民的参政积极性、增强公民的社会责任感、提高公民的治理能力、塑造公民的政治认同和社会团结，可以大大减轻政府的社会管理负担，降低政府的行政成本，减轻政府维护社会稳定的巨大压力。② 社会自治能力越高，社会对政府管理的需求越低、依赖越弱。因此，社会自治能力的高低在很大程度上，影响着政府管理的层级和幅度。社会自治能力越高，政府的管理幅度可以越大，管理层级可以越少，且不至于给政治稳定等带来更大的威胁。无疑，现代社会随着社会自治能力的增强，政府管理幅度适度扩大是可行的。

政府、市场与社会是现代社会的三个基本领域、三种基本构成力量和三种治理方式，三者各有其自身特点、运行机制和优势。三种力量之间与三种机制之间的良性交集、互动与制衡是实现和谐社会的根本保障。社会基本构成的三种力量与社会运行的三种机制，即政府、市场和社会之间的和谐是社会的根本性和谐，其关系的异化失衡必定会阻滞经济发展、危及社会稳定，致使社会陷入崩溃。只有这一根本性和谐得到有效推进，其他层面的和谐才有可能较好地实现和达到较为理想的程度。③ 因此，在政府以其特有的方式适当履行其职能的同时，稳定有序而又充满活力的政治、

---

① 俞可平：《更加重视社会自治》，人民网——《人民论坛》，2011年8月30日。
② 同上。
③ 黄健荣：《论现代社会之根本性和谐——基于公共管理的逻辑》，《社会科学》2009年第11期。

经济与社会共同体,是一个社会、市场、政府各居其位,各显所能,并形成相互匹配、相互制约的互动关系的有机整体。在市场经济体制和社会自治自律体制下,政府主导型的资源配置方式被市场机制的基础性作用代替,经济的横向联合逐渐取代了纵向的权力支配,以政府管制为主的社会管理方式被以自觉自律为主的社会自治方式所取代,形成了较为自由分散的经济网络和社会秩序。市场和社会体系发育的水平,市场和社会规则系统的健全程度以及市场和社会自治体系的发育水平,直接关系到政府的职能定位,关系到政府管理的方式,并最终影响政府管理幅度和管理层级的设置。①

(三) 经济辐射能力

经济辐射是指现代化程度和经济发展水平相对较高地区与经济发展较落后的地区之间进行人才、技术、资本、市场等生产要素和产品的流动和转移以及价值信仰、思想观念、思维方式、行为方式、生活习惯等方面的传播,从而通过市场机制和社会机制进一步提高经济、社会、文化资源配置的效率,带动经济发展较落后地区的政治、经济、社会、文化、生态的快速发展,缩小两者在政治经济社会文化生态发展水平上的差距。政治经济社会发达的地区或城市与相对落后的地区或城市的辐射距离越近、关系越好、流通越频繁,其辐射的速度越快、辐射越充分、辐射的程度越高,表明其辐射能力越强。经济辐射能力的强弱与其经济规模、人口总量、辐射半径以及交通条件、信息传播渠道和双方的行政关系、贸易关系等紧密相关。一定的行政区域内的中心城市对该行政区域的经济辐射能力往往是制约行政区划的重要因素。中心城市是指在一定区域内或全国社会经济活动中处于重要地位、具有综合功能或多种主导功能、起着枢纽作用的中等城市、大城市和特大城市。中心城市是对较大地域范围具有强大吸引力和辐射力的综合性职能的大中城市。根据中心城市的规模及其吸引和辐射的地域范围,可分为国家级、大区级、省区级和地区级等不同等级的中心城市。行政区划的优化要求根据一定层级行政区域的中心城市的经济规模和经济辐射能力的大小,合理界定省级行政区域、县级行政区域的范围。行政区域划分要以中心城市为依托,通过区域中心城市这个增长极的发展,

---

① 何显明:《省管县改革:绩效预期与路径选择——基于浙江的个案研究》,学林出版社2009年版,第83页。

带动中小城市、小城镇及其周边地区的发展，形成结构合理的城镇集群。中心城市是火车头、是引擎，其发展是核心、关键，它是一定区域范围内的政治、经济、社会、文化、交通、科技、教育、金融、信息的中心，对周边地区的发展产生着强大的辐射带动功能。但是经济辐射具有积极影响和消极影响两种效应。行政区域的设置应按照中心城市的分布及其辐射范围，来决定其位置、规模大小及数量的多少。因此，行政区域的设置、行政区域的范围和行政区域的规模，在地理空间上还取决于卫星城市及其相邻区域对中心城市综合功能的依赖。中心城市综合实力的大小，以及与中心城市连为一体的中小城市群、小城镇的数量及综合实力的大小，也决定了一定的行政区域的范围、规模和辐射效应。同理，在欠发达地区因为缺乏具有一定综合实力的中心城市，导致较大区域的欠发达地区的具有一定辐射能力的增长极的缺乏，进而影响到该区域的发展动力的缺乏。国内外的经验证明，大城市作为国家或区域性的经济增长极，在辐射和带动国家或区域经济发展中具有一般中小城市所不可替代的作用。特别是在技术、信息、人才、金融、管理和经济运行质量等方面，大城市具有独特的优势。因此，对这种腹地广阔的欠发达地区急需通过行政力量来培育新的增长极从而为该区域打造发展引擎、注入发展动力。以中国为例，鉴于地理环境和经济发展水平的差异，中国中心城市的分布也很不平衡。东部沿海地区中心城市较多，辐射功能强，由于人口密集、幅员相对狭小，甚至出现了城市辐射带交叉、重叠的情形。但在西部地区以及一些大省的交界地区，由于中心城市较少或缺乏，且空间分布稀疏，除原有的中心城市外，在人口密度小、经济不发达的地区，急需发展和培育新的中心城市，以辐射和带动传统中心城市不能辐射到的地区，达到经济布局、经济空间的相对平衡。尤其在中央集权体制下，公共资源集中在中央政府和上级政府，并且公共资源"自上而下"逐级分配，行政地位，即政治权力因素对城市发展的影响往往会大大超过经济因素的作用，一定数量的中心城市的培育对国家和跨地区经济的发展及政治上的安定都有重要作用。因此，通过行政区划的优化，有意识地培育新的行政中心，从而打造新的增长极，并通过行政资源的配置增强其辐射能力，带动周边欠发达地区的经济社会文化快速发展就很有必要。直辖市在这方面的作用是非常突出的，重庆市已提供了成功的范例。① 因此，中心城市经济辐射能力的大小是划分行政区域大小的客观标准和依据，原有中心城市难以辐射广袤的区域对通过行政区域的重新划分培育新的行政区域中心从而打造新的增长极提出强烈要求。

第三节　优化行政区划之推动因素

优化行政区划无疑会面临既得利益集团的巨大阻力和各种路径依赖，因此，对行政区划优化这类宏观的政治改革需要特别的推动力量才可能得以实现。本节也将从宏观层面简要分析优化行政区划可能存在的推动因素。

一　经济推动

行政区划属于政治上层建筑。政治是经济的集中体现，经济的发展以及经济体制的结构性转型都会对政治体制改革提出相应的要求，而政治体制作为上层建筑的一部分也必须摒弃自身缺陷以适应经济形势的发展。"不搞政治体制改革，经济体制改革难于贯彻。"② 优化行政区划的动力首先源于经济体制改革和经济高速发展所产生的巨大压力。当前，经济体制改革取得了突破性进展，初步建立了社会主义市场经济体制，国家综合实力明显增强，人民生活显著改善，中国已经成为世界重要的经济实体，这些都为政治体制改革的顺利推进奠定了坚实的基础。③

因为各地区间自然禀赋和发展条件的巨大差距，市场的力量将会扩大而不是缩小地区差距。在市场经济条件下，产品和服务的生产及销售完全由自由市场的自由价格机制所引导，市场在资源配置中起主导作用和基础作用。随着经济的高速增长，尤其是市场经济的充分发展，市场失灵或市场的外部性将进一步显现，社会的不均等如极端贫穷将会出现。以中国为

---

　① 左兵团：《改革中的中国行政区划及其应然走向》，硕士学位论文，南京师范大学，2007年，第29—30页。

　② 邓小平：《关于政治体制改革问题》（1986年9—11月），见《邓小平文选》第3卷，人民出版社1993年版，第177页。

　③ 袁金辉、陈安国：《当前我国政治体制改革的六大动力分析》，《广东行政学院学报》2011年第3期。

例，在经济快速增长的背后，出现了区域差距逐渐扩大的现象，地区间协调发展面临巨大挑战。地区间经济社会发展差距过大，而且发展差距继续扩大的总体趋势没有得到遏制；[1] 不断拉大的区域差距必将影响未来中国的可持续发展。经济的可持续发展要求各地区人均生产总值差距应保持在适度范围、各地区群众能够享受均等化的基本公共服务、各地区经济社会发展必须充分考虑生态和资源环境的承载能力、各地区比较优势得到充分发挥，以实现区域间优势互补、互利互惠，以进一步保持经济持续、快速、健康发展。中国贫富之间、城乡之间、区域之间、经济社会发展之间的不协调状况由可以为社会所承受的阶段进入到了社会越来越难以承受的阶段。

1955年法国经济学家弗朗索瓦·佩鲁提出的经济增长极理论认为：经济增长不会在所有地方同时出现，总是首先在少数具有区位优势的地方发展成为经济增长极。增长极的极化效应使资金、能量、技术、人才、信息等向先发达地区集中，之后再通过扩散效应把经济动力与创新成果传导到广大的腹地。经济增长极自身不仅形成强大的规模效应，对其他地区经济也产生着支配效应、乘数效应和极化与扩散效应。经济辐射的前提条件是经济对外开放和资源自由充分流动，但辐射的速度和程度与其距离有很强的关系。而行政区划作为行政权力的界分，行政壁垒等将会对资源的流动等造成直接影响。因此，行政区划的合理划分将直接影响到经济辐射的效应和效果。为避免经济中心辐射距离过长难以发挥其扩散效应，应该突破原有行政区划的限制，推动行政区划改革，在远离各周边经济中心的区域选择特定的地理空间建立新的政治经济文化中心，作为增长极，变单中心为多中心，以带动更广泛区域的经济发展。

再者，推动区域协调发展必然涉及地方与中央的关系、欠发达地区与发达地区的关系。促进区域协调发展，需要国家的统筹和支持，要求中央政府在确定战略、编制规划、制定优惠政策、公平分配资源等方面承担更多责任，还要通过行政区划的优化协调发达地区与欠发达地区的关系，鼓励支持发达地区率先发展，促进欠发达地区加快发展。因此，经济发展到一定程度必然要求各区域、地区经济的平衡发展，最终间接地对行政区划

---

[1] 范恒山：《区域协调发展：面临的挑战和应对的思路》，《人民日报》2008年6月4日第11版。

的优化提出要求，成为优化行政区划的动力。经济社会欠发达地区人民强烈的发展愿望最终将推动行政区划的逐步优化。

二 政治推动

行政区划体制作为政治体制和行政体制的重要组成部分和载体，本身具有很强的政治性，因此政治推动将是行政区划发展变迁的重要动力。在由田惠生、罗辉和曾伟合著的《中国行政区划概论》一书中，作者在前沿部分就明确指出该书的主要特点"在于强调行政区划的政治性，认为行政区划安排是国家政治抉择的结果"[①]。他们提出，政治性是地方行政建制的根本特性之一："首先，作为构成国家整体的结构单元，地方建制的设置，是政治决策的产物，是一种政治行为。其次，在具体设置某个建制单元时，尽管其具体原因可能各不相同，但归根结底仍取决于政治上的需要，取决于对政治统治是否有利。最后，地方行政建制的变化，不可避免地最终影响国家的政治或行政秩序。"正是因为地方行政建制对维护政治统治的重要意义，决定了"国家在具体设置某类建制或某一具体建制单位时，必然要以维护和有利于政治统治为第一要求，从而使其他要求只有在不与这一要求相冲突的情况下才被考虑，否则只能被置于一边"[②]。而政治统治、政治稳定是与经济发展及公平分配以及公民的觉醒等深层次问题紧密相关的。如果一味地为维护稳定而不顾及经济社会的可持续发展和各地区的平衡发展等，政治稳定是难以长时期维持的。再者，政府的责任也决定了政府除了维护政治统治之外，还有不可推卸的推动政治、经济、社会发展的根本责任。

各级政府及政治领袖的公共责任是推动行政区划优化的主观因素。温家宝总理曾指出，发展经济、改善民生、推动社会公平正义是政府的天职、是政府的良心。[③] 政府责任是指政府同其权力所相对应的义务，它必须符合正义原则，并以人民的利益为其行为的最终评判标准。责任政府除了担任消极的社会管理者的角色而外，还要更多地为社会的发展积极地进行规划、设计，有针对性、有步骤地进行制度创新和政策创新，推动社会

[①] 田惠生、罗辉、曾伟：《中国行政区划概论》，北京大学出版社 2005 年版，第 1 页。
[②] 同上书，第 53 页。
[③] 倪洋军：《听温总理诠释政府的责任与良知》，中国共产党新闻网 2010 年 3 月 2 日。

的现代化进程。① 作为政治经济社会文化建设的主导者,政府应根据政治经济社会文化发展需要,推进制度创新,努力营造公平、竞争、有序的市场环境,逐步缩小地区间及人群之间的贫富差距,整合社会资源,维护社会的稳定和秩序。尤其是绝大多数县级政府以及想升格为省级的部分副省级行政区域和地市级行政区域的政府及其公务员和人民都有推动行政区划优化的强烈愿望。

民主政治的发展是推动行政区划优化的客观因素。随着民主政治的发展,政府的治理能力、社会的自治能力不断提升,公民自治的愿望不断提高,既为下级政府扩大自主权和社会自治提供了条件,也对上级政府为下级政府扩大自主权和社会自治留下更大的空间提出了强烈要求。同时,民主政治的发展对政府管理的有效性和成本约束提出了更高的要求,这也必然要求政府管理幅度的增大和管理层级的减少以节约行政成本,从而推动行政区划的不断优化。

制度作为一种基本的公共产品,制度供给是政府的基本责任。无疑,行政区划作为一种基本的政治制度之一,政府具有当然的供给责任。当行政区划制度难以满足各地区公民尤其是欠发达地区公民的发展需求时,政府有责任推动行政区划制度的改革创新和适时调整,以推动各地区经济社会的平衡发展。因此各级政府尤其是中央政府及政治领袖基于公共责任、政治责任和经济社会科学发展预期等成为推动行政区划优化的主要因素。

三 社会推动

公民社会的形成及其对行政区划问题的关注将是形成公众议程和政府议程的基本条件和推动因素。政策议程可分为两个阶段,即公众议程和政府议程。公众议程是指某个社会问题已引起社会公众和社会团体的普遍关注,并向政府部门提出政策诉求,要求采取措施加以解决的政策过程;公众议程是一个众人参与的讨论过程,使一个问题从某个群体扩展到社会普通公众的过程。政府议程是指某些社会问题已引起决策者的深切关注,感到有必要采取一定的行动,并把这些社会问题列入政策范围的政策过程。政府议程是政府按特定程序行动的过程。行政区划改革代表的是欠发达地

---

① 王美文:《新型责任政府的公共责任》,《中国教育报》2008 年 9 月 4 日第 12 版。

区公民的利益诉求。而欠发达地区公民群体相对现行行政区划制度下的既得利益集团而言,属于弱势群体,其利益诉求的声音相对微弱,甚至这些群体根本没有意识到现行行政区划制度对其发展产生的制约和不利影响。那么欠发达地区公民群体的这种意识的觉醒需要公共知识分子的启蒙,否则行政区划制度问题难以形成公众议程;其觉醒后对行政区划制度改革的诉求表达离不开公民社会的支持,否则欠发达地区公民的政策诉求难以由公众议程转变为政府议程。

王绍光将中国公共政策议程设置的模式概括为六种模式,其中包括关门模式、动员模式、内参模式、借力模式、上书模式、外压模式等。[①] 以中国的行政区划政策议程设置为例,无疑关门模式难以满足现代民主社会的公众的政治参与需求。对行政区划改革议程要由决策者主动提起的动员模式也不太可能,至少在动员模式之前,还得有内参模式、借力模式、上书模式等去促成,而在内参模式、借力模式、上书模式都难以取得理想效果时,外压模式能起到很大的推动作用。除了关门模式而外,对行政区划改革这类重要议程的设置恐怕需要其他多种模式共同促成,并且无论哪种模式都离不开成熟的公民社会和负有高度责任感的政治领袖、专家学者和公共知识分子等。中华人民共和国成立后,共产党和政府对中国行政区作过多次重要调整。由于行政区划的政治敏感性,有关行政区划的研究被视为研究的"禁区",省区调整完全是一种政府行为,学者们很少去进行该领域的研究。改革开放以来,省制问题又重新引起专家学者和政府有关部门的兴趣和重视。[②] 可以说,行政区划问题逐步引起知识界和社会精英的关注,并且也有不少的方案问世。但最终没有由公众议程转变为政府议程,甚至还没有进入公众议程。究其主要原因,是有关行政区划改革问题的关注主要只局限于少部分专家学者,没有形成广泛的社会共识,并且还因为行政区划问题带来的经济社会等不平衡发展问题不具有危机性和时间紧迫性,不能给政府和政治领袖带来很强的危机感,因此,难以受到决策者的关注,无法上升为政府议程。金登的多源流模式理论对政府议程的建立进行了深入分析,并提出多源流分析框架:政府议程的建立是问题流、

---

① 王绍光:《中国公共政策议程设置的模式》,《中国社会科学》2006 年第 5 期。
② 周晓美:《中国省级行政区划改革研究》,硕士学位论文,电子科技大学,2007 年,第 7—9 页。

政策流、政治流共同发展并相互作用,打开政策机会之窗,最终建立起政府政策议程。他指出,"独立于问题溪流和政策溪流而流淌的是政治溪流,它由诸如公众情绪、压力集团的竞争、选举结果、政党或者意识形态在国会中的分布状况以及政府的变更等因素构成。""政治溪流中的这些发展对议程具有强大的影响,因为新的议程项目变得重要,而其他项目在一个更为有利的时机之前一直都被束之高阁。"[①] 因此,行政区划制度改革的政策议程设置,同样需要社会各方共同努力,既要促进政策流的发展,更要推动政治流的强劲发展,才可能将行政区划的优化问题提上政府的议事日程。

随着市场经济的不断完善、民主政治的切实推进,一个相对独立的公民社会正在中国崛起。公民社会是一个充满生机和活力的社会,是一个强调政治参与的社会。[②] 政治体制改革的基础动力来自社会对改变政治存在的要求。在现阶段公民社会发育背景下,公众参与意识的不断觉醒,成为政治体制改革的动力之一。[③] 特别是一些政治参与活动,通过现代信息网络和新闻媒体的扩散、发酵和凝聚,形成巨大的舆论力量和实际压力,推动党政机关满足欠发达地区公民平等发展的利益诉求,从而推动行政区划体制改革的步伐。

本章小结

本章从行政区划优化的价值目标、行政区划优化的推动因素和制约行政区划优化的要素等方面对优化行政区划的相关要素逐一展开分析。

提高行政效能、提升自主治理能力、推动协调发展、维护政治稳定既是行政区划优化的价值目标,又是优化行政区划的必然要求;既对行政区划的优化提出了目标定位,又为行政区划科学性的价值判断提供了标准。

行政区划的优化在客观上将受到自然地理、民族文化差异、区域文化

---

① [美]约翰·W. 金登:《议程、备选方案与公共政策》(第二版),丁煌、方兴译,中国人民大学出版社2004年版,第184页。
② 袁金辉、陈安国:《当前我国政治体制改革的六大动力分析》,《广东行政学院学报》2011年第3期。
③ 同上。

传统等环境要素的制约，将受到国家结构形式、地方政府体系和政府职能模式等组织要素的制约和影响，将受到政府治理能力、社会自治能力和中心城市的经济辐射能力等能力要素的制约和影响。

行政区划的优化需要主客观的推动力量。推动力量的大小决定了行政区划优化的进程和效果。经济高速增长后对经济协调发展的客观要求、作为最广大人民群众根本利益的代表的政府及其政治领袖推动经济社会文化可持续协调发展并实现社会公平正义的高度责任感以及逐渐成熟的公民社会对各地区经济社会平衡发展的理性要求将成为行政区划优化的长久动力，推动行政区划的不断优化。

行政区划的层级和管理幅度将在平衡价值目标、制约要素和推动要素的相关关系的基础上综合确定。

第三章 作用与机理：优化行政区划之系统分析

行政区划的优化与行政效能、协调发展、治理能力和政治稳定等价值目标存在紧密的相关关系，与环境要素、组织要素和能力要素相互作用、相互影响。系统分析优化行政区划各相关要素相互作用的内在机理，有助于在一定的制约要素下，理性确定适宜的行政区划，以促进行政区划优化价值目标的实现。

第一节 行政区划与优化价值目标之相关关系

提高行政效能、提升治理能力、推动区域经济社会协调发展、维护政治稳定是行政区划优化的四大价值目标，本节将逐一对四大价值目标与行政区划的相关关系做定性分析。

一 优化行政区划与提升行政效能

如前所述，行政区划具有对行政权力和行政责任的空间定位功能、各种公共资源的配置功能、国家权力行使的载体功能，因此，行政区划的科学性程度与行政效率、行政效能的高低存在着密切关系。

行政效率是指公共组织和行政工作人员从事公共行政管理工作所投入的各种资源与所取得的成果和效益之间的比例关系。用公式表示即：

$$行政效率 = 行政产出/行政投入$$

所谓提高行政效率就是要以最小的行政投入取得最大的行政产出，即用尽可能少的行政支出为社会提供尽可能多的公共服务。而行政效能是指行政管理给经济社会发展等带来的效益，用公式表示即：

$$行政效能 = 行政效率 \times 行政目标$$

行政目标代表着一定的价值取向，因此，行政效率相对行政价值目标而言，有正负之分，如果行政活动方向与行政价值目标一致，行政效率即为正值，行政效率越高，行政效能越高；如果行政活动方向与行政价值目标相反，行政效率即为负值，行政效率越高，行政效能越低。

因此，对行政效能的度量应主要从行政产出、行政投入（行政成本）及行政活动努力方向与行政价值目标是否一致等主要方面来展开。那么行政效能具体可以通过行政费用指标、产出数量指标、时间效率指标和质量指标等来进行测度。行政费用指标主要是指完成一定的行政工作量所消耗的人、财、物的总和；产出数量指标主要是指在一定条件下所完成的行政工作量；时间效率指标是指完成一定工作量所需要的时间数量；质量指标是指行政工作的结果是否符合价值目标的要求，具体表现为符合法律、政策、计划和技术的要求。那么接下来需要做进一步细分的是质量指标，宏观上说，行政工作、政府工作的价值目标是公平、公正，而又不失效率。因此，质量指标将体现在行政区划优化价值目标的其他三个方面，即推动区域间、城乡间经济社会的协调发展，维护政治稳定，提升社会的自治能力。而经济的快速发展，且发展成果能由社会成员公平享有以及社会的自治能力的提升将是维护政治稳定的重要基础条件。

行政区域的合理界分，充分考虑自然地理环境差异、地域和民族传统文化特殊性等因素，可以有效地增强一定行政区域内公共需求的同质性；行政区划的层级和管理幅度的适度细分，将具有同质性的公共需求的地域划为同一行政区域，可以增强该区域政府公共政策的针对性，从而更有利于政府行政目标的实现，从而提高行政效能。在合理划分行政管理幅度的基础上，适度确定行政区划的管理层级，尽可能地减少行政层级，可以增强行政管理的直接性，缩短信息链、权力链、监督链，降低行政成本，增强执行的有效性，提高行政效率；从而提高行政效能。一定行政区域内适宜的管理层级和幅度，最有利于行政效能的提高；当管理幅度过小，行政层级过多时，会导致行政效率低下，从而致使行政效能低下；当行政管理幅度过大，虽然行政层级减少，行政效率可能增加，但因管理幅度过大导致管理无力、管理半径过大，同样可能会降低行政效率，且因管理幅度过大，导致政策的针对性和适应性降低，导致政策目标冲突加剧，行政目标的实现程度降低，从而致使行政效能低下。如图 3-1 所示，行政效能曲线近似一条抛物线，管理幅度过小，行政层级必然多，行政效能低下；管理幅度过大，超过了管理者的能力范围，管不过来，行政效能不可能高。

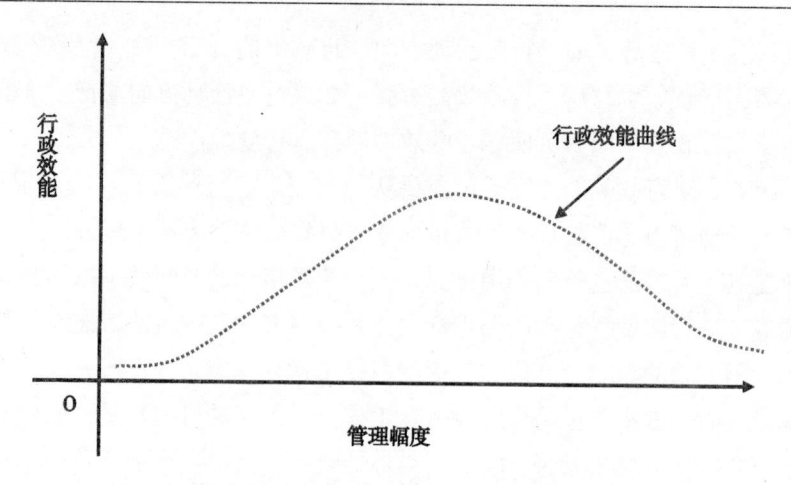

图 3-1　行政区划与行政效能曲线关系

二　优化行政区划与推动协调发展

协调发展的内涵应该既包含经济的发展，又包含社会等方面的发展，协调发展的维度应该既包含区域之间的协调还包含城乡之间的协调。协调发展的前提或要义是发展，发展的度量可以是一定的经济、社会发展指标的增速。协调发展的根本要求是协调，协调的具体表现可以是一定区域之间或城乡之间的经济、社会发展的差距的程度。如果一定的区域内，经济、社会等关键指标的增速达到一定的程度，而该区域内各个地区之间或城乡之间的差距又被控制在一定的限度内，或者说，发展的关键指标的增速高，而地区之间或城乡之间的差距小，那么协调发展的程度就高。地区之间或城乡之间差距小，但经济社会发展速度太慢，不是理想的协调发展；经济社会发展速度快，但地区之间或城乡之间差距过大，也不是理想的协调发展。因此，协调发展可以用经济发展、社会发展的关键指标的增速和地区间的关键指标的差距来进行度量。

政治中心与经济中心的同一现象十分普遍。政府拥有公共权力、制定并执行公共政策，拥有广泛的职能，因此政府对经济、社会、文化发展的影响作用十分巨大。因此，一定行政区域的政府所在地既是该行政区域的政治中心，往往也就是该区域的经济、社会和文化中心。即使是处在一定行政区域内的自然地理和区位发展条件相对较差的地方的该行政区域的政府所在地，往往也因为其政治影响作用，有利于推动所在地经济、社会、文化的发展，从而弥补其在自然地理环境和区位上的劣势，并带动周边地区的发展，从而减小其与本行政区域内具有明显自然地理和区位优势的其他地区的发展差距，甚至超越其发展。如中国安徽省内的合肥与芜湖、福建省内的福州与厦门。尤其在中国特色社会主义市场经济体制下，行政主导的特殊性将进一步加剧政治中心的经济发展优势及其对周边地区的辐射带动作用。因此，当一定的行政区域的管辖面积过大，尤其远远大于其政治经济中心的辐射能力和辐射半径时，在离政治经济文化中心较远的地区的经济发展就受到很大的制约；而从中央到地方、从上级到下级的财政转移支付往往也将因为行政层级的逐层盘剥最终导致通过行政方式分配给边远地区的财政资源等相对较少，从而进一步削弱边远地区的经济社会发展；从而加剧行政区域内的经济、社会、文化发展差距。因此，为了推动一定行政区域内经济社会协调发展，该行政区政府管辖面积不宜太大，应该在一定的距离外增设行政中心，从而通过行政手段及政府财力保障增加区域经济中心，增加经济增长极数量，从而减少经济增长极间的距离，从而通过在远离周边各政治经济中心的偏远地区增设政治经济中心来减小发展差距，从而推动经济社会协调发展。当然，如果增设政治经济中心数量过多，必然导致有限的公共财政资源过度分散，导致各经济中心的辐射带动能力减弱，从而降低增长极的引擎作用，最终制约经济的发展速度。因此，一定行政区域的管辖面积应该与该区域经济中心的辐射能力的大小相一致，管辖面积约小于、等于该区域经济中心辐射面积有利于协调发展，管辖面积大于该区域经济中心辐射面积将不利于协调发展。如图3-2所示，一定行政区域政治经济文化中心的辐射能力在一定的时间点下，是一个定值，因此将其作为一条恒定线表示在示意图中，协调发展曲线取决于管辖面积与政治经济中心的辐射面积之间的比较关系，但总体上协调发展曲线与管辖面积成负相关关系。当一定行政区域的管辖面积过大，超过该行政区域的经济中心的辐射能力所能辐射的面积，必然导致辐射能力之外的区域的经济社会发展缓慢或相对滞后，区域内发展差距加大；超过该行政区域的政治管理和调控、治理能力所能覆盖的面积，即管理幅度过大，必然需要增设行政层级，而增设行政层级必然降低行政效率、增加行政成本，并且会降低公共资源分配的效率和公平性，同样会导致区域内的远郊地区的经济社会发展与靠近中心地区的经济社会发展差距加大，导致协调发展程度降低。因此，如图3-2所示，协调发展曲线会随着管辖面积的增加，协调发展程度越来越低，但随着进一步增大，协调发展程度降低的幅度会越来越小。当一定行政区域的管辖面积过小，远远小于该行政区域的经济中心的辐射能力所能辐射的面积，区域内的发展差距相对来说会很小，但是因为管理幅度过小导致行政层级增加，同样会导致行政成本增加、行政效率降低，从而制约经济社会的发展速度；还会因为管理幅度过小导致同一层级的行政中心增多，必然导致上层公共资源分配的过度分散，导致各经济中心的辐射带动能力减弱，最终制约经济社会的发展速度。因此，如图3-2所示，行政区域政治经济文化中心辐射能力线对应其所能辐射的管辖面积的最大值，协调发展曲线会随着管辖面积的缩小，协调发展程度越来越高，但当管辖面积小于经济中心辐射能力所能辐射的面积后，随着管辖面积越来越小，协调发展程度的增长幅度也越来越小，甚至出现负增长；协调发展曲线随着管辖面积的扩大，在接近行政区域政治经济文化中心辐射能力所能辐射的最大值时，随着管辖面积的增大，协调发展程度会越来越低；在行政区域一定的管辖面积下，随着经济中心辐射能力的增强，区域内协调发展程度会随之增强。

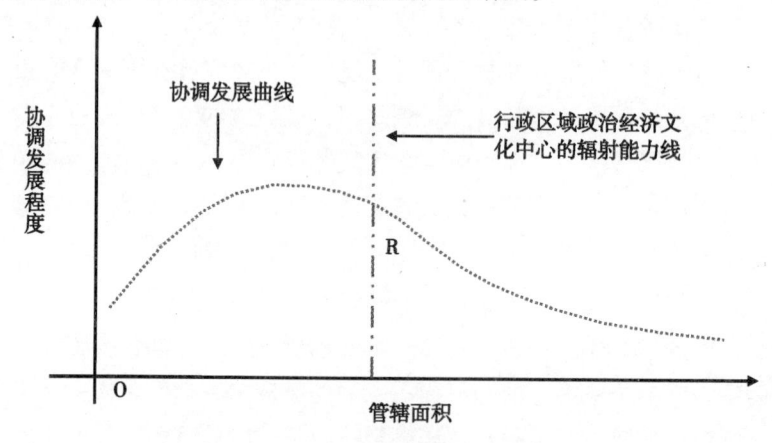

图3-2 行政区划与协调发展曲线关系

三 优化行政区划与提升治理能力

作为行政区划优化价值目标的自主治理能力主要是指行政区划的设置要能有助于社会的自主治理能力的提升。而自主治理能力提升的关键是公民、社会组织等要有政治参与等实践锻炼机会。因此，我们可以选择公共权威是否分散、公共权力是否分散、一定区域的权力中心是否多元、一定区域的集权的程度等来作为与行政区划紧密相关的度量治理能力的关键指标。公认的管理学原理表明，行政层级过多、管理幅度过小，必然造成权力过分集中，不利于地方自主治理能力的提升。如图3-3所示，自主治理能力高低与行政层级的多寡成负相关关系，自主治理能力线随着行政层级的增多、管理幅度的减小，社会的自主治理能力越低。

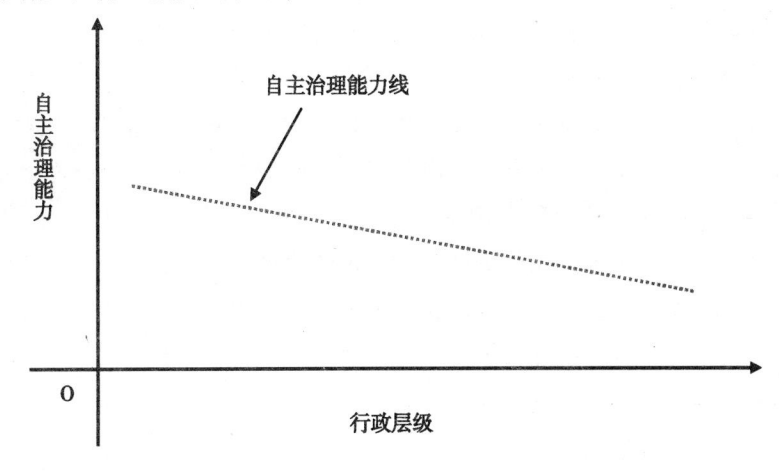

图3-3 行政区划与自治能力曲线关系

四 优化行政区划与维护政治稳定

前面已经做了分析，经济快速发展、发展成果人民共享、社会治理能力提升等本身就成为维护政治稳定的根本力量，这使行政区划的优化最终促进经济快速发展、协调发展、社会治理能力提升，最终会促进政治稳定目标的实现，这是根本层面。管理幅度是指一定行政区域的政府直接管理或控制的下级行政区域的数量，而管理幅度是否适宜是以该级政府的管理能力和各下级政府的自治能力为基准的。适宜的管理幅度和管辖面积将有利于经济社会的协调发展，缩小发展差距，提高行政效能，是维护政治稳定的基础条件。但与行政区划紧密相关的价值目标政治稳定还有一个层面是指，一定的管理主体管理幅度太大，对其下属或管辖区域的控制力减弱，政治稳定的维护难度会增加。因此，管理幅度的增大，会给政治稳定带来风险或压力，可能不利于政治稳定的价值目标的实现。同时，行政区域的划分其实质是一种权力划分、资源的所有权或者支配权的划分，因此一定层级的行政区域的大小本身影响着政治稳定的维护。一个国家的一级行政区域，如中国的省级区域，如果过大，其实力庞大，其与中央对抗的力量就大，不利于政治稳定的维护；如果一级行政区域相对较小，数量增多，单个行政区域的实力必然削弱，其对抗中央的力量也减弱，且数量增多后，以一级行政区域为个体所组成的集体变大，按照曼瑟尔·奥尔森的集体行动的逻辑指出，小集团比大集团更容易组织起集体行动，因此一级行政区域越多，要达成一致对抗中央的合意的可能性越小。同时，一级行政区域规模缩小，有利于其在行政区域内控制力的增强，在一定程度上有利于区域政治社会的稳定。当管辖面积较大时，管理幅度过小，就必然导致增加行政管理层级，这会对行政效率和行政效能造成一定程度的不利影响，间接地给政治社会稳定带来一定的威胁。如图3-4所示，一个国家的政治稳定是一条与国家中央政府的管理幅度即直接管辖的下级行政区域数量多寡存在紧密关系的曲线，在政府的管理能力和下级政府的自治能力既定的条件下，管理幅度过小，不利于政治稳定，管理幅度过大不利于政治稳定。因此，在一定层级政府的管控能力范围内，尽可能扩大其管理幅度将更有利于政治稳定。

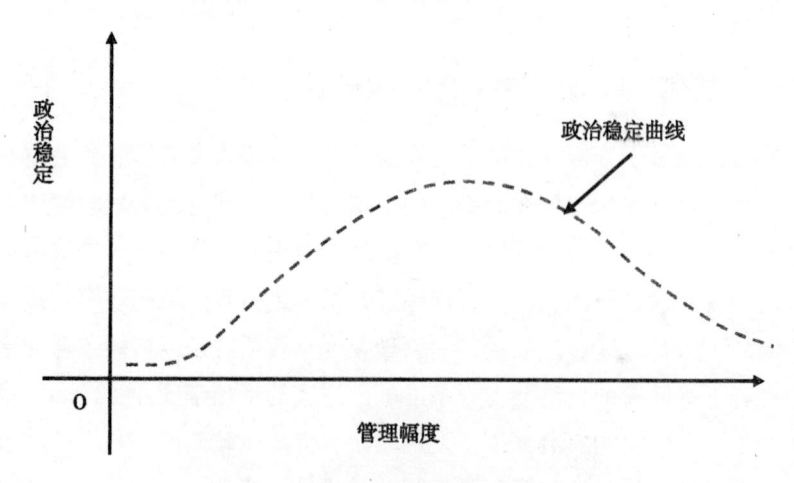

图3-4 行政区划与政治稳定曲线关系

第二节 行政区划与各制约要素之作用机理

行政区划及其优化目标分别与环境要素、组织要素和能力要素之间存在着紧密的辩证关系，本节做简要分析，以揭示三大制约因素如何影响着行政区划的科学设置及其优化目标的实现。

一 环境要素与行政区划及其优化目标之辩证关系

环境要素如自然区、民族区、文化区是行政区划优化必须首先考虑的基础条件。并且环境要素是自然形成或者历史形成的，难以发生改变，我们可以视其为常量。但环境要素直接影响着行政区划及其价值目标的实现程度。行政区与自然区、民族区和文化区存在着重合、不跨自然区或跨越自然区等几种情况。这些不同情况会对行政效能、经济协调发展等价值目标产生一定的影响。表3-1以自然区为代表对几种情况进行了简要分析。

行政区不跨自然区、民族区或文化区，可以增强同一行政区内环境的同质性。行政活动可避免山水和文化阻隔，沟通、交通成本低，行政效率较高。且因环境的同质性，可以增强公共需求的一致性，公共政策的适应性、行政的有效性会得到提高，从而提高行政效能。但会加剧行政区与其他区域经贸往来、文化交流和社会融合的阻隔，本身面临自然地理障碍，可能加剧地区间发展差距。

行政区跨自然区、民族区或文化区，行政活动面临山水和文化阻隔，沟通、交通成本高，效率较低。环境同质性较低，公共需求的一致性会降低，公共政策适应性、公共行政有效性可能会降低，行政效能面临削弱的挑战。其优点是可通过行政力量促进区间经贸往来、文化交流和社会融合，减弱自然地理障碍，可促进地区间协调发展。

表3-1　　　　　　　　行政区与自然区相关关系

自然区与行政区关系类型	行政区合理幅度	与价值目标关系	政策应对
行政区与自然区一一对应	自然区面积适宜	行政效率、行政效能较高	尽量采用
自然区包含几个行政区	自然区面积大	行政效率、行政效能较高	尽量采用
行政区包含几个自然区	自然区面积小	行政效率、行政效能较低	在受自然地理条件限制下不得已采用
行政区跨几个自然区各一部分	自然区面积大	行政效率、行政效能较低；在相邻自然区面积过大、导致交界区域远离周边各政治经济中心的情况下，可促进区域协调发展	应尽量避免，不得已的情况下采用

二 组织要素与行政区划及其优化目标之辩证关系

国家结构形式、地方政府体系、政府职能模式等组织要素主要影响着行政区划的层级数量，间接影响着行政区划的管理幅度。陈占彪指出，"通过政治制度、行政体制的定性研究，为行政区划寻找更为有力的政治制度上的根据和支持"。① 因此，本项研究认为，对行政区划有着深刻而重要影响的是政治体制和政治传统等因素。故本节将国家结构形式、地方政府体系和政府职能模式等政治因素概括为影响行政区划的组织要素。

（一）各组织要素及行政区划二分变量设定

根据管理学管理层次与管理幅度之间的负相关关系，可知管理层次越少，管理幅度越大；管理层次越多，管理幅度越小。管理学上将管理幅度小、管理层次多的组织形态称为尖耸型组织形态，将管理幅度大、管理层次少的组织形态称为扁平型组织形态。因此，我们可根据层级的多寡和幅度的大小将行政区划的组织形态分为尖耸型和扁平型两种。同理，我们将逐一对影响着行政区划的组织形态及其功效的组织要素进行二分。

本项研究采用最常见的二分变量来定义国家结构形式，即单一制和联邦制，我们将单一制的典型特征定义为中央掌握资源丰富，调控力强大，地方政府和下级政府独立自主性和能力较弱；我们将联邦制的典型特征定义为中央掌握资源相对较少，对国内公共事务尤其是地方事务的调控力度较弱，地方政府（联邦成员国政府）和下级政府的独立自主性和能力较强。

本项研究将地方政府体系界定为自治体和行政体两种，并将行政体和自治体的典型特征区别界定为下级政府的独立自主性的强弱程度。行政体地方政府体系中，下级政府服从上级政府的各种命令和指导，缺乏独立自主性；而自治体地方政府体系中的下级政府具有很强的独立自主性，与上级政府之间不存在命令服从关系，政府主要听命于当地公民及其议会的集体决定。

为了理论分析的简便，本项研究将政府职能模式简单地界定为政府职能的分化程度，并选择两种典型的极端情况，即高度融合型和高度分化型

---

① 陈占彪：《行政组织与空间结构的耦合——中国行政区经济的区域政治经济学分析》，东南大学出版社2009年版，第144页。

的职能模式。高度融合型的职能模式是指，政府的专业部门、机构及其专业职能的设置是混沌未分的，没有明确、细致的职能分工，社会管理、市场监管、公共服务、经济调节等行政行为及其与立法、司法、军队等政治行为是混杂在一起的，谈不上有专业化的行政机构，或者即使有专业化的行政机构，但其职能行使的独立性很差，因而不仅行政效率极为低下，更重要的是缺乏职能行使的针对性和适应性，行政职能行使很难满足社会多方面的公共需求，最终导致价值目标冲突，往往是顾此失彼。高度分化型的政府职能模式是指，整个政府及其部门和机构有着明确的、细致的分工，执行着各自不同的行政职能，各司其职、互不混杂，讲求的是行政的效率与科学性，并且能够因时因地制宜地设置行政机构和行政职能，提高行政职能解决实际问题、满足多样化公共需求的针对性和适应性，从而实现多元价值目标的协调相容。

（二）组织要素与行政区划相关关系矩阵

根据影响行政区划的三大组织要素和行政区划的二分变量设定，我们可以将其相关关系进行不同组合，得到如下矩阵，见表3-2。

表3-2　组织要素与行政区划（层级）及其优化目标之相关关系

组织要素			行政区划（层级）	
国家结构形式	地方政府体系	政府职能模式	尖耸型	扁平型
单一制	行政体	高度融合	1.1 中央掌握资源丰富，调控力强；层级多，效率、效能低；下级政府独立自主性差，自治能力弱，对上级政府监督制约力弱；政府职能高度融合，各职能统一行使，难以区别对待，各价值目标易冲突	1.2 中央掌握资源丰富，调控力强；层级少，效率、效能高；下级政府独立自主性差，自治能力弱，对上级政府监督制约力弱；政府职能高度融合，各职能统一行使，难以区别对待，各价值目标易冲突
			高度分化	2.1 中央掌握资源丰富，调控力强；层级多，效率、效能低；下级政府独立自主性差，自治能力弱，对上级政府监督制约力弱；政府职能高度分化，各职能根据需要分别行使，职能机构差别化设置，价值目标多元相容	2.2 中央掌握资源丰富，调控力强；层级少，效率、效能高；下级政府独立自主性差，自治能力弱，对上级政府监督制约力弱；政府职能高度分化，各职能根据需要分别行使，职能机构差别化设置，价值目标多元相容

续表

组织要素			行政区划（层级）	
国家结构形式	地方政府体系	政府职能模式	尖耸型	扁平型
单一制	自治体	高度融合	3.1 中央掌握资源丰富，调控力强；层级多，效率、效能低；下级政府独立自主性强，自治能力强，对上级政府监督制约力强；政府职能高度融合，各职能统一行使，难以区别对待，各价值目标易冲突	3.2 中央掌握资源丰富，调控力强；层级少，效率、效能高；下级政府独立自主性强，自治能力强，对上级政府监督制约力强；政府职能高度融合，各职能统一行使，难以区别对待，各价值目标易冲突
单一制	自治体	高度分化	4.1 中央掌握资源丰富，调控力强；层级多，效率、效能低；下级政府独立自主性强，自治能力强，对上级政府监督制约力强；政府职能高度分化，各职能根据需要分别行使，职能机构差别化设置，价值目标多元相容	4.2 中央掌握资源丰富，调控力强；层级少，效率、效能高；下级政府独立自主性强，自治能力强，对上级政府监督制约力强；政府职能高度分化，各职能根据需要分别行使，职能机构差别化设置，价值目标多元相容
联邦制	行政体	高度融合	5.1 联邦政府掌握资源少，调控力弱；层级多，效率、效能低；下级政府独立自主性差，自治能力弱，对上级政府监督制约力弱；政府职能高度融合，各职能统一行使，难以区别对待，各价值目标易冲突	5.2 联邦政府掌握资源少，调控力弱；层级少，效率、效能高；下级政府独立自主性差，自治能力弱，对上级政府监督制约力弱；政府职能高度融合，各职能统一行使，难以区别对待，各价值目标易冲突
联邦制	行政体	高度分化	6.1 联邦政府掌握资源少，调控力弱；层级多，效率、效能低；下级政府独立自主性差，自治能力弱，对上级政府监督制约力弱；政府职能高度分化，各职能根据需要分别行使，职能机构差别化设置，价值目标多元相容	6.2 联邦政府掌握资源少，调控力弱；层级少，效率、效能高；下级政府独立自主性差，自治能力弱，对上级政府监督制约力弱；政府职能高度分化，各职能根据需要分别行使，职能机构差别化设置，价值目标多元相容

续表

组织要素			行政区划（层级）	
国家结构形式	地方政府体系	政府职能模式	尖耸型	扁平型
联邦制	自治体	高度融合	7.1 联邦政府掌握资源少，调控力弱；层级多，效率、效能低；下级政府独立自主性强，自治能力强，对上级政府监督制约力强；政府职能高度融合，各职能统一行使，难以区别对待，各价值目标易冲突	7.2 联邦政府掌握资源少，调控力弱；层级少，效率、效能高；下级政府独立自主性强，自治能力强，对上级政府监督制约力强；政府职能高度融合，各职能统一行使，难以区别对待，各价值目标易冲突
联邦制	自治体	高度分化	8.1 联邦政府掌握资源少，调控力弱；层级多，效率、效能低；下级政府独立自主性强，自治能力强，对上级政府监督制约力强；政府职能高度分化，各职能根据需要分别行使，职能机构差别化设置，价值目标多元相容	8.2 联邦政府掌握资源少，调控力弱；层级少，效率、效能高；下级政府独立自主性强，自治能力强，对上级政府监督制约力强；政府职能高度分化，各职能根据需要分别行使，职能机构差别化设置，价值目标多元相容

（三）组织要素与行政区划相关关系对行政区划优化价值目标的影响

根据表3-2的结论，我们可以简要分析各种情况下，行政区划的尖耸型和扁平型组织形态对除了行政效率、效能以外行政区划优化的其他价值目标如协调发展、政治稳定和治理能力提升等方面的影响关系。

在单一制国家结构形式下，中央掌握大量公共资源，因此，中央和上级通过行政力量和公共财政助推一个地方的发展的能力特别强，因此，中央和上级通过行政方式推动协调发展的作用要比联邦制结构形式下明显得多。也正因为，中央和上级掌握着大量公共资源要通过行政区划的组织载体一层层"自上而下"进行分配，因此，行政区划的层级的多少和管理幅度的大小将直接决定着资源分配的效率的高低和分配的公平性、针对性及有效性的强弱。具体分析如下：

"1.1 中央掌握资源丰富，调控力强；层级多，效率、效能低；下级政府独立自主性差，自治能力弱，对上级政府监督制约力弱；政府职能高度融合，各职能统一行使，难以区别对待，各价值目标易冲突。"在这种情况下，中央掌握资源"自上而下"逐级分配，层级多效率低，各层级政府管理幅度小，必然导致资源分配带动能力弱，且下级政府独立自主性差，难以监督上级政府，因此资源分配"自上而下"层层盘剥甚至是上级政府随意掠夺下级政府的资源，导致城乡二元结构、政治经济中心与远郊地区的巨大发展差距和马太效应，不利于协调发展；且下级政府成为上级政府的附庸，极不利于下级政府的治理能力提升；此种情况下，中央和上级政府对下级政府控制力强，在表面上或短期内有利于政治稳定和社会安定，但长此以往，发展差距的进一步加大以及政府治理能力和社会自治能力的低下，最终难以维护长久的政治稳定和社会安定。且政府职能高度融合，各层级政府机构高度雷同，导致人浮于事等行政浪费普遍，增大行政成本，进一步加剧行政效能的低下。

"1.2 中央掌握资源丰富，调控力强；层级少，效率、效能高；下级政府独立自主性差，自治能力弱，对上级政府监督制约力弱；政府职能高度融合，各职能统一行使，难以区别对待，各价值目标易冲突。"在这种情况下，中央掌握资源"自上而下"逐级分配，但层级少，效率相对较高，各层级政府管理幅度大，在一定程度上会促进资源分配带动能力的提升，尽管下级政府独立自主性差，难以监督上级政府，但因资源分配"自上而下"层层盘剥的层级减少，效率和效能损失也减少，较有利于经济社会协调发展；尽管下级政府仍然是上级政府的附庸，但因各级政府的管理幅度加大，必然导致上级政府的控制力减弱，在一定程度上有利于下级政府的治理能力和社会自治能力的提升；此种情况下，中央和上级政府对下级政府控制力有所减弱，但仍然有很强的控制力，政治稳定和社会安定仍然有保障，且因下级政府治理能力和社会自治能力的提升，对政治稳定和社会安定有促进作用。但因政府职能高度融合，各层级政府机构高度雷同，导致人浮于事等行政浪费仍然存在，在一定程度上增大行政成本，并且还因行政层级减少、管理幅度增大，导致某些有着重要需求的职能缺乏机构或组织保障，难以满足社会多方面的公共需求，导致公共供给不足。

"2.1 中央掌握资源丰富，调控力强；层级多，效率、效能低；下级政府独立自主性差，自治能力弱，对上级政府监督制约力弱；政府职能高度分化，各职能根据需要分别行使，职能机构差别化设置，价值目标多元相容。"在这种情况下，中央掌握资源"自上而下"逐级分配，层级多效率低，各层级政府管理幅度小，必然导致资源分配带动能力弱，且下级政府独立自主性差,难以监督上级政府,因此资源分配"自上而下"层层盘剥甚至是上级政府随意掠夺下级政府的资源,导致城乡二元结构、政治经济中心与远郊地区的巨大发展差距和马太效应,不利于经济社会协调发展;且下级政府成为上级政府的附庸,极不利于下级政府的治理能力提升;此种情况下,中央和上级政府对下级政府控制力强,在表面上或短期内有利于政治稳定和社会安定,但长此以往,发展差距的进一步加大以及政府治理能力和社会自治能力的低下,最终难以维护长久的政治稳定和社会安定。政府职能高度分化,各职能机构根据需要分别设置,职能差别化行使,既能满足社会多方面的公共需求,又能在一定程度上降低行政成本,可以提高行政效能。

"2.2 中央掌握资源丰富,调控力强;层级少,效率、效能高;下级政府独立自主性差,自治能力弱,对上级政府监督制约力弱;政府职能高度分化,各职能根据需要分别行使,职能机构差别化设置,价值目标多元相容。"在这种情况下,中央掌握资源"自上而下"逐级分配,但层级少,效率相对较高,各层级政府管理幅度大,在一定程度上会促进资源分配带动能力的提升,尽管下级政府独立自主性差,难以监督上级政府,但因资源分配"自上而下"层层盘剥的层级减少,效率和效能损失也减少,较有利于经济社会协调发展;尽管下级政府仍然是上级政府的附庸,但因各级政府的管理幅度加大,必然导致上级政府的控制力减弱,在一定程度上有利于下级政府的治理能力和社会自治能力的提升;此种情况下,中央和上级政府对下级政府控制力有所减弱,但仍然有很强的控制力,政治稳定和社会安定仍然有保障,且因下级政府治理能力和社会自治能力的提升,对政治稳定和社会安定有促进作用。政府职能高度分化,在行政层级减少、管理幅度加大的情况下,各职能机构根据需要分别设置,既能满足社会多方面的公共需求,又能在一定程度上降低行政成本,大大提高行政效能。

"3.1 中央掌握资源丰富,调控力强;层级多,效率、效能低;下级政府独立自主性强,自治能力强,对上级政府监督制约力强;政府职能高度融合,各职能统一行使,难以区别对待,各价值目标易冲突。"在这种情况下,中央掌握资源"自上而下"逐级分配,层级多效率低,各层级政府管理幅度小,必然导致资源分配带动能力弱,但下级政府独立自主性强,能监督上级政府,资源分配较1.1效率略高,较有利于协调发展，较有利于下级政府的治理能力和社会自治能力提升；此种情况下，中央和上级政府对下级政府控制力减弱，在表面上或短期内不利于政治稳定和社会安定，但下级政府治理能力和社会自治能力的提升有利于政治稳定和社会安定。且政府职能高度融合，各层级政府机构高度雷同，导致人浮于事等行政浪费普遍，增大行政成本，进一步加剧行政效能的低下。

"3.2 中央掌握资源丰富，调控力强；层级少，效率、效能高；下级政府独立自主性强，自治能力强，对上级政府监督制约力强；政府职能高度融合，各职能统一行使，难以区别对待，各价值目标易冲突。"在这种情况下，中央掌握资源"自上而下"逐级分配，但层级少，效率相对较高，各层级政府管理幅度大，在一定程度上会促进资源分配带动能力的提升，但下级政府独立自主性强，能监督上级政府，可以提高资源分配效率，较有利于协调发展，较有利于下级政府的治理能力和社会自治能力提升；此种情况下，中央和上级政府对下级政府控制力减弱，在表面上或短期内不利于政治稳定和社会安定，但下级政府治理能力和社会自治能力的提升有利于政治稳定和社会安定。但因政府职能高度融合，各层级政府机构高度雷同，导致人浮于事等行政浪费仍然存在，在一定程度上增大行政成本，并且还因行政层级减少、管理幅度增大，导致某些有着重要需求的职能缺乏机构或组织保障，难以满足社会多方面的公共需求，导致公共供给不足。

"4.1 中央掌握资源丰富，调控力强；层级多，效率、效能低；下级政府独立自主性强，自治能力强，对上级政府监督制约力强；政府职能高度分化，各职能根据需要分别行使，职能机构差别化设置，价值目标多元相容。"在这种情况下，中央掌握资源"自上而下"逐级分配，层级多效率低，各层级政府管理幅度小，必然导致资源分配带动能力弱，但下级政府独立自主性强，能监督上级政府，资源分配较1.1效率略高，较有利于协调发展，较有利于下级政府的治理能力和社会自治能力提升；此种情况下，中央和上级政府对下级政府控制力减弱，在表面上或短期内不利于政治稳定和社会安定，但下级政府治理能力和社会自治能力的提升有利于政治稳定和社会安定。政府职能高度分化，各职能机构根据需要分别设置，职能差别化行使，既能满足社会多方面的公共需求，又能在一定程度上降低行政成本，可以提高行政效能。

"4.2 中央掌握资源丰富，调控力强；层级少，效率、效能高；下级政府独立自主性强,自治能力强,对上级政府监督制约力强;政府职能高度分化,各职能根据需要分别行使,职能机构差别化设置,价值目标多元相容。"在这种情况下,中央掌握资源"自上而下"逐级分配,但层级少,效率相对较高,各层级政府管理幅度大,在一定程度上会促进资源分配带动能力的提升,且下级政府独立自主性强,能监督上级政府,可以提高资源分配效率,有利于协调发展,有利于下级政府的治理能力和社会自治能力提升;此种情况下,中央和上级政府对下级政府控制力有所减弱,但仍然有很强的控制力,政治稳定和社会安定仍然有保障,且因下级政府治理能力和社会自治能力的提升,对政治稳定和社会安定有促进作用。政府职能高度分化,在行政层级减少、管理幅度加大的情况下,各职能机构根据需要分别设置,既能满足社会多方面的公共需求,又能在一定程度上降低行政成本,大大提高行政效能。

在联邦制条件下,因为联邦政府(中央)掌握资源较少,对国内尤其是地方公共事务的调控力较弱,因此,通过联邦政府(中央)的行政力量和公共财力助推一个地方发展的可能性相对在单一制国家结构形式下要小得多。因此,协调发展更多要依靠市场机制和社会机制来推动。且公共资源按行政层级下拨的情况也较少,资源配置效率受行政层级的影响也就相对较小。除此之外,其他方面与在单一制国家结构形式的情形相似的地方就不再一一分析。

三 能力要素与行政区划及其优化目标之辩证关系

本节分析政府治理能力、社会自治能力、经济带动能力与行政区划及其优化目标之辩证关系。政府治理能力具体可分为公共资源提取能力、公平分配(含财政转移支付和公共服务)带动发展能力、社会控制(社会管理)能力等。事实表明,这些具体能力的变化并非是同向一致变化。有的政府可能社会控制(社会管理)能力强,但公平分配公共资源带动区域协调发展的能力可能并不强,导致资源分配往往顾此失彼,被既得利益集团所左右,甚至中饱私囊,公共服务提供效率低下等。经济辐射带动能力是指一定行政区域的政治经济文化中心通过市场机制和社会机制与经济发展较落后的周边或远郊地区之间进行资本、人才、技术、市场等要素的流动和转移以及思想观念、思维方式、生活习惯等方面的传播,从而带动其政治、经济、社会、文化、生态发展的能力。政府治理能力、社会自治能力、经济带动能力的大小是决定一定的行政区域的政府的管理幅度和管辖面积的关键因素。所谓管理幅度，又称"管理宽度"，是指在一个组织结构中，管理人员所能直接管理或控制的部属数目。管辖面积与管理幅度是两个有区别的概念。在本项研究有关行政区划的探讨中，管理幅度是指一定行政区域的政府直接管理或控制的下级行政区域的数量，管辖面积是指该行政区域的政府所能管理控制并能促进其经济社会快速发展的适宜的地理面积。一定的行政区域的管辖面积在理论上应由其管控幅度和发展幅度两个维度来决定。

(一) 行政区域的管控幅度

所谓管控幅度是指一定的行政区域的政府能够进行有效的社会管理、市场监管和政治控制以维护政治和社会稳定的适宜的最大地理面积。一定行政区域的管控幅度由该行政区域的管理层级和各层级政府的管理幅度综合决定。而管理幅度由一定行政区域的政府的社会控制（社会管理）能力的大小与该行政区域的社会自治能力的大小综合决定。因此，管控幅度也最终取决于一定行政区域各级政府的社会控制（管理）能力和该行政区域的社会自治能力的大小。在其他条件一定的情况下，政府社会控制（社会管理）能力越强，其管理幅度可以越大，管控幅度越大；同理，在其他条件一定的情况下，社会自治（包括市场自治）能力越强，政府管理的幅度可以越大，管控幅度越大。因此，该行政区域的管控幅度的大小取决于政府管控能力和社会自治能力两个关键变量。其辩证关系可用图3-5表示。

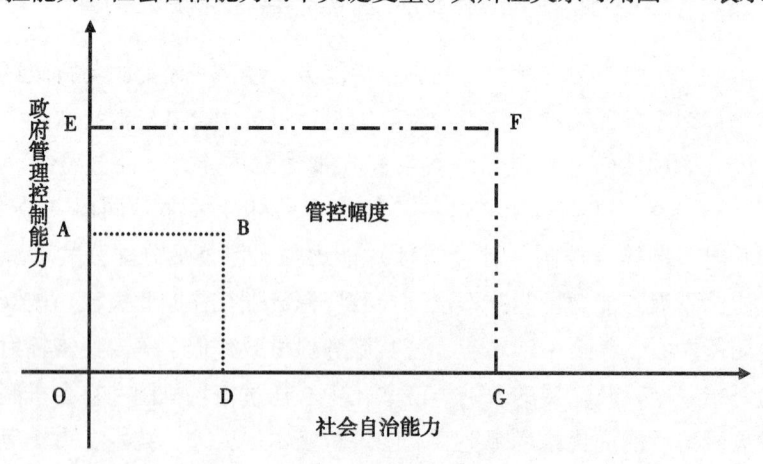

图3-5 控制能力要素与管控幅度关系

如图 3-5 所示，纵轴表示政府管理控制能力的强弱，横轴表示社会自治能力的高低，那么一定行政区域的管控幅度的大小取决于政府管理控制能力值和社会自治能力值分别在纵轴和横轴上所对应的点之间所形成的矩形的面积的大小，两种能力值在纵轴和横轴上的取值越大，其对应的坐标轴所围成的矩形的面积越大，表明其所对应的管控幅度应该越大，矩形 OABD 的面积大于矩形 OEFG 的面积。可见，一定行政区域的管控幅度的大小应取决于政府的管控能力和社会自治能力的高低。我们将这个幅度称为"管控幅度"。

（二）行政区域的发展幅度

所谓发展幅度是指一定的行政区域的政府通过资源分配、公共服务等带动该区域协调发展的能力和该行政区域政治经济社会中心对周边或远郊的经济辐射带动该区域协调发展的能力综合决定的所能带动发展的最大地理面积。政府资源分配带动能力是指一定层级的政府通过资源分配、政策支持、转移支付、公共财政投入、基础设施建设、基本公共服务等行政手段带动所辖行政区域经济社会协调发展的能力。经济辐射带动能力是指一定行政区域的政治经济文化中心的经济要素、社会要素、生产要素等通过市场、社会等非行政渠道的自由流通而实现对周边或远郊地区的经济社会发展带动促进该行政区域经济社会协调发展的能力。

在其他条件既定的情况下，一定行政区域的政府的资源分配带动能力越大，该行政区域的管辖面积可以越大；同理，在其他条件既定的情况下，一定行政区域的政治经济文化中心的经济辐射带动能力越大，该行政区域的管辖面积可以越大，因此，一定行政区域的发展幅度应该由该区域政府的资源分配带动能力和该区域经济中心的经济辐射带动能力共同决定。如图 3-6 所示，纵轴表示政府分配带动能力的强弱，横轴表示经济中心辐射带动能力的高低，那么一定行政区域的发展幅度的大小取决于政府资源分配带动能力值和经济辐射带动能力值分别在纵轴和横轴上所对应的点之间所形成的矩形的面积的大小，两种能力值在纵轴和横轴上的取值越大，其对应的坐标轴所围成的矩形的面积越大，表明其所对应的发展幅度应该越大，矩形 OABD 的面积大于矩形 OEFG 的面积。可见，一定行政区域的发展幅度的大小应取决于政府的资源分配带动能力和经济辐射带动能力的高低。我们将这个幅度称为"发展幅度"。

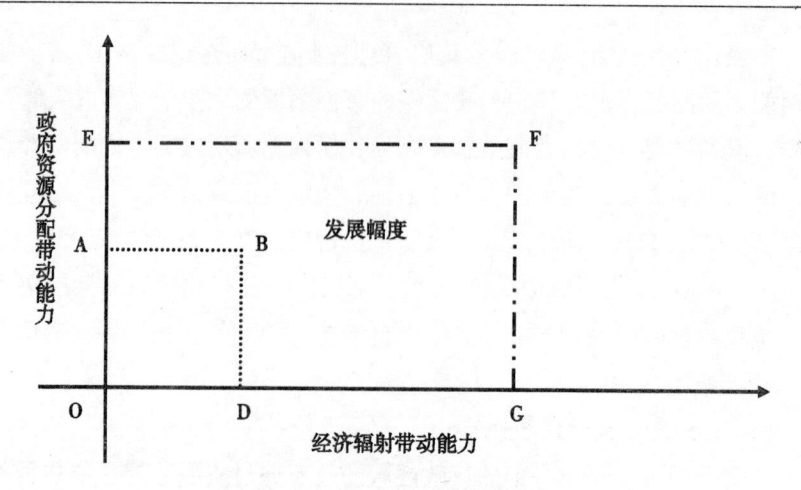

图 3-6 发展能力要素与发展幅度关系

（三）管辖面积与管控幅度、发展幅度的关系

一定行政区域的管辖面积应该由发展幅度和管控幅度中的短板来决定。在政府管控能力和社会自治能力既定的条件下，一定行政区域的政府的管控幅度可以通过增加行政层级来加以扩大或通过减少行政层级来缩小。因为增加了行政层级，即使管控幅度大，但政府同样可以实现对其有力控制，但因为行政层级的增加，行政成本可能大大增加。因此这种秩序和稳定的获得是低效率的。而在这种情况下，发展幅度与管控幅度存在负相关关系。因为行政层级越多，在资源分配过程中的资源损耗将越大，行政成本将越高，分配效率将越低，其带动地区经济社会协调发展的能力将减弱。在经济辐射带动能力既定的情况下，随着政府分配带动能力的减弱，该区域的发展幅度就必然变小。因此，在经济辐射带动能力既定的情况下，应该尽可能减少行政层级来提高其政府分配带动能力，从而扩大其发展幅度。而一定行政区域政治经济文化中心的经济辐射带动能力的大小更大程度上是由该中心的经济规模、周边的交通、信息基础设施条件等客观因素决定的。因此，一定的行政区域的管辖面积最终应该由该区域的发展幅度和管控幅度中的短板来决定。如果由政府管控能力和社会自治能力所决定的管控幅度大于其分配带动能力和经济辐射能力所决定的发展幅度，那么该行政区域的管辖面积应该尽可能与发展幅度一致，这样既能达到有效维护社会和政治秩序，又能促进该区域内各种生产要素的有效流动从而实现经济社会协调发展。如果由政府管控能力和社会自治能力所决定

的管控幅度小于其分配带动能力和经济辐射能力所决定的发展幅度，那么该行政区域的管辖面积应该尽可能与管控幅度一致，这样既能达到有效维护社会和政治秩序，又不影响该区域内经济社会协调发展。这时，经济中心的辐射能力还会在区域外产生正外部效应，从而促进相邻区域的多极共振效应的产生。

第三节　优化行政区划各相关要素之综合分析

行政区划的优化要实现一定的政治稳定、行政效能、协调发展和治理能力提升等价值目标，行政区划优化的核心是要确定一定行政区域在相关制约要素下的合理的管辖面积以及在该管辖面积下的管理幅度和管理层级。行政区划优化的各主要制约因素与行政区划的管理层级、管理幅度和管辖面积之间存在着错综复杂的相关关系，本项研究将其简化为图3-7所示的行政区划优化相关要素示意图。该示意图表示，矩形的四边及其对

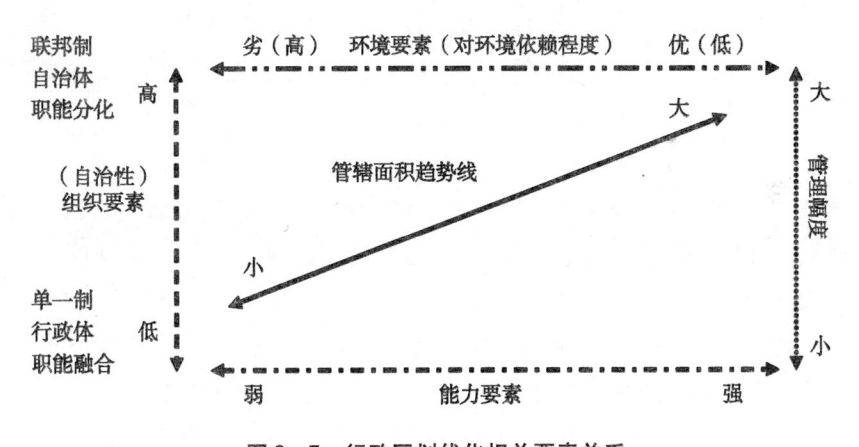

图3-7　行政区划优化相关要素关系

角线——管辖面积趋势线沿着管辖面积趋势线的方向成正相关关系，即，环境要素越优（或对环境的依赖程度越低）、组织要素的自治性越高、能力要素越强，一定行政区域的管理幅度就可以越大，管辖面积就可以越大（在行政层级既定的条件下），成正相关关系；环境要素越恶劣（或对环境的依赖程度越高）、组织要素的自治性越低、能力要素越弱，一定行政区域的管理幅度会越小，管辖面积也就越小（在行政层级既定的条件

下），成正相关关系；环境要素的优越性、组织要素的自治性和能力要素的高低三者之间也都成正相关关系。

一 环境、组织、能力三大制约要素之间的关系

在三大制约要素中，环境要素是客观条件，具有被动性；能力要素和组织要素是人为条件，具有主动性。

一是组织要素的自治性程度的提升与能力要素的发展相互促进。一个国家的组织要素，单一制还是联邦制、行政体还是自治体、职能是高度融合还是高度分化，在很大程度上决定着能力要素的发展，包括政府治理能力、社会自治能力和经济中心的经济辐射带动能力的提升速度。而一个国家或一定社会的政府治理能力、社会自治能力的提升会逐步推动其组织要素包括单一制向联邦制、行政体向自治体、职能融合向职能分化的转变或发展，或者说，能力要素的增强会推动组织要素的自治性的提高。在政府治理能力和社会自治能力逐步提升的推动下，即使单一制向联邦制的国家结构形式的形式转变不容易发生，但联邦制国家结构形式所具有的联邦中央和联邦成员（地方）之间的权力配置格局的特点会越来越明显，简而言之，就是地方自治、行业自治、社会自治的成分会逐步增加，即组织要素的自治性会逐步提高。

二是能力要素的发展与环境要素的优化相互促进。随着能力要素的逐步发展，一个国家或社会的政府、社会组织及公民等主体克服自然区、民族区和文化区等环境条件的限制的能力会增强，对环境的依赖程度会降低。而环境的优化会提升政府和社会的治理能力。

三是环境要素越恶劣越需要中央和上级政府增强资源配置和调控能力。联邦制、自治体以及职能的高度分化等组织特性为自然区、民族区和文化区的独立发展留下了更大的自由发展空间，但是，环境要素越恶劣要求政府越有力量去克服环境的限制，这就要求中央政府和上级政府有更强的资源调控和分配能力，因此，环境要素越恶劣，对单一制、行政体等组织要素的需求越强烈。

二 环境、组织、能力三大制约要素与管理幅度的关系

一般来说，当一个组织的规模一定而且其他条件保持不变，管理层次与管理幅度之间呈现负相关关系，即管理层次越少，管理幅度越大；管理

层次越多，管理幅度越小。

一是组织要素自治性程度的高低与管理幅度的大小成正相关关系。组织要素直接影响着管理幅度的大小。在环境要素和能力要素相同的条件下，在单一制、行政体、职能高度融合的组织体制下，比在联邦制、自治体、职能高度分化的组织体制下，某一层级政府的管理幅度要更小一些，或者说管理幅度的大小与组织要素自治性的高低成正相关关系；那么，在某一层级政府管辖面积既定的情况下，组织要素自治性越高，其管理幅度越大，管理层级就越少。

二是能力要素的强弱与管理幅度的大小成正相关关系。在环境要素和组织要素既定的情况下，能力要素越强，管理幅度越大，即管理幅度的大小与能力要素的高低成正相关关系；那么，在某一层级政府管辖面积既定的情况下，能力要素越高，其管理幅度越大，管理层级就越少。

三是环境要素的优劣与管理幅度的大小成正相关关系。在能力要素和组织要素既定的情况下，环境要素越优越，其管理幅度越大，即环境要素的优劣程度与管理幅度的大小程度成正相关关系；那么，在某一层级政府管辖面积既定的情况下，环境要素越优，其管理幅度越大，管理层级就越少。

三 环境、组织、能力三大制约要素与管辖面积的关系

在能力要素、组织要素和环境要素既定且允许的条件下，管理幅度越小，管理层级越多，行政效能就越低。同理，管理幅度超越能力要素、组织要素和环境要素所能承受的范围，尽管管理层级少，但行政效能也不会高。因此，在能力要素、组织要素和环境要素既定的条件下，管理幅度越大，某一层级的政府所能管辖的面积也越大，即管理幅度与管辖面积成正相关关系。同理可证，能力要素的强弱、组织要素自治性的高低、环境要素的优劣与某一层级政府的管辖面积成正相关关系。

四 管辖面积与行政区划优化目标的关系

因管理幅度和管理层次的变动性和相对性，作为行政区划，一定行政区域的管辖面积的科学标准必须以行政区划优化的价值目标、制约因素综合确定。

一是管辖面积过大会对政治稳定、行政效能和经济社会协调发展造成一定危害。在能力要素、组织要素和环境要素既定的条件下，管辖面积过大，超过政府的治理能力，最主要的危险是会危及政治稳定。此时，可以通过减小管理幅度、增加行政层级来增强政府的控制力，但面临行政效能降低的危险，且因行政层级的增加，政府的资源分配带动发展的能力也会减弱，从而使该级政府的发展幅度减小，从而加剧经济社会发展的不平衡。因此，一定程度上，在环境要素、组织要素和能力要素既定的条件下，管辖面积的大小与政治稳定程度、行政效能高低和经济社会发展的协调程度成负相关关系。

二是管辖面积的大小与自治能力提升的关系受管理幅度和管理层级的影响。在环境要素、组织要素、能力要素和行政层级既定的条件下，管辖面积的大小与自治能力的高低成正相关关系。如果在管辖面积过大、环境要素、组织要素和能力要素既定的情况下，通过增加行政层级、减小管理幅度来加强上级政府对下级政府的控制力，这无疑会抑制下级政府及社会、公民的自治能力的提升。此时，管辖面积与自治能力提升的关系因为管理幅度和管理层级的影响而变得不确定。在环境要素、组织要素和能力要素既定的情况下，管辖面积即使很小，但行政层级随之减少，这对政治稳定、协调发展、行政效能和自治能力提升都有一定的促进作用。当然，管辖面积也不是越小越好，有适宜的下限。总之，行政效能和政治稳定主要取决于管理幅度的大小和管理层级的多少，协调发展程度和自治能力的提升即取决于管理幅度的大小、管理层级的多少，还取决于管辖面积的大小，尤其要受经济中心或增长极的辐射能力、政府所掌控的资源总量的大小及分配效率的高低等能力要素的深刻影响。

因此，行政区划优化的价值目标与行政区划的管理幅度、管理层级、管辖面积及其能力、环境、组织等制约因素的综合关系并非简单的线性关系。

本 章 小 结

本章分析了行政区划分别与行政效能、地区经济社会协调发展、自主治理能力、政治稳定等四大行政区划优化价值目标之间的相关关系，揭示了一定行政区域内适宜的管理层级和管理幅度有利于行政效能的提高，管理幅度过大或过小都不利于行政效能的提高和政治稳定；在一定行政区域政治经济文化中心的辐射能力既定的条件下，经济社会协调发展程度与管辖面积成负相关关系；自主治理能力高低与行政层级的多寡成负相关关系。

行政区划及其优化目标分别与环境要素、组织要素和能力要素之间存在着紧密的辩证关系。

自然区、民族区、文化区等环境要素是行政区划优化必须首先考虑的基础条件。行政区不跨自然区、民族区或文化区，可以增强同一行政区内环境的同质性，可以增强公共需求的一致性，公共政策的适应性、行政的有效性会得到提高，从而提高行政效能。但可能加剧地区间发展差距。行政区跨自然区、民族区或文化区，行政效能面临削弱的挑战，但可促进地区间协调发展。

本项研究将国家结构形式分为单一制和联邦制、将地方政府体系分为自治体和行政体、将政府职能模式分为职能高度融合型和高度分化型，以此作为二分变量来分析三大组织要素对行政区划的管理幅度、管理层级的优化的影响及相互关系。组织要素的自治性程度的高低决定了行政区划的层级的多少和管理幅度的大小对管理和资源分配的效率的高低和分配的公平性、针对性及有效性的强弱的影响程度的高低。

政府治理能力、社会自治能力、经济带动能力等能力要素是决定一定的行政区域的政府的管理幅度和管辖面积的关键因素。一定的行政区域的管辖面积在理论上应由其管控幅度和发展幅度两个维度来决定。一定行政区域的发展幅度的大小应取决于政府的分配带动能力和经济辐射带动能力的高低。一定行政区域的管辖面积应该由发展幅度和管控幅度中的短板来决定。

一个国家的组织要素，单一制还是联邦制、行政体还是自治体、职能是高度融合还是高度分化，在很大程度上决定着能力要素的发展，包括政府治理能力、社会自治能力和经济中心的经济辐射能力的提升速度。在政府治理能力和社会自治能力逐步提升的推动下，组织要素的自治性会逐步提高。随着能力要素的逐步发展，对环境的依赖程度会降低。环境要素越恶劣，对单一制、行政体等组织要素的需求越强烈。

在条件既定的情况下，能力要素的强弱、组织要素自治性程度的高低、环境要素的优劣与管理幅度的大小成正相关关系；能力要素的强弱、组织要素自治性的高低、环境要素的优劣与某一层级政府的管辖面积成正相关关系。而政治稳定、行政效能、协调发展和自主治理能力等行政区划优化的价值目标与行政区划的管理幅度、管理层级、管辖面积及其能力、环境、组织等制约因素的综合关系并非简单的线性关系。

第四章 问题与反思：优化中国行政区划之必要性分析

中国现行行政区划存在的问题有其历史成因，通过定量的实证检验表明中国省级行政区域面积过大加剧省域内经济社会的不平衡发展，通过中国当代行政区划改革的案例分析表明适当划小省区能促进欠发达地区经济社会的更快发展。这既在一定程度上验证了本项研究提出的理论分析框架和理论假设，又表明了当代中国全面协调可持续发展对中国行政区划的优化提出强烈要求。

第一节 历史回溯——现行行政区划的问题及成因分析

中国现行行政区划的形成有着多方面的历史原因，但面对政治经济社会文化的快速发展，尤其是中国正经历着从传统农业社会向工业社会、信息社会的转型，中国现行行政区划存在的问题进一步凸显。本节在描述中国现行行政区划存在的主要问题的基础上，简要分析制约中国行政区划演变的主要因素。

一 中国现行行政区划存在的问题

中国现行省级行政区划共 34 个，数量偏少，多数省级行政区域单元管辖面积过大，管理幅度偏小，导致行政层级偏多，行政管理的效率难以提高，体制弊端日益显现。

（一）省区范围偏大，管理幅度偏小

中国的多数省区管辖范围偏大甚至过大，而直接管辖的下级行政区数量偏少，且大小差异悬殊。通过表 4-1、表 4-2 和表 4-3 可以看出，中国现行 34 个省级行政区划除香港特别行政区、澳门特别行政区和台湾省而外的31个行政单元中，总人口在1000万以上的省市区有27个，总人口在2000万以上的省市区有25个，总人口在3000万以上的省市区有19个，总人口在4000万以上的省市区有14个，总人口在5000万以上的省市区有10个，总人口在6000万以上的省市区有7个，总人口在7000万以上的省市区有6个，总人口在8000万以上的省市区有4个，总人口在9000万以上的省市区有3个，总人口在1亿以上的省市区有1个；土地面积在1万平方公里以上的省市区有30个，土地面积在10万平方公里以上（超过韩国的国土面积）的省市区有25个，土地面积在20万平方公里以上（超过柬埔寨、孟加拉国等国的国土面积）的省市区有11个，土地面积在30万平方公里以上（超过菲律宾、意大利、波兰等国的国土面积）的省市区有8个，土地面积在40万平方公里以上（超过日本、德国等国的国土面积）的省市区有7个，土地面积在50万平方公里以上（超过西班牙、泰国、法国的国土面积）的省市区有4个，土地面积在100万平方公里以上（超过埃及的国土面积）的省市区有3个；县级行政区划数最多181个，县级区划数超过80个的省区有22个，县级区划数超过100个的省区有17个，最少只有16个，平均92.13个；东西跨度最大2400公里，最小100公里，平均717.96公里；南北跨度最大1700公里，最小120公里，平均629.22公里。通过这些数据可以看出，绝大多数省市区的幅员面积过大，所辖区域人口规模也过大，所辖县级行政区划数也过大，且省市区之间在土地和人口规模上的大小悬殊也很大，导致同一级别的政权所管理的事务和各种资源的多寡存在巨大差距，不利于资源配置效率的提升。同时，绝大多数省级行政区划（除直辖市、海南省和港澳台等）规模过大必然导致在省市区以下多设一个行政层级，增加行政成本，而省市区所辖的地级行政区划数最多只有21个，最少的只有2个，其次是5个，平均只有10.74个，对省级政权的管理幅度来说，又太小。可见，中国省市区数量偏少，导致绝大多数省区范围太大，行政层级增多，对行政区划的优化提出了要求。"从国外一级行政区的设置来看，美国设50个州、1个特区，法国设96个省（不包括11个海外省及领地），日本有47个一级行政区（1都1道2府43县）"，[①] 俄罗斯有83个一级行

---

① 马述林：《论省级行政区划体制改革》，《战略与管理》1996年第5期。

政区（联邦成员）。可见，中国的省级行政区数量过小，所辖面积过大，管理幅度过小，致行政层级增多，为行政效率提升造成结构性障碍。

表4-1　　　　　　2010年中国各省市区行政区划基本情况

地区	年末总人口（万人）	地级区划数	县级区划数	乡镇级区划数	东西跨度（公里）	南北跨度（公里）	面积（平方公里）	海拔差（米）	地区生产总值（亿元）
北京	1962	0	16	322	160	176	16707.8	2300	14113.58
天津	1299	0	16	243	117	189	11919.7	1050	9224.46
河北	7194	11	172	2227	—	—	187700	2000	20394.26
山西	3574	11	119	1397	385	682	156700	2900	9200.86
内蒙古	2472	12	101	863	2400	1700	1183000	3000	11672.00
辽宁	4375	14	100	1507	550	550	148000	1136	18457.27
吉林	2747	9	60	897	750	600	187400	2690	8667.58
黑龙江	3833	13	128	1278	—	—	473000	1641	10368.60
上海	2303	0	18	210	100	120	6340.5	100	17165.98
江苏	7869	13	105	1307	425	718	102600	620	41425.48
浙江	5447	11	90	1512	450	450	101800	1929	27722.31
安徽	5957	17	105	1523	450	570	139600	1864.7	12359.33
福建	3693	9	85	1102	480	530	124000	2158	14737.12
江西	4462	11	100	1539	—	—	166947	2164	9451.26
山东	9588	17	140	1874	700	420	157100	1524	39169.92
河南	9405	17	159	2371	580	550	167000	2413.8	23092.36
湖北	5728	13	103	1230	740	470	185900	3105	15967.61
湖南	6570	14	122	2419	667	774	211829	2070	16037.96
广东	10441	21	121	1581	800	600	179800	1902	46013.06
广西	4610	14	109	1234	771	634	236300	2141.5	9569.85
海南	869	2	20	222	300	180	33900	1867.1	2064.50
重庆	2885	0	40	1014	470	450	82400	2793.8	7925.58
四川	8045	21	181	4668	1075	921	485000	4200	17185.48
贵州	3479	9	88	1560	595	509	176100	2900	4602.16
云南	4602	16	129	1366	864.9	990	394000	6700	7224.18
西藏	301	7	73	692	—	—	1228400	8848	507.46
陕西	3735	10	107	1745	500	870	205800	3767	10123.48
甘肃	2560	14	86	1351	1655	530	454400	5547	4120.75

续表

地区	年末总人口（万人）	地级区划数	县级区划数	乡镇级区划数	东西跨度（公里）	南北跨度（公里）	面积（平方公里）	海拔差（米）	地区生产总值（亿元）
青海	563	8	43	396	1200	800	722000	6860	1350.43
宁夏	633	5	22	235	250	456	66400	3556	1689.65
新疆	2185	14	98	1021	1950	1550	1660000	8611	5437.47

资料来源：《中国统计年鉴2011》。

说明本表及本项研究相关论述都不包括香港特别行政区、澳门特别行政区和台湾省，下同。

表4-2　　2010年中国各省市区行政区划相关数据描述统计

	省市区数量	极差	最小值	最大值	均值
总人口（万人）	31	10140	301	10441	4302.77
地级区划数	31	21	0	21	10.74
县级区划数	31	165	16	181	92.13
乡镇级区划数	31	4458	210	4668	1319.55
东西跨度（公里）	27	2300	100	2400	717.96
南北跨度（公里）	27	1580	120	1700	629.22
区域面积（平方公里）	31	1653660	6340	1660000	3.11E5
海拔差（米）	31	8748	100	8848	3043.84
地区生产总值（亿元）	31	4.55E4	507.46	46013.06	1.4098E4
Valid N (listwise)	27				

数据来源：根据《中国统计年鉴2011》计算。

表4-3　　2012年若干国家或地区土地面积

国家和地区	土地面积（万平方公里）
中国香港	0.1
新加坡	0.1
文莱	0.6
以色列	2.2
荷兰	4.2
斯里兰卡	6.6
捷克	7.9
韩国	10.0
孟加拉国	14.4

续表

国家和地区	土地面积（万平方公里）
柬埔寨	18.1
老挝	23.7
英国	24.4
新西兰	26.8
菲律宾	30.0
意大利	30.1
波兰	31.3
马来西亚	33.1
越南	33.1
德国	35.7
日本	37.8
西班牙	50.6
泰国	51.3
法国	54.9
乌克兰	60.4
缅甸	67.7
土耳其	78.4
巴基斯坦	79.6
委内瑞拉	91.2
尼日利亚	92.4
埃及	100.2
南非	121.9
蒙古	156.4
伊朗	174.5
印度尼西亚	190.5
墨西哥	196.4
哈萨克斯坦	272.5
阿根廷	278.0
印度	328.7
澳大利亚	774.1
巴西	851.5
中国	960.0
美国	983.2
加拿大	998.5
俄罗斯联邦	1709.8
世界	13412.3

资料来源：根据中华人民共和国国家统计局：《中国统计年鉴2014》，中国统计出版社2014年版，第923页。

(二) 行政区界犬牙交错，增加行政成本

中国各级行政区界都不规则，犬牙交错。从中国政区图可以看出，各省市区的边界大都是弯弯曲曲的不规则曲线，一是受山川、河流等自然地理条件制约，二是受统治者统治需要而刻意为之。历代王朝都将行政区划作为定国安邦的一个重要工具，往往会根据当时的发展条件、统治能力和统治需要来对行政区域作出划分。[①]

行政区界犬牙交错必然使省级行政区的形态远离圆形的最优形态，从而增加行政管理的成本。侯景新、浦善新等提出政区形态优化系数指标，分析中国各个省级行政区划的形状问题。根据中心地理理论的假设，不考虑中国复杂的地貌和人文因素，考察单个省级行政区形状的合理性，他们采用一个量化指标——政区形态优化系数。理想的单个行政区域形状以圆形为最优，在各个省级行政区划找出一条跨越全省的距离最长的轴，以这条轴为直径作圆，计算省区实际面积与圆形面积之比，这个比值可以反映出该行政区的形状是否较规则。比值越大，政区形状越合理，政区内部通达性越强，越有利于行政管理和经济交流。这个比值就是政区形态优化系数。他们计算出了中国各省级行政区的优化系数，数据显示，中国省级政区中，只有湖南、浙江、青海、河南、辽宁五个省的比值高于0.6，湖南最高为0.677；大于0.5而小于0.6的省区也只有8个，从高到低依次为云南、贵州、四川、新疆、福建、安徽、海南、广西；大多数省区在0.3—0.5之间，甘肃和内蒙古的优化系数甚至低于0.3，[②] 省区形状过于狭长，省区内部通达性很差，交通不畅，管理半径极端不合理，管理起来非常困难。加之中国是单一制和行政体为主的国家，下级对上级的权力和资源的依赖性极强，上下级之间的交通往来极其贫乏，过大的管理半径必然导致高昂的交通成本。内蒙古阿拉善左旗离首府呼和浩特近千公里，每年仅到呼和浩特办事的差旅费用就花费其财政收入的大半，行政成本极其高昂。

部分省级政区的首府过分偏离省区中心位置，从而导致管理半径大小过分悬殊，增加交通成本和行政管理成本，降低经济效应，从而加剧地区经济

[①] 汪旻艳：《现行省级行政区划改革研究》，硕士学位论文，南京师范大学，2007年，第17页。

[②] 侯景新、浦善新、肖金成：《行政区划与区域管理》，中国人民大学出版社2006年版，第123—125页。

发展的不平衡性。南京在狭长的江苏省的西南角，重庆主城在重庆市的西南端，南昌市在江西省的北端，福州市在福建省的东北端，广州市在广东省的南部边缘，导致一个省的最偏远区县到省会城市的距离过大，使这些地区既难以获得省域经济中心的辐射效应，又在中央、省政府的转移支付和财政补贴等方面相较于其他地区处于劣势，从而加剧省域内经济社会发展的不平衡。

（三）管理层次过多，行政效率低下

中国基于单一制的国家结构形式和中央集权的行政体制，中国的绝大多数政策由中央确定政策目标甚至统一拟定政策方案，然后按照行政层级逐级分解细化目标和政策方案并从上到下推动、监督政策的贯彻执行，甚至有部分政策从目标到具体执行的方案、从制定到执行、从中央到村委会都是一以贯之，以防中央政策在执行过程中变样走调，呈现一些明显的"自上而下"执行模式的特征。中国各地方之间在经济、社会、文化发展的资金需求和财政保障能力方面的横向严重不均衡是客观存在的（见表4-4）。中央财政控制着大部分的财力，而支出大大减少，因此中央在平衡各地财力过程中转移支付给地方的资金的比重也就大大增加，2003—2008年地方所获得的中央补助资金占地方财政支出的比重在40%左右，而2009年、2010年上升到46.6%、45.0%（见表4-5）。而这个数据是全国的一个平均比重，而中央补助的重点是在发展相对滞后的省区市，可以想见在发展相对滞后的地区获得的中央补助收入的比重会远远高于平均比重，重庆市的一些主要农业县如梁平县、垫江县、忠县、开县以及地处东部沿海的苏北的沭阳县、泗阳县、泗洪县等地区2007年获中央和上级补助收入占本级财政支出的比重都高达52%以上，多数在60%左右，最高的是农业县开县，竟然高达75.8%，尽管2010年有所降低，但仍然高达74.4%（见表4-6）。可见在自有财力严重不足的农村县和乡镇对上级补助的高度依赖，从而也就决定了公共资源"自上而下"的分配过程。

表4-4　　　2010年中国各省市区财政收支项目不平衡状况统计　　　（元/人）

	样本量	极差	最小值	最大值	均值	标准差
各省市区人均一般预算收入	31	11300	1217.61	12477.55	3370	2790.99
各省市区人均一般预算支出	31	14700	3632.26	18306.98	6958	3580.88
各省市区人均获中央补助收入	31	16200	866.30	17089.37	3587	3186.03

资料来源：根据《中国统计年鉴2011》计算。

表 4-5　　　中国地方获中央补助收入占地方财政支出比重情况　　　　（%）

年份	2003	2004	2005	2006	2007	2008	2009	2010
比重	42.8	42.2	40.0	39.9	38.5	41.8	46.6	45.0

资料来源：根据《中国统计年鉴2011》整理。

表 4-6　　　　中国部分县级财政获中央和上级补助收入占

本级财政支出比重情况　　　　　　　（%）

地区	重庆（渝东北）				江苏省（宿迁市）		
	梁平县	垫江县	忠县	开县	沭阳县	泗阳县	泗洪县
2007 年	64.5	52.6	63.7	75.8	58.0	64.1	64.3
2010 年	64.6	47.1	65.2	74.4	44.9	54.4	55.4

资料来源：根据《重庆市统计年鉴2008、2011》《江苏省统计年鉴2008、2011》整理。

在这种权力格局和行政资源配置体制下，中国绝大多数省区（除4个直辖市和海南省以外）仍然是省、地、县、乡镇四级地方政府，就必然导致权力运行和资源配置的流程繁多和渠道漫长，从而致使行政成本高昂、行政效率低下，同时也孕育了诸多矛盾的根源，主要表现在政策主要由中央和上级政府制定、地方和基层政府执行，中央和上级政府保证执行机构忠实贯彻执行的监控激励手段难免失效，而目标群体的表达、执行、监督等功能又未能充分发挥，故执行不力或偏差就必然发生。

二　中国省级、市级、县级行政区划的历史沿革

中国现行行政区划的形成有其必然的历史原因。行政区划改革的本质涉及中央政府与地方政府各种政治权力、经济社会利益关系的博弈，行政区划改革的提出有其深刻的政治、时代背景。

（一）中国省级行政区划的历史

省级行政区划始于元代，元明清实行行省制。魏晋时中央设中书、尚书、门下三省，自此省成为官署名称。北齐时，省一度为中央在地方的派出机构。南北朝末期已有河南、河北、山南、淮南、东南、东北、西南等诸道行台省的名称。隋唐时期因军事行动恢复过行省制。如隋开皇八年（公元588）伐陈，在今安徽寿县（时称寿春）设置淮南道行台省，但隋平陈统一中国后即废除；唐在平王世充等割据政权时也曾设置过陕东道大行台省，统一后也撤销了；宋金对峙时期的中国，政局很不稳定，"行

省"制运用也十分广泛。为加强对地方的控制,对付南宋、蒙古、西夏等政权的军事行动,在远离金都的新征服地区设置了许多行台省,如河南、陕西、河北、山东、河东等,但亦多是临时性军政合一的中央派出机构。省制的建立始于元朝,称"行省",各行省设平章政事,总揽一省军事、民政、财政诸大权,行省成为地方最高行政区划。① 元朝行省制的确立,是中国行政区划史上的一个重要创举,而清朝则基本完成了现代省级行政区划的设置。②

民国时期,省级政区有所增加,至民国三十六年(1947),全国除西藏设立地方之外,共设有35个省。新中国成立初期根据中国当时加强政权建设和恢复发展生产的需要曾设立六大行政区,省级单位最多时(1951)曾达53个(29省、8个行署区、13个直辖市、1个自治区、一个地方和1个地区),比新中国成立前多增加了5个。中华人民共和国成立后,随着经济建设的发展和民族区域自治的实行,省一级行政区划的划分有三次大的合并和调整。迄今为止中国省一级的行政区划共计34个,其中省23个,中央直辖市4个,民族自治区5个,特别行政区2个。③

(二) 中国县级行政区划的演变

县级行政区是行政地位与"县"相同的行政区划总称,其管辖乡级行政区,为乡、镇的上一级行政区划单位。"县"起源于春秋,形成于战国,确立于秦朝。秦始皇在中国设立郡县,实行郡、县两级政区制度。汉朝自汉武帝以后中国形成了州、郡、县三级行政区。魏晋南北朝基本延续了州、郡、县三级行政区。隋朝实行州(郡)、县两级制。唐朝实行道、州、县三级政区。中华人民共和国成立后,对行政区划做了全面考虑,《中华人民共和国宪法》第30条规定,中华人民共和国的行政区域一般划分为三个层级:省、县、乡。但在实际操作上是四级,即省级、地(市)级、县级和乡镇级。按照中国现行的行政区划,县级行政区包括县、自治县、地级市的市辖区、县级市、特区、林区等。

(三) 市管县体制的形成过程

市管县体制是指由直辖市和较大的市领导县的行政区划体制。新中国

---

① 汪旻艳:《现行省级行政区划改革研究》,硕士学位论文,南京师范大学,2007年,第9页。

② 同上书,第10页。

③ 同上书,第12页。

成立初期，中国只有少数城市实行市领导县体制。此后，实行市领导县体制的城市逐渐增多，20世纪50年代末达到第一次高潮，60年代初开始回落并进入低潮，70年代又逐渐复苏。从1982年开始，中国又掀起新一轮的市管县体制改革浪潮。目前，市管县体制已成为中国大多数地区的行政区划体制。

三 现行行政区划形成的主要影响因素分析

从中国行政区划历史沿革的简要分析中可以发现，现行行政区划的形成有其必然的历史原因。可以认为，政府的价值取向、国家的权力结构、政府对市场和社会的管理方式以及政府的职能模式等直接影响着行政区划的设置，制约着行政区划的优化进程。

（一）在价值取向上：重统治，轻发展

马克思和恩格斯深刻地揭露了国家的阶级实质，指出"国家是统治阶级的各个人借以实现其共同利益的形式"。[①] 任何一个阶级走上阶级统治的地位，为维护和强化既定的政治关系与社会秩序，都必须通过国家权力而对全社会进行一种强力支配与控制，这是政权得以存在、社会秩序得以建立的基本前提。因此，政治统治是任何一个国家的政府的基本职能。麦迪逊（Madison）在《联邦党人文集》第51号中警告说："组织起一个由人统治人的政府，极大的困难是，首先你必须使政府能控制被统治者，然后还要迫使它控制其本身。"塞缪尔·亨廷顿指出，对许多现代化之中的国家而言，"首要的问题不是自由，而是建立一个合法的公共秩序。人当然可以有秩序而无自由，但不能有自由而无秩序。必须先存在权威，而后才谈得上限制权威"。[②] 有研究表明，"政府职能重心定位与行政区划调整基本目标的阶段性耦合，在历史经验层面验证了两者联系的实然性：历代王朝的职能重心偏向于政治统治，行政区划调整的基本目标是加强中央集权，以巩固皇权、控制社会；中华人民共和国成立初期，各级政府的工作重心是重整秩序，行政区划调整的基本目标是巩固中央权威，为恢复发

[①] 《马克思恩格斯选集》第1卷，人民出版社1995年6月版，第132页。

[②] [美]塞缪尔·P.亨廷顿：《变化社会中的政治秩序》，王冠华、刘为等译，上海人民出版社2008年版，第6页。

展国民经济创造条件"。① 因此,无论在历代封建王朝还是中华人民共和国成立后到改革开放前都特别强调政治统治,尤其是在改革开放前的中华人民共和国强调以阶级斗争为纲,必然要求加强政治统治。重统治的政治价值取向必然要求加强中央集权及其对地方政权和基层政权的控制力度,在行政区划和组织结构上就必然要求"尖耸型"的组织形态,从而导致行政区划设置上过窄的管理幅度和过多的行政层级。

改革开放以后的中国,提出了在社会主义初级阶段"以经济建设为中心"的基本路线,推动经济发展成为中国各级政府的中心工作;2003年7月28日中共中央总书记胡锦涛提出要"坚持以人为本,树立全面、协调、可持续的发展观,促进经济社会和人的全面发展",按照"统筹城乡发展、统筹区域发展、统筹经济社会发展、统筹人与自然和谐发展、统筹国内发展和对外开放"的要求推进各项事业的改革和发展。这就对城乡、区域经济社会文化的协调发展提出了强烈要求,要求经济社会文化的发展必须坚持维护社会公平正义、必须坚持走共同富裕道路、必须坚持促进社会和谐。这就对中国的发展模式和行政区划所承载的功能提出了更加严峻的挑战,要求中国的职能重心在加强经济建设的同时,地方政府的职能重心转向为全国各地区的公民提供更加公平、更加有效率的公共服务和发展环境,这就对行政区划的优化提出了急迫的要求。简而言之,在价值取向上要由政治统治转向经济建设、可持续发展和公共服务,从而要求行政区划做出相应的优化。

(二) 在权力结构上:重中央,轻地方

中国自秦朝建立中央集权的国家以来,就形成了"单一制"的国家结构形式,地方政府的权力是中央政府授予的。地方公共政策的执行过程必须严格在中央政府的监督和控制下进行,下级地方政府的公共政策执行过程必须严格在上级地方政府的监督和控制下进行。中央政府掌握对地方政府的领导人的选拔任用的控制权,领导地方政府,地方政府对中央政府负责,下级政府对上级政府负责,核心是中央政府(通过执政党的组织手段等)对主要的地方政府政策执行者或地方政府政策执行的主要负责

---

① 赵聚军:《中国行政区划改革的理论研究——基于政府职能转变的视角》,博士学位论文,南开大学,2010年,第1页。

人具有相当大的人事管理权。① 权力以中央为主，地方政府和下级缺乏独立自主性和自治能力，中央政府和上级政府事必躬亲，任务繁重，管理幅度必然不能过大。而管辖面积大、管理幅度小必然导致行政层级增多。尽管"中国历代行政区划沿革的核心就是政区层次级数的变化，这一变化集中体现了中央集权与地方分权之间此消彼长的演变过程"②，尽管"一部中国政治史就在外重内轻和内重外轻的两端往复摆动，同时又一步紧似一步地走向极端的中央集权"③。可见，在单一制国家结构形式和行政体地方政府体系下，重"中央"是常态、是本能，重"地方"是非常态，往往是形势所迫不得已而为之。即使是重"地方"，也就是给地方多授予点权力而已，主动权仍在中央。

（三）在管理方式上：重控制，轻自治

前述重统治、轻发展的价值取向以及重中央、轻地方的权力结构必然导致中央政府对地方政府、上级政府对下级政府的权力控制，抑制地方政府、基层政府和社会、公民等的自治能力的提升。在重控制、轻自治的管理方式下，国家惧怕社会自治力量和社会组织的发展，政府成为国家唯一的权力中心，各种社会组织和私人机构成长困难，难以获得社会公众的认可，难以在不同社会层面和社会范围内成为社会权力的中心，社会公共事务的管理任务非政府莫属。社会自治能力的弱化进一步加剧基层和下级政府以及社会对上级和中央政府的依赖性，致使上级和中央政府的职能职责和管理任务繁重，也必然导致行政区划和组织结构的"尖笋型"形态。

而随着民主化和现代化进程的快速发展，社会的自治要求和能力逐步提升。政府不再是国家唯一的权力中心，各种社会组织和私人机构只要得到公众的认可，就可以在不同层面和范围内成为社会权力的中心。治理的权威主要源于公民的认同和共识，以自愿为主。治理的权力流向是双向或多向的，是一个上下互动、横向互动的管理过程，强调公民和社会机构的共同参与。④ 随着管理方式的变化和自治能力的提升，必然会为行政区划的优化奠定坚实的基础，也会为行政区划的优化提出强烈的要求。

---

① 胡象明：《地方政策执行：模式与效果》，《经济研究参考》1996年第16期。
② 周振鹤：《中国历史政治地理十六讲》，中华书局2013年版，第121页。
③ 同上书，第299页。
④ 黄健荣等：《公共管理新论》，社会科学文献出版社2005年版，第279—281页。

（四）在职能设置上：重同构，轻异构

中国政府职能在纵向配置上的总体特点可以概括为"职责同构"。[①]在上下级政府间的关系中，不同层级的政府在职能、职责和机构设置上存在"上下对口、左右对齐"高度统一的基本特征，导致政府机构"上下一般粗"。2013年召开第十二届全国人民代表大会第一次会议后，中华人民共和国国务院机构改革后共有各种组织机构75个（见图4-1），具体包括国务院办公厅、国务院组成部门（包括外交部、国防部、国家发展和改革委员会、教育部、科学技术部、工业和信息化部、公安部、国家安全部、国家民族事务委员会、监察部、司法部、财政部、民政部、国土资源部、人力资源和社会保障部、住房和城乡建设部、环境保护部、交通运输部、水利部、农业部、商务部、文化部、国家卫生和计划生育委员会、中国人民银行、审计署等共25个）、国务院直属特设机构（国务院国有资产监督管理委员会等1个）、国务院直属机构（包括中华人民共和国海关总署、国家税务总局、国家工商行政管理总局、国家质量监督检验检疫总局、国家新闻出版广电总局、国家体育总局、国家安全生产监督管理总局、国家食品药品监督管理总局、国家统计局、国家林业局、国家知识产权局、国家旅游局、国家宗教事务局、国务院参事室、国家机关事务管理局等15个）、国务院办事机构（包括国务院侨务办公室、国务院港澳事务办公室、国务院法制办公室、国务院研究室等4个）、国务院直属事业单位（包括新华通讯社、中国科学院、中国社会科学院、中国工程院、国务院发展研究中心、国家行政学院、中国地震局、中国气象局、中国银行业监督管理委员会、中国证券监督管理委员会、中国保险监督管理委员会、全国社会保障基金理事会、国家自然科学基金委员会等13个）、国务院部委管理的国家局（包括国家信访局、国家粮食局、国家能源局、国家国防科技工业局、国家烟草专卖局、国家外国专家局、国家公务员局、国家海洋局、国家测绘地理信息局、国家铁路局、中国民用航空局、国家邮政局、国家文物局、国家中医药管理局、国家外汇管理局、国家煤矿安全监察局等16个）。[②]随机抽取1省政府，调查发现某省共有省直机

[①] 汪旻艳：《现行省级行政区划改革研究》，硕士学位论文，南京师范大学，2007年，第18页。

[②] 《中华人民共和国国务院》，新华网2013年4月24日。

构 68 个（见表 4-7）；随机抽取该省一地级市政府，调查发现该市政府有政府工作部门 31 个、政府其他部门 53 个、省管单位 20 个、政法机构 6 个、其他事业单位 41 个[①]；在该市随机抽取一县，调查发现该县县直部门共有 88 个、线管单位 31 个[②]，外加教育和医疗机构若干。从上述国务院、省、市（地级）、县四级政府的组织机构设置可以看出政府机构"上下一般粗"的现实状况。

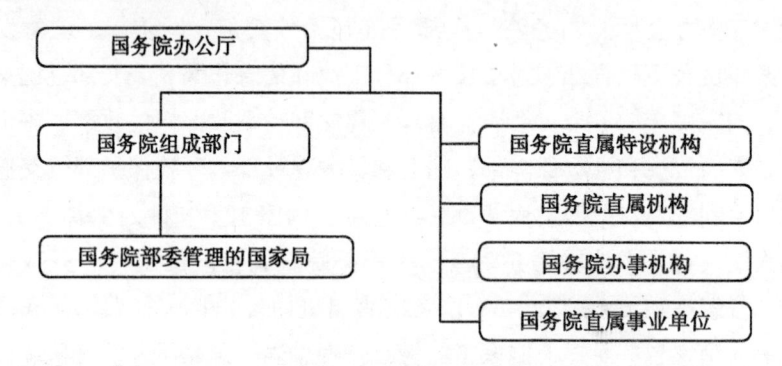

图 4-1　2013 年中华人民共和国国务院组织机构

图片来源：《中华人民共和国国务院》，新华网 2013 年 4 月 24 日。

表 4-7　　　　　　　　　　　　中国某省省直单位

省政府办公厅	省发展和改革委员会	省商务厅	省经济和信息化委员会	省教育厅
省科学技术厅	省民族事务委员会	省公安厅	省监察厅	省卫生厅
省民政厅	省司法厅	省财政厅	省人力资源和社会保障厅	省国土资源厅
省环境保护厅	省住房和城乡建设厅	省交通运输厅	省水利厅	省农业厅
省林业厅	省文化厅	省计生委	省审计厅	省外事侨务办公室
省国资委	省国家税务局	省地方税务局	湖南省外国专家局	省广播电视局
省新闻出版局	省体育局	省统计局	省工商行政管理局	省质量技术监督局
省食品药品监督管理局	省旅游局	省粮食局	省气象局	省安全生产监督管理局

---

① 常德市人民政府网 2012 年 11 月 28 日。
② 桃源县人民政府网 2012 年 11 月 28 日。

续表

省政府办公厅	省发展和改革委员会	省商务厅	省经济和信息化委员会	省教育厅
省物价局	省机关事务管理局	省国防科技工业局	省参事室	省法制办公室
省宗教事务局	省监狱管理局	省农办	省政府经济研究信息中心	省供销合作总社
省社会主义学院	省政府金融工作办	人民防空办公室	省扶贫办	省知识产权局
省移民开发局	省经济协作办公室	省政府口岸办公室	省减负办	省煤炭管理局
省总工会	省地方志	省残联	省贸促会	省红十字会
省邮政管理局	省烟草专卖局	省有色金属管理局		

资料来源：《政府机构》，湖南省人民政府网 2012 年 11 月 28 日。

作为计划经济体制条件下高度雷同的职能设置，不利于不同层级政府根据市场和社会的发展需求按照本级政府所在的行政层级所应承担的经济调节、市场监管、社会管理、公共服务和环境保护等各种不同性质的政府职能进行因地制宜地选择性设置，将导致政府职能在履行上缺乏适应性和有效性。"职责同构"的体制安排既导致了地方保护主义、地区冲突、重复建设等问题，又导致了政府体系及其职能的自我封闭。政府职能本身会根据不同层级政府在政府体系中的职能定位和政治经济社会文化生态等的发展需求和目标而在不同层级的政府上有不同的设置，而在"职责同构"的政府管理体制下，各级政府不分层级差异和需求的轻重统一设置政府职能和机构，将无法有效地根据市场和社会发展的需求分解政府职能，为根据政府层级的职能定位、经济社会的发展需求和目标、政府的治理能力等的变化而优化行政区划造成了阻力，制约行政区划的科学化进程，不能很好地回应市场经济发展和社会结构转型对政府管理的新要求。[①] 职能同构必然导致政府职能目标和价值的冲突困境。在职能同构的体制下，履行维护政治稳定职能、履行经济调节职能、履行市场监管维护统一大市场健康发展职能、履行公共资源提取职能等的政府机构的设置难以脱离行政区划的限制，各层级政府间一一对应，与各层级政府共进退，为行政区划的适

---

① 汪旻艳：《现行省级行政区划改革研究》，硕士学位论文，南京师范大学，2007 年，第 21 页。

时优化造成巨大阻碍。如果要减少行政层级，就需要撤销地级区划，那么省级政府所辖的县级政区就必然太多，多数省份会大大超出省级政府所能承受的管理幅度，就要求缩小省级行政区划，而在职能同构的体制下，一方面可能进一步割裂统一大市场；另一方面因为省级数量的增多可能减弱中央政府的控制力，也因为省级政府下辖县级政区的增多而减弱控制力；因此，在重统治、轻发展的价值取向下，职能同构会阻碍行政区划的进一步优化，而要求行政区划的管理幅度小、管理层级多。在职能异构的体制下，市场监管、政治稳定、环境保护的职能与公共资源分配、公共服务、社会管理、地方经济社会文化发展规划等职能可以按照各层级政府的职能需求灵活设置，从而避免职能同构带来的价值目标冲突，从而减少行政区划优化的价值冲突阻力。

第二节 实证检验——行政区划对经济协调发展的影响分析

中国现行行政区划存在的问题对中国政治经济社会文化的发展是否产生了不利影响、产生了哪些不利影响是一个很难准确描述的问题。处在一定时空环境下的行政区划设置最终会通过其对行政效率和行政公平性的影响，而直接或间接地对行政效能、政治稳定、协调发展和自治能力产生影响。鉴于研究的可行性，本节试图采用全国的公开数据来对中国行政区划对经济的协调（平衡）发展的影响作用加以论证分析，作为行政区划众多影响作用的一个例证。

一 行政区划对经济协调发展的影响分析的研究思路

本项研究的基本观点是行政区划会对行政效能产生直接影响，也会借此直接或间接地对社会自治能力、经济社会的协调发展和政治稳定产生影响。而本项研究鉴于研究资料所能获得的难易程度，选择行政区划与经济协调发展这一对相关关系作为代表来对行政区划的影响作用展开实证分析，从而对理论部分的规范分析做一个佐证。为了研究的方便和可行，本节又将行政区划与经济协调发展的相关关系简化为省域规模（面积）的大小与省域内各区县之间的经济平衡发展的相关关系，从而来证明行政区划的影响作用的真实存在，从而唤起政府和整个社会对行政区划优化的重视。

二 关于区域经济不平衡发展研究的现状及启示

区域经济差距是经济发展进程中不可避免的现象，地区经济发展的平衡是相对的，经济发展的不平衡是绝对的，适度的经济差距能提高经济发展的效率，但当这种差距过大时，经济社会的发展将会受到严重的制约。因此，通过行政区划的优化，缩小省（市、区）域内各县域之间的差距，从而形成经济发展中的动态均衡，是全面协调可持续发展的客观要求。

（一）关于区域经济发展不平衡概念的界定

对区域经济发展不平衡的概念，不同学者有不同表达，包括"区域发展不平衡""区域发展差异""区域发展差距""区域发展不平等"等。魏后凯认为，区域经济差异是各个地区经济增长总量和增长速度的差距[1]；黄声伟认为，区域经济差异是各个地区之间经济增长总量的差距[2]；覃成林认为，区域差异是一定时期内各地区人均意义上的经济发展水平差距[3]；郝寿义则认为，区域经济发展不平等涉及价值判断问题，而区域经济发展不平衡是客观的，且应着眼于动态视角，区域差异和区域差距适合于进行两个区域间的比较，而区域经济发展不平衡的研究涉及两个以上的多区域所构成的区域经济体系[4]；胡鞍钢、王绍光、康晓光认为：从静态观点看发展不平衡是指一个国家内部各地区经济发展水平的差异性；而从动态观点看发展不平衡是指各地区经济增长速度的差异性[5]。区域发展差异、区域发展差距和区域发展不平衡没有包含对区域间差异状态的价值判断，是中立的概念，区域发展不平衡有静态和动态两层透视，静态层面上基本等同于区域差距。[6] 本项研究鉴于研究资料获取难易程度及研究能力的限制，根据研究的需要选择从静态层面上研究各省（市、区）域内经济发展上的差距来表明各省（市、区）域内发展的协调性。

---

[1] 魏后凯：《论东西差距与加快西部开发》，《贵州社会科学》1994年第5期。
[2] 黄声伟：《区域经济非均衡发展探索》，《嘉应大学学报》1996年第3期。
[3] 覃成林：《中国地区经济差异研究》，中国经济出版社1997年版，第8—23页。
[4] 郝寿义：《区域经济学原理》，上海人民出版社2007年版，第191页。
[5] 胡鞍钢、王绍光、康晓光：《中国地区差距报告》，辽宁人民出版社1995年版，第18页。
[6] 王圣云、沈玉芳：《区域发展不平衡研究进展》，《地域研究与开发》2011年第1期。

(二) 区域经济发展不平衡主要理论

区域经济发展不平衡的相关理论较多。缪尔达尔的区域累积因果理论认为区域经济发展的不平衡主要是市场力量发生作用的结果。由于市场力量通常是递增而不是递减的，因而会导致地区不均衡性的加剧。他认为"回流效应"是区域经济不平衡发展的根源。赫希曼的非均衡发展理论认为，经济增长地区会对经济落后地区产生一系列直接或间接的影响，有利的影响称为"涓滴效应"，不利的影响称为"极化效应"。在最初阶段，增长极的累积性集中会扩大发达地区与落后地区之间的经济差距；长期来看，"涓滴效应"会减小区域之间的差距，促进落后地区发展。[①] 威廉姆森的倒"U"形理论认为，一个地区在经济发展初期阶段通常极化效应将起主导作用，地区差距趋于扩大；经济发展到成熟阶段，扩散作用将发挥主导作用，地区差距缩小，整体变化轨迹呈现一条倒"U"形曲线。[②] 弗里德曼（J. Friedmann, 1966）则提出了著名的核心—边缘理论，核心地区增长迅速，边缘地区增长缓慢，边缘区对核心区具有很大的依赖性，核心和边缘之间形成差距。[③]

(三) 关于区域经济发展不平衡指标的选取

徐凤梅、徐凤翠、牛晨阳利用人均 GDP、人均财政收入和居民消费水平的总体均值、极差以及变异系数等指标来衡量山东省区域经济的绝对、相对差异。总体均值反映了山东省 17 个地级市作为一个整体，其经济发展的总体态势。极差反映了一定时期（某一年度）山东省 17 个地级市中人均指标的最大值与最小值之间的离差，用以说明变量的变动范围和幅度。变异系数为各地级市人均指标的标准差与总体均值之比，反映了各地级市人均指标偏离总体人均指标的相对差距。[④] 周玉翠等采用人均 GDP 指标并用标准差、标准差系数法分析了 1990—2000 年中国省际经济差异

[①] 杨万钟：《上海及长江流域地区经济协调发展》，华东师范大学出版社 2001 年版，第 4—7 页。

[②] Williamson J. G. (1965), "Regional Inequality and the Processof National Development: A Description of Patterns", *Economic Development and Culture Change*, 3 (4): 9—10.

[③] 转引自甄峰《信息时代的区域空间结构》，商务印书馆 2004 年版，第 12 页。

[④] 徐凤梅、徐凤翠、牛晨阳：《从三个指标看山东省区域经济差异》，《山东农业大学学报》（社会科学版）2010 年第 4 期。

动态变化特征。① 陈彦玲、王宗起、胡丽霞采用GDP总量最大与最小值之差与人均CDP最大与最小值之差（即极差）用以反映各远郊区县经济发展之间的绝对差距、采用CDP总量最大值与最小值之比与人均GDP最大值与最小值之比用以简单地测度各远郊区县经济发展的相对差距对北京远郊区县经济发展不平衡性进行测定。② 章刚勇、尹继东、万宏把江西省的11个设区市以人均GDP指标分析揭示江西省区域经济差异的原因。③

（四）关于区域经济发展不平衡研究的启示

已有相关研究表明，区域经济发展严重不平衡问题将直接制约着经济社会的可持续发展，尤其是弗里德曼提出的著名的核心—边缘理论表明，核心地区增长迅速，边缘地区增长缓慢，边缘区对核心区具有很大的依赖性，核心和边缘之间形成差距。如果不从结构上改变区域经济"核心—边缘"的不利格局，将会导致区域经济发展不平衡问题更加严重。因此，从行政区划的角度研究区域经济"核心—边缘"的发展格局具有很强的理论和现实意义。已有研究还表明GDP和人均GDP是反映区域经济发展不平衡的最常用和最主要的指标。因此，本项研究为了研究的简便，选取各省（市、区）域内各区县的人均GDP的差距来反映各省（市、区）域内经济发展的不平衡现状。

三　行政区域规模与省域经济不平衡发展相关指标的选取

科学选取行政区域规模和省域经济不平衡发展的代表性指标是科学、准确的表达行政区划以及省域经济不平衡发展的现状及其相关关系的前提。指标的选举要求既具有代表性，又具有可行性和科学性。

（一）行政区域规模的相关指标——自变量的选取

本节所指的行政区域规模是指省级行政区域的规模，包括各省、直辖市和自治区的规模。行政区域规模既可以使用各区域的经济总量、总人口、南北和东西跨度、土地面积等指标从不同的角度来描述行政区域的规

---

① 周玉翠：《近10年中国省际经济差异动态变化特征》，《地理研究》2002年第6期。

② 陈彦玲、王宗起、胡丽霞：《北京远郊区县经济发展的差异分析——经济发展不平衡性的测定与发展特色评价》，《工业技术经济》2003年第4期。

③ 章刚勇、尹继东、万宏：《江西省区域经济差异分析及原因探究》，《江西社会科学》2008年第9期。

模。而本节的研究假设是省级行政区域面积越大，可能导致该省域内经济发展的不平衡性越严重。或者可以表达为省级行政区域面积与省域内经济发展的不平衡性成正比，或者可以表达为省级行政区域面积与省域内经济协调发展成反比。也可以表述为，省级行政区域的面积差异是导致省域内经济协调发展存在差异的一个重要原因。因此，为了研究目的的需要和研究的可行性，本项研究选择该区域的土地面积的大小作为行政区划规模的指标。查《中国统计年鉴2011》获得2010年中国31个省（市、区）（不包含香港、澳门、台湾省，下同）的土地面积（见表4-1），作为表示31个省（市、区）行政区域规模的指标。

（二）经济协调发展程度的测度——因变量的选取

周喆《中国地区间经济发展不平衡——水平测度和成因探究》对已有研究对测度地区间经济发展不平衡的指标进行了深入分析和比较，并认为使用三种指标对中国地区间不平衡进行测度，其分别是加权变异系数（CVW）、基尼系数（GiniIndex）和泰尔指数（Theil Index）。[①] 但因本项研究是对各省（市、区）经济发展的不平衡性进行测度，并采用的是各省（市、区）内各区县的人均GDP的离散程度来体现其不平衡发展的程度，这些数据的获得难度比各省（市、区）的相应数据的获得难度大得多，因此本项研究基于数据的可获得性，只使用变异系数（CV）对各省（市、区）内各区县间经济发展的不平衡程度进行测度。

根据前述已有相关研究的启示，本项研究选择各省（市、区）内各区县的人均地区生产总值为基础来测度各省（市、区）经济不平衡发展的程度。本项研究首先根据《中国区域经济统计年鉴（2011）》、各相关区县统计年鉴（2011）及其2010年统计公报计算整理各省（市、区）内各区县人均地区生产总值，然后通过计算各省（市、区）内各区县人均地区生产总值的差距来表示各省（市、区）内经济发展的不平衡性程度。而各省（市、区）内各区县人均地区生产总值的差距有多种表达方式，各指标相对本研究目的在优劣上有明显差异。一是各省（市、区）内各区县人均地区生产总值的最大值与最小值的绝对差（极差）。但这个绝对差因为各省（市、区）经济发展水平不同而在数值表示上存在巨大差距，

---

① 周喆：《中国地区间经济发展不平衡——水平测度和成因探究》，《山西财经大学学报》2012年第2期。

某省（市、区）绝对差数值比另一省（市、区）的绝对差数值大并不一定表示该省（市、区）经济发展的不平衡性就比另一省（市、区）经济发展的不平衡性程度高，只是因为该省（市、区）各区县的人均地区生产总值的总体水平比另一省（市、区）各区县的人均地区生产总值的总体水平高。因此，将各省（市、区）内各区县人均地区生产总值的最大值与最小值的绝对差（极差）作为对各省（市、区）经济发展不平衡性程度进行比较的指标来做相关分析缺乏起码的科学性。二是各省（市、区）内各区县人均地区生产总值的最大值与最小值的相对差，即各省（市、区）内各区县人均地区生产总值的最大值与最小值的比值。这个比值能比较真实地反映各省（市、区）内经济发展的不平衡性程度。但容易受到最大值和最小值的偶然因素的不利影响，导致存在一定的误差。三是各省（市、区）内各区县人均地区生产总值最高的五个区县的平均值与最低的五个区县的平均值的比值。这个指标在一定程度上可以弥补最大值和最小值受偶然因素干扰的缺陷，相对来说更可靠。四是各省（市、区）内城镇居民可支配收入与农村居民人均纯收入的比值也可以在一定程度上反映城乡经济发展的不平衡性，但相对本项研究的研究目的而言不太合适。五是各省（市、区）内各区县人均地区生产总值的标准差。在平均值及单位相同的条件下，各省（市、区）各区县人均 GDP 的标准差越大表示各变量值即区县人均 GDP 分布得越分散，即表示各省（市、区）经济发展的不平衡程度越高，反之则表明分布集中，即各省（市、区）经济发展越协调。当两个序列数值的单位不同、均值相差较大（即发展程度差异较大时），就不能简单地用标准差来比较不同均值的随机序列离散程度，而需要采用相对值进行比较。同极差一样，标准差会因为各省（市、区）经济发展水平不同而在数值表示上存在巨大差距，某省（市、区）各区县的人均地区生产总值的标准差数值比另一省（市、区）各区县的人均地区生产总值的标准差数值大并不一定表示该省（市、区）经济发展的不平衡性就比另一省（市、区）经济发展的不平衡性程度高，因此，标准差不能作为对各省（市、区）经济发展不平衡性程度进行比较的指标。但是将各省（市、区）各区县的人均地区生产总值的标准差与相应各省（市、区）各区县的人均地区生产总值的平均值的比值作为对各省（市、区）经济发展不平衡性程度进行比较的指标具有科学合理性。因此，对各省（市、区）内各区县的不平衡程度进行测度采用相对比值，即采用各省（市、区）各区县人均 GDP 的标准差与各省（市、区）内各区县人均 GDP 的均值之比即变异系数，可以消除均值的影响，从而不受原来变量取值高低的影响，以对比不同省（市、区）经济发展不平衡的差异程度。因此，可以选取各省（市、区）各区县人均 GDP 的标准差与各省（市、区）内各区县人均 GDP 的均值之比即变异系数来表现各省（市、区）经济发展的不平衡程度。中国 31 个省（市、区）2010 年不平衡性指标见表 4－8。

表 4－8　中国 31 省（市、区）2010 年经济发展不平衡性指标

地区	各省市区各区县人均地区生产总值极差绝对差（元）	各省市区各区县人均地区生产总值极差相对差（倍数）	各省市区各区县人均地区生产总值标准差	各省市区各区县人均地区生产总值均值	各省（市、区）各区县的人均地区生产总值的标准差与平均值的比值（变异系数）	各省市区各区县人均值前五名均值是后五名均值的倍数	城镇居民可支配收入比农村人均纯收入多多少（%）
北京	144000	6.91	51068	83238	0.61	4.56	119.22
天津	181000	9.4	54047	65023	0.83	4.47	141.12
河北	91500	15.51	16354	26206	0.62	10.59	172.97
山西	101000	39.77	16990	23310	0.73	14.99	230.38
内蒙古	277000	27.28	59765	57159	1.05	20.48	220.06
辽宁	92100	12.67	22770	42783	0.53	6.67	156.41
吉林	44900	4.45	8878	27608	0.32	2.74	147.08
黑龙江	63000	13.51	12587	21099	0.6	8.08	123.11
上海	142000	6.06	39568	99132	0.4	2.59	127.77
江苏	178000	12.56	36206	56860	0.64	9.53	151.63
浙江	151000	14.97	28347	47652	0.59	7.84	142.06
安徽	63100	17.07	11284	16668	0.68	8.2	198.73
福建	92900	7.69	17415	35773	0.49	5.14	193.28
江西	76800	14.76	15034	19820	0.76	10.12	167.44
山东	160000	18.4	31555	42753	0.74	12.83	185.34
河南	78900	9.5	14273	24561	0.58	6.53	188.4
湖北	95700	13.91	20555	24088	0.85	10.32	175.34
湖南	108000	17.81	20465	21779	0.94	13.2	194.66

续表

地区	各省市区各区县人均地区生产总值极差绝对差（元）	各省市区各区县人均地区生产总值极差相对差（倍数）	各省市区各区县人均地区生产总值标准差	各省市区各区县人均地区生产总值平均值	各省（市、区）各区县的人均地区生产总值的标准差与平均值的比值（变异系数）	各省市区各区县人均地区生产总值前五名与后五名均值的倍数	城镇居民可支配收入比农村人均纯收入多多少（%）
广东	388000	58.63	50405	42395	1.19	23.82	202.88
广西	27100	6.45	56641	15468	3.66	4.04	275.57
海南	19000	2.82	5644	16058	0.35	2.11	195.35
重庆	78700	9.67	19631	28369	0.69	6.96	232.26
四川	62100	13.98	12293	19537	0.63	10.54	203.94
贵州	31700	7.47	69654	12379	5.63	5.73	307.35
云南	84600	22.58	11522	14292	0.81	12.39	306.49
西藏	44600	9.51	72519	12659	5.73	5.28	261.96
陕西	140000	19.29	24084	25657	0.94	12.56	282.35
甘肃	159000	58.03	23281	17387	1.34	26.53	285.11
青海	209000	57.7	40209	32367	1.24	23.05	258.69
宁夏	57900	12.45	17070	23454	0.73	6.92	228.23
新疆	252000	71.06	33603	46202	0.73	30.21	193.88

资料来源：根据《中国区域经济统计年鉴（2011）》、各相关区县统计年鉴（2011）及其2010年统计公报计算整理。

(三) 影响区域经济协调发展的相关指标——控制变量的选取

郑炎成、鲁德银认为，中国西部、中部、东部地区之间总体上的经济发展差距主要源于东部、中部、西部三者之间县域经济发展上的不平衡，并且县域经济发展上的不平衡比东部、中部、西部地区之间总的经济不平衡扩散更快；西部和中部地区内部非县域的城市经济与县域经济的发展差距明显且呈进一步扩大的趋势，而东部的县域经济和城市经济则正趋于平衡发展。因此，发展县域经济是缩小城乡之间和西部、中部、东部地区之间经济发展差距的关键。[①] 沈坤荣、马俊认为对外开放度、人力资本投

---

① 郑炎成、鲁德银：《县域经济发展不平衡对地区差距的解释力分析》，《财经研究》2004年第7期。

入、市场化程度和工业发展水平等构成了区域间经济差距扩散的原因和区域内省际经济增长收敛的条件。[①] 蔡昉、王德文从比较优势角度分析指出中西部地区具有以耕地为代表的自然资源和劳动力资源禀赋优势，而东部地区则具有物质资本和人力资本禀赋优势。但由于生产要素的流动性与市场发育状况的共同作用，东部地区人力资本、劳动力和物质资本三类生产要素具有更高的边际报酬，从而决定了东部地区的经济增长速度更快。[②] 周喆测度了中国省区间经济发展的不平衡程度，并在此基础上揭示了不平衡的影响因素，认为第三产业增加值、国内资本存量、贸易开放度和人均GDP等因素显著加剧了地区间发展的不平衡，教育水平的提高则显著抑制了地区间发展不平衡的扩大；城市化水平和失业率也对地区间发展不平衡产生了一定的影响，而外商直接投资对不平衡的影响作用是不确定的。[③] 章刚勇、尹继东、万宏等从发展基础、资本投入、产业结构、政策等方面揭示江西省区域经济差异的原因。[④] 陈彦玲、王宗起、胡丽霞运用因子分析法结合反映地区经济实力和水平的指标（GDP总量、人均CDP、GDP增长率）、反映一个地区对外开放程度（实际利用外资额）、反映政府作用的指标（财政收入）、反映基础设施水平的指标（固定资产投资）、反映人力资源的指标（大专以上人口所占比例）对北京十个远郊区县的经济竞争力进行了测定。[⑤] 但这些研究的一个共同点主要着眼于导致不同地区之间经济发展不平衡的影响因素，而本项研究的着眼点在于导致不同省（市、区）内部的不平衡性程度存在巨大差异的影响因素。尽管如此，但这些研究为我们的指标选择还是有一定的借鉴和启示意义。影响各省（市、区）经济发展不平衡性程度差异的原因很多，省级行政区域规模的

[①] 沈坤荣、马俊：《中国经济增长的"俱乐部收敛"特征及其成因研究》，《经济研究》2002年第1期。

[②] 蔡昉、王德文：《比较优势差异、变化及其对地区差距的影响》，《中国社会科学》2002年第5期。

[③] 周喆：《中国地区间经济发展不平衡——水平测度和成因探究》，《山西财经大学学报》2012年第2期。

[④] 章刚勇、尹继东、万宏：《江西省区域经济差异分析及原因探究》，《江西社会科学》2008年第9期。

[⑤] 陈彦玲、王宗起、胡丽霞：《北京远郊区县经济发展的差异分析——经济发展不平衡性的测定与发展特色评价》，《工业技术经济》2003年第4期。

大小可能只是众多原因之一。那么除了行政区域规模这个原因之外，还包括各省（市、区）在政府作用的发挥、国家宏观政策以及基础设施发展水平以及人力资本投资等方面的差异对区域经济发展不平衡性程度的差异都有直接影响。但政府作用、公共政策以及基础设施发展水平以及人力资本投资等本身就是政府结构和体制等影响作用的重要结果。本项研究根据已有相关研究和本项研究研究目的的需要，选取地形地貌等自然地理环境因素、区位优势、经济开放性程度、经济发达程度等的差异作为影响各省（市、区）经济发展不平衡性程度差异的控制变量。

无疑，山区、高原、平原、丘陵等地形地貌等自然地理环境是制约一个地区的经济社会协调发展程度的重要因素，本项研究采用各省（市、区）内山地、山区、高原等或平原、丘陵等各自占该省（市、区）土地面积的比重来表示该省（市、区）的自然地理环境因素。本项研究通过查阅各省（市、区）政府公开信息网站的省情概况获得相关资料统计出各省（市、区）内山地、山区、高原等或平原、丘陵等各自占该省（市、区）土地面积的比重（见表4-9）。

各省（市、区）与海洋的距离远近、与沿海开放地区的距离远近、与长江、黄河等主要大动脉的距离远近以及交通的发达程度是影响一个地区的经济社会协调发展程度的重要因素。因此，本项研究根据各省（市、区）与沿海及其发达地区的距离的远近和与长江、黄河的距离的远近以及交通的发达程度确定各省（市、区）的区位优势的评估值（见表4-9）。

本项研究选择各省（市、区）与其他经济体经济往来的总量占其经济规模的比重，即各省（市、区）按境内目的地和货源地分货物进出口总额或各省（市、区）按经营单位所在地分货物进出口总额占该省（市、区）生产总值的比重，作为各省（市、区）的开放性程度指标（贸易开放水平）。由于一些省（市、区）按境内目的地和货源地统计的进出口总额要高于按经营单位所在地划分的进出口总额，说明中部地区的商业贸易尤其是进出口经营能力要比企业的生产能力偏弱。按经营单位所在地划分的进出口总额占该地区生产总值的比重更能代表该地区的开放性程度。因此，本项研究选择按经营单位所在地划分的进出口总额占该地区生产总值的比重作为各省（市、区）开放性程度指标，各省（市、区）的开放性程度指标得分见表4-9。

一般来说，一个地区第三产业发展的前提是第一和第二产业劳动生产率水平提高，这样才能腾出更多的劳动力和资金去发展第三产业。同时，第三产业的发展（尤其是当前的信息产业）能为第一产业、第二产业提供更多的服务，促进第一、第二产业发展。所以通常情况下，一个地区第三产业发达，往往也意味着这个地区整体经济社会发达程度和现代化水平比较高。因此，本项研究选择各省（市、区）第三产业占地区生产总值的比重来表示各省（市、区）的经济发达程度。各省（市、区）发达程度得分见表 4-9。另外，本项研究还选择各省（市、区）人均地区生产总值作为各省（市、区）经济发达程度的备用指标（见表 4-9）。

各地区主要能源、黑色金属矿产基础储量反映一个地区的资源拥有情况，而当一定地区的某些区域拥有的能源矿产资源总量大，而其他区域却很少甚至没有能源矿产资源的情况下，必然会影响到该地区的经济发展的平衡程度。在社会发展方面，居民的受教育水平、失业率都会影响地区经济增长，这些指标在各省（市、区）间的差异也会对省域内经济发展不平衡产生影响。城市化水平同样是经济社会发展的重要方面，城市化进程会对既有的收入分配格局产生强烈的冲击，必将影响地区间收入差距。对交通运输、仓储和邮政业的固定资产投资在一定程度上可以反映道路交通等基础设施的投入和建设情况，因此，本项研究将固定资产投资作为一个控制变量。教育水平用每十万人在校中学生人数来衡量，居民受教育水平用文盲率来衡量，城市化水平用非农业人口占总人口比重来衡量，固定资产投资用对交通运输、仓储和邮政业的固定资产投资占 GDP 总量的比重来表示，在众多的能源矿产资源中选取煤炭（因为煤炭更具普遍性）的储量来代表主要能源、黑色金属矿产基础储量（见表 4-10）。

表 4-9　中国 31 省（市、区）2010 年经济协调发展影响指标（一）

地区	高原山地面积占比（%）	丘陵平原面积占比（%）	区位优势	开放性程度1（%）	开放性程度2（%）	发达程度（%）	地区生产总值（亿元）	人均地区生产总值（元）
北京	61.8	38.2	45	49.64	135.32	75.1	14113.58	75943
天津	6.1	93.9	45	62.86	56.34	46	9224.46	72994
河北	48.1	51.9	40	19.26	13.05	34.9	20394.26	28668
山西	80.1	19.9	30	9.53	8.65	37.1	9200.86	26283
内蒙古	74.3	25.7	30	6.34	4.73	36.1	11672	47347
辽宁	59.5	40.5	40	32.68	27.68	37.1	18457.27	42355

续表

地 区	高原山地面积占比(%)	丘陵平原面积占比(%)	区位优势	开放性程度1(%)	开放性程度2(%)	发达程度(%)	地区生产总值(亿元)	人均地区生产总值(元)
吉 林	36	64	30	12.43	12.3	35.9	8667.58	31599
黑龙江	27.2	72.8	30	11.2	15.58	37.2	10368.6	27076
上 海	0	100	50	134.75	136.05	57.3	17165.98	76074
江 苏	0	100	45	76.21	71.17	41.4	41425.48	52840
浙 江	70.4	29.6	45	65.59	57.89	43.5	27722.31	51711
安 徽	31.2	68.8	35	11.97	12.43	33.9	12359.33	20888
福 建	80	20	40	47.48	46.72	39.7	14737.12	40025
江 西	63.1	36.9	30	14.03	14.48	33	9451.26	21253
山 东	15.5	84.5	40	36.38	30.57	36.6	39169.92	41106
河 南	26.6	73.4	30	5.49	4.89	28.6	23092.36	24446
湖 北	56	44	32	10.32	10.28	37.9	15967.61	27906
湖 南	51.2	48.8	30	6.16	5.78	39.7	16037.96	24719
广 东	33.7	66.3	50	114.73	107.97	45	46013.06	44736
广 西	62.8	37.2	40	12.93	11.73	35.4	9569.85	20219
海 南	38.7	60.7	40	31.8	26.52	46.2	2064.5	23831
重 庆	75.3	24.7	24	9.45	9.92	36.4	7925.58	27596
四 川	81.8	18.2	20	9.69	12.04	35.1	17185.48	21182
贵 州	92.5	7.5	20	4.76	4.33	47.3	4602.16	13119
云 南	94	6	20	9.05	11.77	40	7224.18	15752
西 藏	98.8	1.2	10	7.35	10.43	54.2	507.46	17319
陕 西	81	19	20	7.32	7.57	36.4	10123.48	27133
甘 肃	78.2	21.8	10	11.35	11.37	37.3	4120.75	16113
青 海	51.2	48.8	10	3.83	3.7	34.9	1350.43	24115
宁 夏	35.2	64.8	10	9.62	7.34	41.6	1689.65	26860
新 疆	75	25	10	24.87	19.94	32.5	5437.47	25034

资料来源：根据《中国统计年鉴2011》和各相关省（市、区）政府网站公布的省情概况整理。

说明：开放性程度1是指货物进出口总额（按境内目的地和货源地分）占地区生产总值比重；开放性程度2是指货物进出口总额（按经营单位所在地分）占地区生产总值比重；发达程度是指第三产业占地区生产总值比重。

表4-10　中国31省（市、区）2010年经济协调发展影响指标（二）

地区	各地区煤炭储量（亿吨）	人口密度（人/平方公里）	交通运输、仓储和邮政业固定资产投资占地区生产总值比重（%）	教育水平（每十万人在校中学生人数）（人）	文盲率（%）	城市化水平（非农业户口人口占总人口比重）（%）	外商资总额（亿美元）	单位地区生产总值能耗（等价值）（吨标准煤/万元）
北京	3.79	1174.30	4.92	4129	1.70	63.10	1192	0.582
天津	2.97	1089.79	5.85	5002	2.10	53.43	1096	0.826
河北	60.59	383.27	7.46	6792	2.61	20.38	403	1.583
山西	844.01	228.08	9.74	9482	2.13	29.98	229	2.235
内蒙古	769.86	20.90	8.94	6945	4.07	37.32	232	1.915
辽宁	46.63	295.61	5.86	5846	1.93	50.31	1476	1.380
吉林	12.40	146.58	6.70	5955	1.92	44.23	223	1.145
黑龙江	68.17	81.04	7.67	6258	2.06	48.69	196	1.156
上海	—	3632.21	3.82	4094	2.74	62.37	3394	0.712
江苏	14.23	766.96	2.81	6543	3.81	32.59	5081	0.734
浙江	0.49	535.07	3.86	6415	5.62	24.67	1832	0.717
安徽	81.93	426.72	3.87	8208	8.34	23.34	303	0.969
福建	4.06	297.82	8.07	7172	2.44	21.75	1248	0.783
江西	6.74	267.27	5.17	7983	3.13	24.87	439	0.845
山东	77.56	610.31	3.48	6905	4.97	22.04	1245	1.025
河南	113.49	563.17	3.43	8972	4.25	18.84	379	1.115
湖北	3.30	308.12	5.86	7968	4.58	29.41	429	1.183
湖南	18.76	310.16	7.35	6403	2.67	22.00	324	1.170
广东	1.89	580.70	3.96	9635	1.96	27.42	4213	0.664
广西	7.74	195.09	8.80	7559	2.71	19.04	280	1.036
海南	0.90	256.34	7.95	8678	4.08	33.84	259	0.808
重庆	22.49	350.12	8.14	8483	4.30	33.80	349	1.127
四川	54.37	165.88	9.17	7703	5.44	24.47	544	1.275
贵州	118.46	197.56	11.27	8370	8.74	17.19	41	2.248
云南	62.47	116.80	13.53	7386	6.03	15.86	179	1.438
西藏	0.12	2.45	22.76	6976	24.42	14.41	5	1.276
陕西	119.89	181.49	7.31	9287	3.74	24.04	180	1.129
甘肃	58.05	56.34	5.06	9296	8.69	23.26	63	1.801
青海	16.22	7.80	10.84	7728	10.23	26.80	23	2.550
宁夏	54.03	95.33	7.16	9142	6.22	35.12	40	3.308
新疆	148.31	13.16	7.64	7897	2.36	39.19	52	—

资料来源：根据《中国统计年鉴2011》和各相关省（市、区）政府网站公布的省情概况整理。

(四) 省域经济不平衡发展与影响因素的相关分析

在对各主要指标的比较分析基础上，对2010年中国各省市区内经济发展不平衡及主要相关因素的指标值的测算结果统计于表4-11。

表4-11　　2010年中国各省（市、区）经济发展不平衡及主要相关因素测算结果

地区(2010年)	各省（市、区）各区县人均地区生产总值极差相对差（倍数）	各省（市、区）面积（平方公里）	各省（市、区）丘陵平原面积比重(%)	各省（市、区）区位优势（东、中、西部）	开放性程度［货物进出口总额（按经营单位所在地分）占地区生产总值比重%］	发达程度(第三产业占地区生产总值比重%)	各省（市、区）人均地区生产总值（元）	教育水平（每十万人在校中学生人数）(人)
变量标签	Imba	area	topo	loca	open	deve	pgdp	educ
北京	6.91	16707.8	38.2	45	135.32	75.1	75943	4129
天津	9.4	11919.7	93.9	45	56.34	46	72994	5002
河北	15.51	187700	51.9	40	13.05	34.9	28668	6792
山西	39.77	156700	19.9	30	8.65	37.1	26283	9482
内蒙古	27.28	1183000	25.7	30	4.73	36.1	47347	6945
辽宁	12.67	148000	40.5	40	27.68	37.1	42355	5846
吉林	4.45	187400	64	30	12.3	35.9	31599	5955
黑龙江	13.51	473000	72.8	30	15.58	37.2	27076	6258
上海	6.06	6340.5	100	50	136.05	57.3	76074	4094
江苏	12.56	102600	100	45	71.17	41.4	52840	6543
浙江	14.97	101800	29.6	45	57.89	43.5	51711	6415
安徽	17.07	139600	68.8	35	12.43	33.9	20888	8208
福建	7.69	124000	20	40	46.72	39.7	40025	7172
江西	14.76	166947	36.9	30	14.48	33	21253	7983
山东	18.4	157100	84.5	40	30.57	36.6	41106	6905
河南	9.5	167000	73.4	30	4.89	28.7	24446	8972
湖北	13.91	185900	44	32	10.28	37.9	27906	7968
湖南	17.81	211829	48.8	30	5.78	39.7	24719	6403
广东	58.63	179800	66.3	50	107.97	45	44736	9635
广西	6.45	236300	37.2	40	11.73	35.4	20219	7559
海南	2.82	33900	60.7	40	26.52	46.2	23831	8678

地区（2010年）	各省（市、区）各区县人均地区生产总值极差相对差（倍数）	各省（市、区）面积（平方公里）	各省（市、区）丘陵平原面积比重(%)	各省（市、区）区位优势（东、中、西部）	开放性程度[货物进出口总额（按经营单位所在地分）占地区生产总值比重%]	发达程度（第三产业占地区生产总值比重%）	各省（市、区）人均地区生产总值（元）	教育水平（每十万人在校中学生人数）（人）
重庆	9.67	82400	24.7	24	9.92	36.4	27596	8483
四川	13.98	485000	18.2	20	12.04	35.1	21182	7703
贵州	7.47	176100	7.5	20	4.33	47.3	13119	8370
云南	22.58	394000	6	20	11.77	40	15752	7386
西藏	9.51	1228400	1.2	10	10.43	54.2	17319	6976
陕西	19.29	205800	19	20	7.57	36.4	27133	9287
甘肃	58.03	454000	21.8	10	11.37	37.3	16113	9296
青海	57.7	722000	48.8	10	3.7	34.9	24115	7728
宁夏	12.45	66400	64.8	10	7.34	41.6	26860	9142
新疆	71.06	1660000	25	10	19.94	32.5	25034	7897

资料来源：根据《中国统计年鉴2011》、《中国区域经济统计年鉴（2011）》、各相关区县统计年鉴（2011）及其2010年统计公报、各相关省（市、区）政府网站公布的省情概况整理。

本项研究采用如下的回归方程：Imba = $\alpha_0 + \alpha_1 \cdot area + \alpha_2 \cdot topo + \alpha_3 \cdot loca + \alpha_4 \cdot open + \alpha_5 \cdot deve + \alpha_6 \cdot pgdp + \alpha_7 \cdot educ + u$ 对各省（市、区）内各区县发展不平衡（各省、市、区内各区县人均地区生产总值极差的相对差，即各区县人均地区生产总值的最大值与最小值的倍数）与各主要相关因素的关系进行回归分析，其中 Imba 为各省（市、区）内各区县发展不平衡指标，即各省、直辖市、自治区内各区县人均地区生产总值极差相对差（倍数）；area 为各省（市、区）的面积大小；topo 为各省（市、区）的地形地貌状况，即丘陵平原面积比重；loca 为各省（市、区）在交通和对外开放中的区位优势；open 为开放性程度（以货物进出口总额〈按经营单位所在地分〉占地区生产总值比重为代表）；deve 为发达程度（以第三产业占地区生产总值比重为代表）；pgdp 为各省（市、区）人均地区生产总值；educ 为教育水平（每十万人在校中学生人数）；采用 stata 统计软件进行统计分析，得到的回归结果见表4-12。

表4-12 中国各省（市、区）内各区县发展不平衡相关因素回归结果（2010年）

```
Reg Imba area topo loca open deve pgdp educ
```

					Number of obs =	31
Source	SS	df	MS		F (7, 23) =	6.60
Model	6421.89159	7	917.413084		Prob > F =	0.0002
Residual	3198.4776	23	139.064244		R-squared =	0.6675
Total	9620.36919	30	320.678973		Adj R-squared =	0.5663
					Root MSE =	11.793
Imba	Coef.	Std. Err.	t	P>|t|	[95% Conf.	Interval]
area	0.0000217	7.67e-06	2.83	0.010	5.81e-06	0.0000375
topo	-0.0281647	0.1071289	-0.26	0.795	-0.2497777	0.1934482
loca	-0.5744097	0.3265749	-1.76	0.092	-1.249981	0.101162
open	0.4541653	0.1542892	2.94	0.007	0.1349938	0.7733368
deve	-1.174358	0.4704454	-2.50	0.020	-2.147548	-0.2011672
pgdp	0.0001233	0.0002957	0.42	0.681	-.0004884	0.0007349
educ	0.0053809	0.0023658	2.27	0.033	0.0004869	0.0102749
_cons	22.15839	38.94471	0.57	0.575	-58.40488	102.7217

说明：P>|t|大于0.1表示不显著，小于0.1表示显著；Coef为正值表示正相关，为负值表示负相关。

表4-12的回归结果表明，各省（市、区）的面积大小与各省（市、区）内区县之间发展的不平衡呈正相关关系，即省域面积越大，省内区域间经济发展越不平衡，区县间发展差距越大；这个回归结果有力地支撑了本项研究提出的核心论点，这也就为中国行政区划的优化要求缩省增省提供了科学依据。教育发展水平（即每10万人在校中学生人数）与各省（市、区）域内区县经济发展不平衡呈正相关关系，即每10万人在校中学生人数越多，该省（市、区）内区县经济发展越不平衡。这有多方面的原因，每10万人在校中学生人数难以体现教育的高端发展水平，且在普及九年制义务教育的条件下，更多地反映了中小学生占总人口的比重等人口结构，而中小学人口比重越大，对当前的经济社会发展更意味着是发展的负担，可能在一定时期后才能显示人力资源的优势。且中小学生比重

越大，说明生育二胎、三胎的人口可能越多，按照当前中国的计划生育政策，海拔较高的山区的人口比重越大。开放性程度（以货物进出口总额〈按经营单位所在地分〉占地区生产总值比重为代表）与各省（市、区）域内区县经济发展不平衡呈正相关关系，一个地区开放性程度越高，进出口货物总额越高，越富裕；而省域内不发达地区或资源相对贫乏的地区的开放性程度就会越低，发展越落后，形成的反差就更大，导致省域内经济发展严重不平衡。各省（市、区）在交通和对外开放中的区位优势以及各省（市、区）的产业发达程度（以第三产业占地区生产总值比重为代表）分别与各省（市、区）域内区县经济发展不平衡呈负相关关系，也即交通区位越好、产业发达程度越高，该省（市、区）域内区县经济发展越平衡。省（市、区）的交通区位优势越明显，其区域内各区县在经济贸易、物流和资源流通等方面更具优势，更能获得较为均衡的发展。第三产业占地区生产总值的比重越大，说明产业结构越发达，二、三产业在各区县的分布相对可能越均衡，经济发展越协调。而各省（市、区）的地形地貌状况（即丘陵平原面积比重）以及各省（市、区）人均地区生产总值两项指标与各省（市、区）内区县之间发展的不平衡的相关关系不显著；地形地貌状况，包括丘陵平原以及山区等占土地面积的比重与经济发展的平衡性有很复杂的关系，平原丘陵适于发展农业，但农业附加值低，对GDP的贡献率小，但丘陵平原等地形地貌优越的地区交通便利、开发成本低，对外商投资有吸引力，对GDP的增长有利；山区不利于经济社会的发展，但山区往往拥有丰富的矿产资源，且山区人口稀少，人均GDP往往高于人口密集的以农业为主的地区。因此，地形地貌与经济发展的不平衡的关系不显著。各省（市、区）的人均GDP高低与各区县人均GDP之间的差距的相关关系不显著，也同样可以得到合理的解释。一定的省（市、区）的人均GDP即使很高，但其区县间的人均GDP的差距很大，广东就是典型的例子；区域间贫富差距巨大，发展不平衡严重。

四 结论

本节的定量研究有力地支撑了本项研究第三章第一节第二点提出的行政区划与区域协调发展的相关关系的基本观点，即总体上一定行政区域内的区域协调发展与该行政区域的管辖面积成负相关关系，一定行政区域的管辖面积过大，区域内发展差距加大，协调发展程度降低，因此，区域协调发展，尤其是省域内经济的协调发展必然要求行政区划的优化，缩小过大的省区，减少行政层级，增大管理幅度，减小省区的管辖面积。

第三节 案例分析——行政区划改革的成败论析

在对 31 个省（市、区）的规模（土地面积）大小与各省（市、区）的经济不平衡发展程度做了相关分析的基础上，本节将对重庆直辖市、海南省的建立和西康省的撤销对相应地区经济社会发展所带来的影响展开简要分析，从个案的角度对本项研究的基本假设进行验证。

一 重庆直辖步入经济社会发展快车道

1997 年八届全国人大五次会议决定设立重庆直辖市，掀开了重庆发展的新篇章。重庆直辖至 2007 年，重庆市经济年均增速超过 10%，人均地区生产总值增加 2 倍，地方财政收入增加 9 倍，城乡居民收入整体上增加 1 倍多，在西部地区的"龙头""窗口"和辐射作用日益显现。[①] 中共重庆市委第三届四次全委会报告也指出，15 年来，重庆基本构建起规范高效的直辖市管理体制，经济实力显著增强，圆满完成三峡库区百万移民搬迁任务，国有企业、非公有制经济长足发展，交通、通信、能源、水利等基础设施以及城镇化和新农村建设步伐加快，内陆开放格局基本形成，人民生活水平显著提高。可以说，直辖以来的 15 年，是重庆历史上人民群众受益最多、城乡面貌变化最大、综合实力提升最快的时期。[②] 重庆市情的"特殊"表现在三个方面：一是"直辖市的体制，中等省的规模"、重庆辖区面积 8.2 万平方公里，是京、津、沪三个直辖市总面积的两倍多，直接管辖的行政单位达 40 个，为中国之最。二是大城市大农村并存，二元结构矛盾突出。重庆有 80% 的人口在农村，直辖之初的农村贫困人口高达 366 万。三是集大农村、大山区、大库区、大城市于一体，城乡区域差距很大，地区间经济社会发展水平差异很大。早在 1985 年初，邓小

[①] 刘亢、黄豁：《重庆直辖十年观察》，《瞭望》2007 年第 25 期。

[②] 张德江：《深入贯彻落实科学发展观 为在西部率先实现全面建设小康社会目标而奋斗——在中国共产党重庆市委第三届第四次代表大会上的报告》，《重庆日报》2012 年 6 月 25 日第 1 版。

平曾提出:"四川太大,不便管理,可考虑划为两个部分,一个以成都为中心,一个以重庆为中心。"1997年,重庆建立直辖市。直辖前,重庆的管理层次为"省—地(市)—区县—区公所(区公委)—乡镇"五级,管理层次多,新划归重庆的一些地区党政机关和事业单位超编,有些新划入的区县甚至超编50%。直辖后,通过两次大的行政管理体制调整,重庆的管理层次减少到"市—区县—乡镇"三级,取消了地市级中间管理层次,实现了行政管理的"扁平化",不仅减少了行政成本,也将政策执行层级递减规律的影响降到最低。

王贤彬、聂海峰采用项目评价(Program Evaluation)文献中最新出现的合成控制法(Synthetic Control Methods)估计了大四川行政区划调整对大四川地区经济增长的影响。研究表明,行政区划调整对大四川地区的经济增长有一定的促进作用,这一促进作用主要体现在重庆地区,而对新四川地区的经济增长没有影响。王贤彬、聂海峰从行政分权、财政分权、地方官员政治激励与地区竞争等方面对此进行了解释。一是行政区划调整必然改变相关地方政府的权力范围以及地方政府间竞争格局,从而影响经济增长。二是行政区划调整改变相关地方官员所面临的激励和约束,从而影响到地区经济增长。三是行政区划调整影响市场范围大小,从而对一个地区的经济增长具有举足轻重的作用。他们的研究结果表明,这种促进作用在统计上具有显著性,在时间上具有持续性。在考虑了中央的优惠政策与资金输入支持后,重庆行政区划升格的经济增长促进效应仍然存在。可见,行政区划的优化对一个地区经济增长的影响作用是何其重要。①

应该说重庆直辖后,中央给予重庆的高度重视、特殊政策与资金支持,本身也是行政区划调整所带来的直接效益,也正是本项研究所持的要推进行政区划优化来促进各区域经济社会文化协调发展的一个重要原因。尤其在中国中央集权的单一制国家结构形式下,中央掌握和支配着大量的各种资源,通过行政区划的调整提高中央在各地区之间配置资源的公平性以及通过减少行政层级和管理半径提高中央在各地区之间配置资源的有效性——分配效率及经济社会效益,本身就是推动各区域经济社会协调发展的重要手段和途径。

---

① 王贤彬、聂海峰:《行政区划调整与经济增长》,《管理世界》2010年第4期。

重庆直辖所带来的经济社会发展效应是明显的。1996年重庆GDP仅1315亿元，人均GDP为4574元，低于中国平均水平；2011年GDP增长16.4%，位居中国第一，总量过了万亿元，人均GDP为5400美元，赶上中国平均水平。财政总收入接近3000亿元，年均增长超过30%。重庆用投资增量改善了汽车摩托车、装备制造、资源加工、电子工业、能源产业和劳动密集型工业"六大支柱"产业体系。城市居民和农村居民收入分别达到11570元和2874元，年均增长8.7%和6.9%。人均GDP从550美元增至1749美元。[①]

可见行政区划调整对一个地方经济社会的快速发展以及促进一个地区与其他地区的平衡发展有着明显的作用。

二 海南建省推动国际旅游岛快速发展

1988年4月13日，第七届全国人民代表大会一次会议，通过了《关于设立海南省的决定》和《关于建立海南经济特区的决议》。1988年建省办经济特区以来，海南全省地区生产总值从改革开放初期1978年的25.17亿元增长达到1987年的57.28亿元，10年时间增长了2.28倍，但从海南建省开始，经济快速增长，1988年全省地区生产总值增长到77亿元[②]，到2009年全省地区生产总值增长到1646.6亿元，按可比价计算，增长25.2倍，年均增长11.1%。[③] 其中第一、第二、第三产业分别由28.63亿元、10.91亿元、17.74亿元增长到382.24亿元、363.96亿元和483.23亿元，分别为1987年的13倍、33倍和27倍。2007年海南地方财政收入152.42亿元，为1987年的50倍。累计全省社会固定资产投资总额达4085.94亿元，是建省办经济特区前38年投资总和的34.8倍，交通、通讯、电力等基础设施不断完善。20年来，海南城市发展迅速。2007年，全省城镇人口占总人口比重由1987年的16.6%上升到47.2%。海口市作为省会城市已经从一个滨海小城市发展成为一个现代化程度较高的外向型的中等省会城市，三亚市由一个贫穷落后的小渔村发展成为了具

---

① 《重庆直辖15年实体经济飞速发展》，新华网．重庆频道2012年6月17日。
② 2012-03-08，http://xxw3441.blog.163.com/blog/static/7538362420122851557400/。
③ 海南省统计局：《海南解放60年：经济社会发展取得显著成就》，《海南日报》2010年5月1日。

有一定规模、具有较大影响和知名度的国际化热带滨海旅游城市，加积、文城等一批城镇建成面积迅速扩大，田独镇、凤凰镇、博鳌镇等一批环境优美、独具特色的小城镇正在崛起，以各种形式走向世界。①

三　撤销西康省川西藏区更趋边缘化

西康省，简称"康"，为中华民国的一省，延续清朝制度所设置的22省之一，设置于民国二十八年（1939）。1950年4月26日成立西康省人民政府，省府驻地雅安市，省主席廖志高，全省分设康定、雅安、西昌等3个专区。所辖地主要为现在的四川甘孜藏族自治州、凉山彝族自治州、攀枝花市、雅安市及西藏东部昌都地区、林芝地区等，基本相当于藏文化中的康区，多数地区是以藏族为主的少数民族聚居地。民歌《康定情歌》说的就是这一地区。后于1955年废止该省。撤销西康省更多是因为民族融合和政治稳定等目的，而西康省的撤销对原西康省所在区域的经济社会文化的发展带来了不利的影响。可以设想，如果西康省仍然存在，作为一个省级行政单位，有自己的省级政治经济文化中心的社会效应和吸引力，有中央财政的直接投入和大力扶持，该地区的经济社会文化发展肯定超过当前的状况。

四　重庆市"万盛事件"折射撤并区县教训

2012年4月10日，重庆万盛区发生群众聚集事件。发生聚集是因为重庆万盛区和綦江县合并为綦江区后，引发当地群众利益诉求，并希望"复区"。2011年10月27日，重庆市三届人大常委会第二十七次会议审议并通过了《重庆市人民代表大会常务委员会关于设立綦江区、大足区有关问题的决定》。经国务院批准，撤销万盛区和綦江县，设立綦江区；撤销双桥区和大足县，设立大足区。根据表决通过的"决定"，为确保万盛区、双桥区、綦江县、大足县行政区划调整工作顺利进行，分别成立綦江区和大足区第一届人民代表大会筹备组，筹备组分别负责綦江区和大足区第一届人民代表大会的有关筹备事宜，主持綦江区和大足区第一届人民代表大会代表的选举，召集綦江区和大足区第一届人民代表大会第一次会

---

① 罗海平、钟坚：《海南经济特区20年的审视与展望》，《经济前沿》2008年第9期。

议。行政区划调整后,綦江区所辖行政区域内 2010 年底的户籍人口达到了 121 万,大足区所辖行政区域内 2010 年底的户籍人口达到了 101 万。① 2011 年 10 月重庆万盛区和綦江县合并为綦江区,原万盛区所在地的群众主要担心合并后原万盛区的经济社会发展会萧条。② 事件发生后,2012 年 4 月 13 日,市政府新闻发言人接受记者采访,并叙述了事件起因、经过,及市政府对该事件的态度和处理方法。对群众的合理诉求,市政府十分重视,并积极予以解决。③

作为同一次区划调整的双桥区所在地的居民没有产生万盛区所在地居民如此强烈的反响,究其原因,与其本身行政区划的规模、经济社会发展的现状有关。双桥区与万盛区相比,人口规模和土地面积小得多,完全不足以形成一个区的规模(见表 4-13)。另外,万盛区作为重庆市重要的煤炭能源基地,于 1955 年建置,经过多年的开发已经属于资源枯竭城市,而双桥区是以重汽红岩等汽车及零部件为主导产业的新兴工业区,双桥区对行政中心的依赖明显不如万盛区对行政中心的依赖强烈。可见,万盛区居民对在中国现行体制下行政区划调整所造成的行政中心地位的丧失所可能会为本地区经济社会文化的发展所带来的不利影响有着深刻的认识。而双桥区即使丧失了行政中心的地位,仍然有汽车等产业支撑,因此对行政中心的依赖性要相对低些,加之双桥区只有 5 万人口和 37 平方公里的土地面积,要承担一级区委政府等相关机构的行政成本,行政效率和效益太低,因此,双桥区并入大足区具有科学合理性。而万盛区的人口和土地面积(见表 4-13)基本具备一个区的条件,又加之资源枯竭,如果将其并入綦江区,成为綦江区的下属单位,在原万盛区的上面增加了行政层级,行政效率及获得上级行政资源投入都会受到不利影响,因此,将万盛区并入綦江区即不符合当地居民的意愿,也不符合行政区划调整的科学合理性。

---

① 《万盛綦江合并设綦江区双桥大足合并设大足区》,《重庆晨报》2011 年 10 月 28 日。
② 龙新:《重庆市政府回应万盛群众聚集事件》,人民网,2012 年 4 月 11 日。
③ 徐冬儿:《重庆出台 8 条政策支持万盛经开区发展解决撤区后相关问题》,人民网,2012 年 4 月 11 日。

表 4-13　　　重庆市 2011 年行政区划调整相关区县比较

区　县	地区生产总值（万元）	年末总人口（户籍统计）（万人）	土地面积（平方公里）
万盛区	492747	26.86	566
双桥区	400262	5.09	37
綦江县	1672786	94.52	2182
大足县	1450067	96.64	1390

资料来源：《重庆统计年鉴 2011》《重庆统计年鉴 2000》，重庆统计信息网。

五　研究结论

从重庆直辖、海南建省、西康省的撤销和万盛区的合并等四个案例的分析中不难发现，只要能保证行政区域能达到一定级别行政区划的基本规模，宜分不宜合，撤销行政区对该区域的经济社会发展极其不利；而一定级别的行政区划的规模过大，在远离原行政中心的区域增设平行的行政单位培育新的行政中心，在单一制国家结构形式和以行政体为主的地方政府体系下，对远离原行政中心的这些区域的经济社会发展有明显的促进作用。

本章小结

本章从中国现行行政区划存在的主要问题及其影响因素的分析、行政区划对经济社会发展的影响的实证分析和新中国成立后行政区划调整的典型案例的分析中对第二、三章所提出的理论分析框架进行了实证检验。可以看出，中国行政区划的形成主要受行政价值取向、权力组织结构、管理或治理方式、职能模式等因素的深刻影响和制约，而经济社会全面协调可持续发展对行政区划的功能效用提出了更高要求，管理（治理）方式、权力结构和职能模式的逐步转变既对行政区划的优化提出了要求又提供了条件；通过对各省（市、区）规模与各省（市、区）经济发展平衡性的相关分析发现，省域规模与省域平衡发展呈负相关关系，这就要求我们要适当划小省级行政区域面积，增加省级行政区域数量；通过典型案例分析发现，对超过发展幅度的行政区域面积划小、增加平行行政区域有利于经济社会的发展，而合并超过发展幅度的行政区域，既不利于当地经济社会的发展，也不符合当地居民的愿望。

根据本项研究理论分析框架价值目标、制约要素和推动要素与行政区划的相关关系所提出的优化要求，针对本章的研究发现和中国行政区划的突出问题，包括中国行政区划的省区范围偏大，管理幅度偏小；管理层次过多，行政效率低下；省域面积越大，省内区域间经济发展越不平衡，区县间发展差距越大；对超过发展幅度的行政区域面积划小、增加平行行政区域有利于经济社会的发展；合并超过发展幅度的行政区域，既不利于当地经济社会的发展，也不符合当地居民的愿望；中国行政区划优化的基本思路应该是缩小过大面积的省区、增加省级行政区划数量、增大中央政府和省级政府的管理幅度、撤销地（市）级管理层级、实现省直接管理县级政府。

第五章 比较与借鉴：若干主要国家行政区划现状及影响因素考察

通过对若干主要国家行政区划的现状及影响因素的考察和比较，既在一定程度上验证了本项研究提出的理论分析框架和理论假设，又为中国行政区划的优化提供了诸多启示和可资借鉴的经验。

第一节 若干主要国家行政区划现状比较

本项研究主要根据国土面积的大小、经济发达的程度、国际影响力的大小以及该国行政区划可能对中国行政区划优化的启示意义等因素综合考虑，选择了22个有代表性的国家，对其行政区划的现状做一详细考察。

一 若干主要国家的选取标准

因历史发展、地理环境、民族构成、政治制度等的深刻影响，基于国土面积大小对行政管理的需要考虑，各主要国家的行政层级和各层级政府的管理幅度和管辖面积存在显著差异。本项研究在选取这些主要国家作为比较研究的对象时，主要考虑了经济发展情况、国土面积大小和影响力等因素，同时也考虑了该国相关资料的收集难度。

（一）经济社会的发展阶段

在对比较研究对象进行选取时首先考虑了该国的经济社会发展阶段，既要选取发达国家，又要选取发展中国家，发达国家本身有很多成功的经验值得后发展中国家学习，因此，在比较研究对象的选取中，重点考察了发达国家。而中国作为一个发展中国家，选取同一发展阶段的国家与中国作比较，有利于排除经济社会发展阶段这个影响因子对有关国家行政区划的发展规律的影响因素的研究干扰。同时，将发展中国家与发达国家进行比较研究，也更能发现一个国家的行政区划的发展变化趋势和规律。从统计学的角度，选取的样本应该尽可能具有代表性。因此，本项研究选取了加拿大、美国、澳大利亚、土耳其、法国、西班牙、瑞典、日本、德国、意大利、英国、希腊等 12 个发达国家，选取了俄罗斯、中国、巴西、印度、阿根廷、沙特阿拉伯、墨西哥、印度尼西亚、埃及、智利等 10 个发展中国家展开比较研究。

(二) 国土面积

对行政区划的研究，国土面积较大更具有研究价值。尤其中国是一个国土面积很大的国家，研究国土面积较大的国家，更具有比较的价值。因此，在国土面积上排在全世界最前面的八个国家都被选取作为研究的样本。紧接着排在之后的几个国土面积较大的国家都是非洲的国家，虽然面积很大，但因这些国家的发展阶段太过落后，考虑到研究的借鉴意义不大，就没有被选取。在面积较小的国家中的选取主要是考虑其是发达国家且面积又不能过小，具有一定的研究价值，因此所选国家最小的是发达国家希腊，其面积为 13.2 万平方公里。被选取的发展中国家面积最小的是智利，其国土面积是 75.7 万平方公里。考虑到面积更小的发展中国家与中国的比较意义不太强，就不再选取。

(三) 国际影响力

在同是发展中国家且面积也较大的这些国家的选取中，主要考虑的是其相对发达程度及其在国际上的影响力，一个基本的判断标准是在我们的日常生活、工作和研究中的熟悉度。在国土面积小于智利的国土面积的国家中，都是选择的发达国家，并且只有芬兰、新西兰等少数发达国家未被选取。新加坡等国土面积太小，对行政区划的研究意义不大。

二 若干主要国家行政区划现状比较

根据现有文献资料统计整理 22 个国家的行政管理层级和管理幅度的相关数据，见表 5-1。现就 22 个国家行政区划的管理层级和管理幅度作一比较。

(一) 政府管理层级比较

表 5-1 显示，在所选的 22 个国家中，行政层级最多的是中国、印度、埃及、印度尼西亚等国家，各有四级或五级地方政府设置（包含联邦成员政府），且这些国家都有一个共同的特征——发展中国家。法国虽然有五级政府，但其省级行政区划下的专区和县并不是一级完整的政府，

不是严格意义上的一级行政区划，专区实际上是对省级的辅佐，县是司法和选举的载体。实际上是政府职能分化的一种体现，尽管如此，就目前法国的行政区划而言，已引起很多争议，实质上有冗赘之虞的划分制度，向来引发关于重新划分的讨论。在这些国家中，中国和印度尼西亚等两个国家是以四级行政区划为主，中国的地级虽然是作为省级的派出机关，但在大多数省区，地级市或专区具有人权和财权的实际掌控权力，无疑是具有实权的一级行政区划。在22个国家中，有12个国家是以三级行政区划为主或就是三级行政区划，有6个国家是二级行政区划。在全世界面积最大的6个国家中，只有中国行政区划层级最多，其他5个国家要么是三级要么是两级行政区划。总之，在22个国家的比较中，中国的行政层级明显偏多。可见，可以适当减少中国的行政区划层级。

(二) 政府管理幅度比较

本项研究的管理幅度是指一级政区所管理或管辖的下一级政区的数量。在所选择的22个国家中，一级政区最多的是俄罗斯，联邦政府下辖83个一级政区，最小的是英国，管理幅度是4个一级政区，平均是29个一级政区；在面积最大的6个国家中，一级政区的平均数是36个，而中国只有34个，相对美国和俄罗斯这些面积相近的国家而言，中国一级政区的数量偏少，更何况中国的人口规模大大高于其他国家。一级政区的平均管理幅度最大的是巴西，管理幅度是206个二级行政区，一级政区的平均管理幅度最小的是3个二级行政区，一级政区的平均管理幅度的均值是35.3个二级行政区。在现有资料中一级政区管理幅度最大的是墨西哥的瓦哈卡州，下辖570个自治区；其次是美国的得克萨斯州，下辖254个县。而中国一级政区的平均管理幅度只有12.8个二级行政区，相对绝大多数国家而言，是很小的。在现有资料中，二级政区的平均管理幅度最大的西班牙是160个三级行政区划，而中国的二级政区平均管理幅度只有8.28个三级政区，相对多数国家而言是很小的（见表5-1）。

总之，与22个国家中的多数国家相比，中国无论中央政府的管理幅度、一级政区政府的管理幅度还是二级政区政府的管理幅度都明显偏小，可以适当扩大各级政府的管理幅度。

表 5-1　　　　世界主要国家行政区划层级、管理幅度比较

国家/ 国土面积 （km²）	一级政 区数	二级政 区数	三级政 区数	四级政 区数	五级政 区数	一级政区管理幅度（个： 区/县/郡/地区）			二级政区平均 管理幅度（个： 市/区/镇）
						最大	最小	平均	
俄罗斯 1709.8	83 国州	2222 区	25730 市镇村	—	—	92	1	26.8	11.6
加拿大 998.5	13 省区	221 行政地区	县市镇区	—	—	50	2	17	
中国 960.0	34 省区市	332 地	2853 县	40466 乡镇				12.8	8.28
美国 983.2	51 州	3162 郡县区	64400 乡镇村	—		254	3	62	20.4
巴西 851.5	27 州	5562 市	—	—				206	
澳大利亚 774.1	8 州	565 区	—	—		152	17	71	
印度 328.7	35 邦区	70 专区 （部分）	593 县	5454 乡（市）	634321 村（镇）			16.9	9.2
阿根廷 278.0	24 省区	510 郡县						21.3	
沙特阿拉伯 225	13 地区	县	乡	—	—				
墨西哥 196.4	32 州	2451 自治区	镇村	—	—	570	5	76.6	
印度尼西亚 190.5	34 省区	410 县市	3844 乡	65852 村镇	—			12.1	9.38
埃及 100.2	27 省	1166 县	市	区	村	75	11	43.2	
土耳其 78.4	81 省	600 县	36000 乡村	—				7.4	60
智利 75.7	15 地区	51 省	341 市					3.4	6.69
法国 54.9	22 大区	96 省	329 区（辅）	3879 县（司）	36568 市镇			4.36	3.43
西班牙 50.6	17 自治区	50 省	8000 多市镇	—		9	1	2.9	160
瑞典 45.0	21 省	279 市						13.3	
日本 37.8	47 都道府县	403 郡（虚级）	1829 市町村	—		64	1	38.9	
德国 35.7	16 州	22 地区 （少数州设）	520 县市	14808 乡镇	—	102	5	32.5	36.7
意大利 30.1	20 大区	110 省	8092 市（镇）					5.5	73.6

续表

国家/国土面积（万km²）	一级政区数	二级政区数	三级政区数	四级政区数	五级政区数	一级政区管理幅度（个：区/县/郡/地区）最大	最小	平均	二级政区平均管理幅度（个：市/区/镇）
英国 24.4	4	197 郡	市镇区	—	—	107	22	49.3	
希腊 13.2	13 大区	325 市镇	—	—	—			25	

资料来源：世界政区—行政区划网，2013年1月；《中国统计年鉴2012》，2013年1月；维基百科，2013年2月；百度百科，2013年2月；新华网，2013年2月，等等。

（三）政区管辖面积比较

表5-2显示，在所选择的22个国家中，面积最大的一级政区在俄罗斯，是310.32万平方公里，面积最小的一级政区在中国，只有0.0021万平方公里，这会拉低中国一级政区面积的平均数。一级政区平均面积最大的国家是澳大利亚，是96.29万平方公里，其次是加拿大，是76.81平方公里，但这两个国家的人口稀少，总人口非常少，澳大利亚全国只有1896.96万人，加拿大全国只有3161.29万人。与俄罗斯和美国比较，中国一级政区的面积显著偏大。中国一级政区的平均面积排在22个国家的第4位，而排在中国之前的澳大利亚、加拿大和巴西的总人口都远远低于中国的总人口。总人口排在第2位的印度的一级政区的平均面积只有9.04万平方公里，不及中国一级政区平均面积的1/3。中国的二级政区平均面积排在22个国家的第2位，仅仅低于加拿大，而中国的人口规模和密度远远高于加拿大及其他国家。总之，与22个国家中的大多数国家相比，中国一级政区和二级政区的管辖面积都过大，可以通过行政区划的优化增加政府管理幅度，减小政区管辖面积，减少政府管理层级。

表5-2　　　　世界主要国家行政区域管辖面积比较

国家	总人口（万人）	国土面积（万km²）	一级政区数量（个：州/省/区/道/市）	一级政区面积（km²）最大	最小	中位数	平均	二级政区平均面积（km²）
俄罗斯	14518.19	1709.8	83	310.32	0.375	7.1	20.09	7685
加拿大	3161.29	998.5	13	225.44	0.57	65.19	76.81	45180

续表

国家	总人口（万人）	国土面积（万 km²）	一级政区数量（个）：州/省/区/道/市	一级政区面积（km²）最大	一级政区面积（km²）最小	一级政区面积（km²）中位数	一级政区面积（km²）平均	二级政区平均面积（km²）
中国	132466	960.0	34	164.69	0.0021	16.6	28.27	28950
美国	30875	983.2	51	153.07	0.0179	14.58	18.69	3045
巴西	19237.65	851.5	27	157.09	0.58	22.41	31.52	1531
澳大利亚	1896.96	774.1	8	253.24	0.23	89.33	96.29	13483
印度	121019.34	328.7	35	34.22	0.0032	5.11	9.04	5340
阿根廷	3622.39	278.0	24	30.76	0.02	9.69	11.59	5451
沙特阿拉伯	2837.6	225	13	67.25	0.99	11.18	16.54	
墨西哥	11391.06	196.4	32	24.49	0.148	5.91	6.10	805
印度尼西亚	23742.4	190.5	34	25.01	0.066	4.29	5.73	4645
埃及	8194.10	100.2	27	37.65	0.0055	0.19	3.70	858
土耳其	7472.43	78.4	81	4.0824	0.0403	0.80	0.97	1292
智利	1740.26	75.7	15	13.23	1.5403	3.71	5.04	14843
法国	6386	54.9	22	4.53	0.83	2.57	2.51	5750
西班牙	4719.05	50.6	19	9.42	0.4992	1.13	2.97	10120
瑞典	941.53	45.0	21	9.89	0.2941	1.06	1.96	1613
日本	12665.97	37.8	47	8.35	0.186	0.576	0.79	206
德国	8180	35.7	16	7.05	0.0404	2.08	2.23	687
意大利	6081.33	30.1	20	2.57	0.3263	1.43	1.51	2736
英国	6226.2	24.4	4	13.04	1.41	4.98	6.10	1244
希腊	990.33	13.2	13	1.88	0.23	0.95	1.01	406

资料来源：中华人民共和国国家统计局：《中国统计年鉴2014》，中国统计出版社2014年版，第923页；世界政区—行政区划网，2013年1月；《中国统计年鉴2012》，2013年1月；维基百科，2013年2月；百度百科，2013年2月；新华网，2013年2月，等等。

三 结论

通过表5-1、表5-2、表5-3的数据反映和前述分析发现，与22个国家中的绝大多数国家相比而言：一是中国的行政层级明显偏多。大多数国家是三级行政区划（12/22），部分国家是二级行政区划（6/22），极少数国家是四级或五级行政区划（4/22），或以其为主。刘君德等主编的

《中外行政区划比较研究》对世界上 191 个国家的行政区划层级划分的统计显示，行政区划为四级及以上的国家仅占 11%；三级的国家占 35.6%；二级的国家占 31.4%；一级的国家占 16.8%；无级别的国家占 5.2%。二是中国从中央到地方各级政府的管理幅度明显偏小。无论中央政府管理的省级政区数量、一级政区政府管理的地级政区数量还是二级政区政府管理的县市级政区数量都明显偏小。三是中国一级政区和二级政区的管辖面积都过大。因此，可以通过行政区划的优化减小一、二级政区的管辖面积，增加各级政府管理下级政区的数量，扩大管理幅度，从而减少政府管理层级，促进行政区划的优化。四是在行政区划的管理层级上，多数发达国家的管理层级明显少于（极少数国家至少也不多于）发展中国家的管理层级；但在管理幅度和管辖面积上，未能发现发达国家与发展中国家有显著的差异。本节从国际层面的横向比较中得出的结论有力地支撑了本项研究第三章、第四章得出的中国需要缩小省区管辖面积、增加省区市数量，撤销地级政区从而减少管理层级，增大中央政府和省级政府的管理幅度的观点和结论。

第二节　若干主要国家行政区划形成的主要影响因素分析

　　一个国家的行政区划受特定的历史和地理条件所制约，尤其受其民族、政治、经济等方面的历史条件的深刻影响。本节选取世界上具有代表性和影响力的一些单一制国家英国、法国、日本和联邦制国家美国、俄罗斯等，对其行政区划的形成因素等做简要梳理和分析，从中探寻制约或影响行政区划的主要因素，从而对本项研究理论篇中的相关理论进行初步的实证检验。

一　国家发展历史对行政区划的深刻影响

　　一个国家的发展历史，包括其民族发展史、经济发展史、建国史等，对其行政区划的形成、发展产生着重要影响。本节以美国等国家为例作简要分析。

（一）新大陆移民史使美国行政区划体现理性主义特征

从 1620 年 9—12 月英国"五月花"号船载着 102 名清教徒移民抵达

北美的普利茅斯进行殖民活动开始起算，美国的历史还不足400年。因此，美国的政治经济社会的发展，包括行政区划的发展都较少受到所谓的悠久的文化历史的制约和不利影响，没有所谓的"路径依赖"，至少不强烈。这也就给美国各方面的发展奠定了轻装上阵的条件。在较少受历史和文化传统的约束的优势下，美国的行政区域的划分就如同其建国初政治制度的建构一样，可以充分发挥人的理性的作用，从而使其行政区划体制处处彰显人的理性的烙印。1875年美国颁布的土地法令将中西部地区的土地按照棋盘形格局划分成一个一个的小方格——农场、乡镇和城市，这些小方格再一个一个地组合成县和州，缘于此，美国版图除了阿拉斯加州和夏威夷州以外，其余48个州的州界线，甚至城镇之间的界线，很多都是笔直的。美国行政区划疆域的划分充分体现了理性主义对美国思想的深刻影响。

（二）多民族融合发展史使加拿大行政区划的民族性特征突出

加拿大同美国一样，在欧洲移民还没有来到时，主要居民是印第安人和因纽特人，过着一种原始部落的生活，没有行政区划。在欧洲殖民者来到加拿大后，1608年，殖民者在圣劳伦斯河谷的魁北克建立城市，成为北美大陆的殖民统治中心。法国殖民者最初占领的是大西洋沿岸的一些地区，后来逐步向西扩展，扩大到了圣劳伦斯河流域，再沿此向西南呈扇形扩张，最后一直到五大湖，经密西西比河延伸到墨西哥湾。英法战争后法国丧失了加拿大和密西西比河以东的领土，在魁北克地区建立了魁北克省。这是法国人聚集的政区，保持了法兰西文化传统和民族特征，是除法国外最大的法语区。美国独立战争爆发后，大量英国人涌入加拿大，又加上后来一些人移民加拿大，逐渐地英国人在加拿大总人口中占了优势，并对加拿大政治、文化、经济产生了很大的影响。英国人和法国人两大民族逐渐产生了对立。1791年，英议会决定将加拿大一分为二，以渥太华为界，圣劳伦斯上游为上加拿大，下游为下加拿大，上加拿大以英裔为主，采取英国制度。下加拿大以法裔为主，沿用以前的制度。英法两种制度在加拿大同时存在。1792年，加拿大正式设置市镇建制。1841年英国议会将上、下加拿大省合并成立加拿大省（Province of Canada），1864年通过《魁北克决议案》，加拿大开始实行联邦制。1867年，英属北美的四个殖民地以联邦形式结合在一起，构成了现代加拿大的基础。随后，其他英属北美殖民地陆续加入联邦，形成了如今加拿大的领土范围。至第二次世界大战前，加拿大的国土已经扩大到太平洋沿岸，全国设立了9个省、2个地区，下设4300多个郡、市、乡镇。1949年，英国移交的纽芬兰岛成为联邦政府的第10个省。① 加拿大立国初期的官方全名为加拿大自治领，但从1930年代起，联邦政府就停止使用全称。1967年，英国正式放弃"加拿大自治领"的称号，"Canada"成为官方国名。加拿大以英裔和法裔为民族的主体，英裔占总人口的45%，法裔占29%，全国有2/3的居民讲英语，1/4的居民讲法语。英法两大民族长期以来积怨很深。为解决民族问题，加拿大在行政区划上划出了魁北克省，作为加拿大的一个法语区和法裔居住区，并且给予魁北克省一些特权。这虽然在一定程度上缓解了民族矛盾，但是法裔和英裔之间也因这种行政区划而各自居住在不同的地区，两者之间因缺乏有效的交流和沟通，还是没有从根本上解决民族问题。②

1999年4月1日设立的努纳武特地区是因纽特人经过20多年的努力达成的结果。在新的地区人口中，因纽特人是主体民族，政府也由因纽特人管理，工作语言是因纽特语。此前，在西北地区由26000多名因纽特人，分布在1171918平方公里的广袤土地上，整个西北地区地广人稀，而且因纽特人是加拿大的土著居民，有自己独特的文化、语言、习俗传统，他们需要建立一个有自己的宪法的民族区域，需要有适合该地区管理的地方政府。努纳武特地区的设立有利于加强地方管理和自治，有利于因纽特独特文化传统的发展和延续，同时也体现了加拿大政府对少数民族的尊重。③

（三）德国地方分立史决定了德国联邦制结构形式

德国联邦制由来已久。早在1000多年前，德国境内共有大小公国、侯国、王国、自由市和教区1700多个，可谓"遍地诸侯寸土国"。各小邦国独霸一方，各自称雄。1806年，德意志帝国土崩瓦解，法国占领莱茵河左岸，进行了大规模的"土地重划"。其中16个邦国、公国结成"莱茵联邦"。1815年，莱茵联邦解散，成立德意志联邦。1866年，3个

---

① 侯景新、浦善新、肖金成：《行政区划与区域管理》，中国人民大学出版社2006年版，第243页。

② 同上书，第245页。

③ 同上书，第244页。

自由市和21个北德意志邦建立联邦制国家。1871年德意志帝国成立。德国的地方分立史在一定程度上决定了州以下的地方政府各不相同。① 高度分立的各个公国、邦国的分分合合的历史为德国联邦制结构形式奠定了历史和传统文化的基础。

(四) 东西方文化综合影响使日本形成央地相对分权的建制模式

日本作为中国的邻国之一,由于受到中国汉代和唐代鼎盛时期的文化影响,其封建历史文化以及古代的行政建制都与中国有着极大的相似性。

大约在公元纪年前后近百年间,日本产生了众多政区单元。公元5世纪,大和国统一日本。公元6世纪,按照唐制进行改革,建立了中央集权体制,将全国划分为八大区域,称为"道",道下划分为68国。1185年,全国被重新划分为300个藩,藩下设郡、乡。由于幕府是按分割和世袭身份制的原则进行统治,日本地方是百藩林立、各自为政的割据局面。1868年日本明治维新以后颁布的政体书规定,改幕府体制为府、县、藩三级体制,打破原行政界限,全国划为273藩、20县、9府。1871年全国采取府县两制制度。1878年的《郡区町村编成法》《府县令法则》和《地方税规则》,确立了日本近代行政区划体系和地方制度。在1890年颁布实施府县制和郡制。市町村是基层的地方公共团体。1911年建立新的市町村制,明确规定市町村的法人资格,市町村的自主权进一步扩大。府县制也不断扩大自治权。第二次世界大战期间,日本削弱乃至取消地方自治权等措施。1943年府县制、市町村制的修改使各都道府县的知事全由内务省任免,地方自治陷于崩溃。1946年重又提高了地方的自治权。从法律角度看,都道府县市町村都是平等的地方公共团体,市町村有独立的财政和议会,具有公法人地位。日本的省级行政机关直接治理市町村。日本在保持两级地方政府层级的基础上,继续合并地方基层政府,以减少财政负担,提高公共行政效率。② 可见,日本具有中央集权的历史,也具有地方割据的阶段,后来受西方政治文化的影响,逐步走向自治,日本建立起中央和地方相对分权的治理结构。

---

① 滕卉荣:《域外县的沿革:德国》,《中国县域经济报》2010年4月26日。
② 滕卉荣:《域外县的沿革:日本》,《中国县域经济报》2010年4月19日。

二 国家结构形式和地方政府体系对行政区划的深刻影响

国家的结构形式和地方政府体系决定了各级地方政府（包括联邦成员）在整个国家权力体系中的地位及其独立自主性，这就直接影响着各级行政区域的设置。

（一）联邦制使美国行政区划呈现多样化的特征

美国分设 50 个州和一个哥伦比亚特区，下辖县、市，县市以下为基层地方政府乡镇，行政区划为准三级制，有的县、市下不设乡镇。每一种类型的地方政府不仅组织形式、领导体制及职权和地位都可能有所不同，行政单位名称也千差万别。

州具有很强的独立性。各州拥有地方政府的设置权。地方政府分为县、市、镇、村和特别行政区等。各州决定地方政府县、市、镇、村和特别行政区的建制、职权、组织机构。地方政府的权力由各州政府授予，享有一定的自治权。地方政府的主要职责是管理供水、治安、教育、娱乐、消防、公用事业等与居民直接相关的公共服务事务。由于各州的地方建制、组织机构等都没有统一的模式，甚至一个州内也不完全相同。联邦、州、地方（市、县）三级政府各有独立的财税体制和法律，有明确的收入和支出范围。联邦政府通过税收协调和财政援助来加强宏观调控，州政府以提供资金援助作为控制地方政府的主要手段。

美国各城市政府组织形式呈现多样化。美国的联邦制和自治体地方政府体系给予了各级地方政府高度的自治权，这对美地方政府行政区域的政府组织形式也产生着深刻影响。以市政府的组织形式为例，美国城市政府主要有城市委员会制、议会—经理制、市长—议会制等三种形式。市长—议会制（Mayor-Council Plan）有两个民选的权力中心，议行绝对分离。议会—经理制（City/Council-Manager Plan）与大企业的董事会经理制类似，只有一个民选的权力中心，议行相对分离。委员会制（Commission Plan）是议行合一，立法权与行政权统一集中在经选举产生的委员会手中。在新英格兰地区部分中小城市，还有镇民会议和镇民代表会议两种形式，不具有全国性的普遍意义。[①] 总之，美国的联邦制结构形式和自治体的地方政

---

① 王旭：《美国三大市政体制的历史成因与内在运行机制》，《陕西师范大学学报》（哲学社会科学版）2007 年第 4 期。

府体系，为各州和各级地方政府留下了足够的自由裁量权，使行政区划体现出自由放任的特征，致使全国行政区划方式不统一，没有统一严格的标准，在行政区划和管理体制上表现为多样化特征。同理，德国的联邦制和地方自治，使各行政单位拥有较大的自主权，因此，没必要多分层级，因此行政层级少，管理幅度较大，有利于管理和提高效率。

（二）英国地方自治传统使英美模式国家保持地方自治体制

英国是一个历史悠久的国家，它的地方行政建制最早可追溯到中世纪。那时，英格兰分为县，由英王任命县长官，长官拥有很大的执行权力。县划分为百家邑，百家邑又分为镇，并且设立了管理本区的参议会，负责区域内的行政和司法事务，并就地方的特点采取适合的管理方式；地方政府之间相互独立。这一地方自治传统一直被保留。1066年诺曼底族的威廉一世征服英格兰后，企图建立强有力的中央政府，削弱地方权力，便将县改为郡，由中央派出的行政官员领导管理，地方权力便转移到了中央手中。基于1327年的《治安法官制度》和1601年的《济贫法》，中央集权又转变为地方分权。在萨克森时期，除了县、百家邑、教区以外，还存在一些具有自治性质的集或集的分区，它们随后取得了自治市的地位。在12世纪和13世纪，自治市的发展很快。[1]

作为继承英国传统的国家之一，与美国极其相似，加拿大除了育空地区和西北地区由联邦政府直接管辖外，其余10个省和努纳武特地区享有很大的自治权。各省有自己的宪法，在行政区划上，由省和地区政府全权决定。因此，造成了行政区划划分根据和行政单位名称的不统一。省在第二级行政区划上彼此差别比较大，而且经常发生变动。加拿大地方政府有很大的自治权，可以根据地方经济社会发展需要进行行政区划，而且行政区划弹性较大，比较灵活。[2]

（三）单一制国家结构形式使法国行政区划趋于统一稳定

法国是单一制国家中最典型的中央集权制，其政治制度的主旨在于加强中央政府的权力，排斥地方分权。法国最早的行政建制形成于6世纪初，即法兰克王国中的镇，但这只是一个具有农耕职能的初级共同体。

---

[1] 侯景新、浦善新、肖金成：《行政区划与区域管理》，中国人民大学出版社2006年版，第246页。

[2] 同上书，第244页。

1792年，法兰西第一共和国建立后，将全国重新划分为整齐一致的行政区域，设置了省、专区、县、市镇四级建制，取消了地方特权，推行地方分权与自治。1799年拿破仑发动的"雾月十八日政变"夺取了政权，恢复了法国的中央集权政体和君主制，但行政区划没有大的改变，省依然为一级行政区划，只是省长要由中央政府任命。19世纪末，在法兰西第三共和国时期，法国的省成为"有限"的地方自治单位。[①]

法国单一制国家结构使得法国在地方行政建制上长期比较稳定，表现出一致性。地方政府的组织体制、任务和职权，都由中央政府以法令的形式确定。除巴黎、科西嘉岛和海外省外，法国地方制度基本一致。历史上，由于法国的强盛，它对一些欧洲国家和其他州国家的行政建制产生了一定影响，包括欧洲的意大利、瑞士、葡萄牙、比利时和别的州一些曾为法国殖民地的国家，它们在行政区划上多多少少都受了法国行政建制的影响。[②]

三 经济社会发展的政府职能需求对行政区划的深刻影响

政府组织及其功能的设置以政治经济社会发展的需求为旨归。因此，经济社会的发展需求以及城乡经济社会发展的差异将影响行政区域的设置和划分。

（一）工商业迅速发展要求管理幅度扩大和层级简化

工商业的快速发展，对放松政府的管理和控制的要求越来越强烈，对公共服务的需求越来越大，对公共服务的统一规划和规模效益的要求越来越高，这些要求必然推动政府管理幅度的扩大和行政层级的简化。

以英国为例，行政区划紧随经济社会的发展而不断调整优化。资产阶级革命后，随着工业和商业的迅速发展，人口的增加及其向城市的聚集，出现了许多大小城镇，原有的地方行政建制的组织形式已经不能适应经济的发展和不利于政府管理，由此在区域管理上产生了许多新的问题，如基础设施建设、教育、安全、供水等公共服务供给问题。先后于1888年通过《地方政府法》，1894年通过《城区和教区议会法》对行政区划进行

---

① 侯景新、浦善新、肖金成：《行政区划与区域管理》，中国人民大学出版社2006年版，第250页。

② 同上书，第252页。

了一系列改革。一是设立了郡作为英国的一级行政区,并将52个区域郡重新划分为62个郡。二是将郡中人口稠密的区划出来成立郡级市,即人口在5万以上的城市可以不受郡管辖,实行自治,拥有和郡同样的权力。三是划定了基层政区。每个郡划分为城区和乡区,乡区又划分为教区。四是行政机构组织为议会,由居民选举产生,实行地方自治。第二次世界大战后,沿袭19世纪的行政区划已经不能适应英国经济和社会发展的要求。由于人口向伦敦及其卫星城市高度集中,大城市和市镇在行政区划上孤立于周围地区,难以进行完整的规划和管理,地方区划过小,机构过多,职责混乱,效率很低,因此于1974年实行了《地方政府改革法案》,使英国行政区划体系再次发生了很大变化。法案具体内容只涉及英格兰和威尔士,但总的原则适用于大伦敦市和苏格兰。这次改革在英格兰和苏格兰确定了行政区划的三级制,取消郡和郡级市的区别,把市郊区和乡村区结合起来,大大减少了行政单位的数量,在由卫星镇组成的6个大城市地区成立了6个都市郡。1974年行政区划上的改革使得英国地方政府的结构发生了重大变化,规模扩大,层级简化,却没有削弱中央对地方的控制。1983年英国废除了6个都市郡和大伦敦郡议会,大伦敦郡议会的职权下放给32个自治市镇和伦敦市。英国政府在1995—1999年再次进行了地方政府改革,取消了个别郡,恢复了一批自治市镇。[①]

法国适应经济社会的发展要求对行政区划进行了重大改革。20世纪50年代,法国政府针对市镇数量多,规模小,人力、物力、财力的严重不足,颁布法律法规,鼓励市镇合并或组合,使市镇规模合理化。1963年,针对巴黎地区和其他地区在经济政治和区域发展上严重失衡的问题,设立大区建设委员会,成立九个城市共同体促进中心城市和周边市镇的合作。1960年,针对省的划界不科学面积太小的问题,设立大区作为国家行政管理区域,没有执行权,是为了统筹和协调社会资源,促进各个地区尤其是落后地区经济的发展。在1964年和1972年,法国政府两次扩充了大区的职权,到1982年大区成为行政区,市镇、省和大区同等享有自治权。大区的形成对法国产生了很大的影响。大区的设立加强了区域间在经济上的联系和协作,优化了资源配置,使各种生产要素在区域间自由流

---

① 侯景新、浦善新、肖金成:《行政区划与区域管理》,中国人民大学出版社2006年版,第246—248页。

动,节约了成本,提高了效率,协调了区域矛盾和冲突,提高了区域间的大规模投资项目的运行效率,避免了地方保护主义的不良后果,促进了区域经济的发展。① 可见,法国的行政区划对经济社会发展的要求做出了及时的回应。

(二) 快速城市化推动行政区划都市化发展

发达国家的快速城市化推动行政区划都市化发展,对城市公共服务的要求越来越多、越来越高,城市型政区得到快速发展。

以美国为例,由于农业现代化、工业革命和商业的快速发展,美国的城市化进程取得显著成绩。其行政区划的设置尤其是地方政府的设置与其城乡区域经济社会发展的需要紧密相关。为满足不同的需要,美国州所属的第一级地方政府有很多不同的类型。所有这些类型,包括县、市、自治市、市镇、市县、教区、人口普查区、市政自治体、行政区等都是与县平等的行政单元。从 20 世纪 40 年代到 80 年代 40 年的时间里,县的数量变化不大,但是每个州中县的地位有所区别,担负的职能、权力大小各不相同。不仅职能差异明显,而且县的数量和面积大小等差异巨大。从各州设置县的数量上看,得克萨斯州有 250 多个县,而特拉华州仅有 3 个县;从面积上看,最大的是加利福尼亚州的圣贝纳迪诺县,有 20064 平方英里,而弗吉尼亚州的阿灵顿县只有 26 平方英里;从人口数量上看,洛杉矶县多达 900 余万人,而得克萨斯州的拉温县只有 300 个左右的居民;从分布上看,25% 的县在农村,但其人口只占总人口的 2%,有 13% 的县主要在城市,但其人口却占总人口的 68%;② 从类型上看,县分为都市县和非都市县,这种县上的划分与英国郡、区的划分相似,主要是从地方政府的职能对象上考虑。③ 乡、镇、村镇是美国的基层政区,由州设立,但并非是普遍存在的一级地方政府。有的是城镇型居民区,有的是农村型居民区;有的是自治团体,具有法人资格,有的则不具有法人资格,而仅仅是县政府下的行政单位。在美国 50 个州中,大约只有 20 个州有镇的行政建制,而在这 20 个州,有 8 个州是有的县下设镇,有的县下不设镇。且镇的数

---

① 侯景新、浦善新、肖金成:《行政区划与区域管理》,中国人民大学出版社 2006 年版,第 250—252 页。

② 同上书,第 238 页。

③ 同上。

量逐渐减少。随着城市化水平的大幅提高，全美约有 3/4 的人口居住在城镇、大城市和市郊，共有 19000 多个自治市，大的市政自治体人口达到数百万人。虽然市和县都是具有综合职能的地方政府，但是市的职能更多。大城市与小城市没有差别，不存在等级体系，在法律上彼此地位平等，各自独立。市政府的职能包括治安、公共工程、公共事业、公共卫生、环境保护、教育、社会福利、城市规划等。

加拿大对城市建制进行了重大改革，协调区域经济发展，建立合理的行政管理机构和组织，提高城市设施和服务的经济效益。改革的成果是建立了大都市区和区域性政府，比较典型的有多伦多都市政府和大温哥华地区政府。大温哥华地区很有特色，其政府以温哥华为中心，包括 20 个市、区和不设建制的小区，面积 3260 平方公里，人口 180 万，占所在不列颠哥伦比亚省全部人口的一半。大温哥华地区政府采用董事会制，董事会由 22 个选举出的代表组成。大温哥华地区政府没有征税的权力，其财政收入来源于按照其所提供的服务而向各个市、区收取的服务费。在大温哥华地区内，各个市镇在产业发展上保持自己的独立性，地区政府则为这些市镇提供一个决策与执行的合作机制。其职责之一是由大温哥华地区政府统筹进行基础设施规划和建设，并为这些市镇提供相应的公共服务，包括饮用水、污水处理、固体废弃物处理、空气质量管理、区域规划、区域社会发展、区域公园、市政府劳工关系、911 电话系统管理等。另一个职责是协调跨市、区的区域性事务，包括区域内各市之间的相关事务，以及同省政府、联邦政府协调与地区发展有关的项目、计划和提案等。[①]

（三）市政服务需求增加推进行政区域管理专业化发展

随着政治经济社会和城市化的快速发展，公民的公共服务需求大量增加，对政府的公共服务供给提出了更高的要求，城市管理、公共事业建设和城市公共服务越来越复杂，专业技术要求越来越高，推动了政府行政区域管理的专业化发展。在美国的三种市政体制中，市长—议会制最先产生。在殖民地时期，据城市特许状所设立的一院制议会，往往集立法、行政、司法于一体，立法机构拥有很大权力。进入 19 世纪以后，由于城市规模扩大和市政服务需求增加，城市行政部门权限有所增强，行政权逐渐

[①] 侯景新、浦善新、肖金成：《行政区划与区域管理》，中国人民大学出版社 2006 年版，第 245 页。

从立法机构剥离出来,主张城市自治,以排除州立法机构对市政的干预,很多州制定城市自治宪章,聘用专门人才治理城市,按企业管理模式进行市政管理,并实行考绩制。城市行政负责人的专业化得到明显加强,大多聘任有工程师背景的专业人士担任城市经理。城市管理事务日益繁杂,城市经理的专业化管理水平不断提高,拥有公共管理方面的专业背景、专业学位或研究生学历的人日益增加,知识背景涵盖政府间关系、公共财政、市政规划、人力资源管理等各个方面。城市经理制的专业化管理特色对其他政府体制产生了重要的普遍性影响。在县、市、区等各级地方政府机构中都普遍设立专业化的行政管理职位,行政管理专业化已经成为地方政府管理领域的主流。城市经理制以其企业化、专业化的管理特色得到世界上许多国家城市的青睐,印度、德国、加拿大等国家的许多城市采纳城市经理制。专业化和企业化管理已经成为地方政府管理的共同特征和一般规律。[①]

(四) 政府职能高度分化推进行政区划多元化发展

为满足特定区域或特殊群体的特殊需要、或为提高某类型公共服务的规模效益、或为解决特殊问题而需要专门性服务或专业性管理、或为摆脱政治和地方保护主义的干扰、或需要打破行政区边界的限制等特殊的服务或管理要求推动了政府职能的高度分化以满足多样化的服务或管理需求。

在美国的地方政府体制中,有一类特殊的政府形式——特别区,反映出美国政府体制的多元化特点或模式。美国的特别区由州的法律授权,提供一项或几项特定功能的服务,拥有充分的行政权和财政自主权。美国的特别区是具有单一的特别职能的地方政府,种类繁多,执行教育、环保、灌溉、消防、防洪、供水、排水、公园管理、机场营运、废物处置、蚊虫控制、防火保护、住房和都市重建、土壤保护、图书馆服务、医疗卫生、交通、警务等单一职能或特别职能。特别区不属于所在的县、市、乡政府,甚至切割了县、市、乡等普通行政区域的疆界,甚至跨州服务。即使特别区与乡、镇区划一致,但其管理分开,由独立的专门机关管理。美国特别区的数量大大超过普通行政区的数量,如 1992 年美国全国有县、市、

[①] 王旭:《美国三大市政体制的历史成因与内在运行机制》,《陕西师范大学学报》(哲学社会科学版) 2007 年第 4 期。

乡、镇等共 39005 个,而各种特别区共有 47687 个。① 美国有大约 15000 个学校区。② 特别区有好几种收入的来源,包括课征财产税、共享税收、服务收费、拨款、租金和政府补偿等。独立特别区也是高度自治,由公民选举产生的委员会进行管理。特别区的建立和迅速增加有其深刻的原因,是政府职能高度分化的真切反映。特别区可以满足特定区域的一些特定需要,如原料、能源、动力等经济因素和道路线路、河流走向等地理因素,必须打破行政区边界的限制;处理特殊问题需要特定领域的专门知识,需要专业管理,并摆脱政治和地方保护主义的干扰。从美国特别区的建立和迅速发展可以看出,政府职能的高度分化有力地推进了行政区划功能的单一化和行政区划的多样化发展。

加拿大弗雷泽河流域管理委员会也是一个特别的管理机构。大温哥华地区是弗雷泽河流域的一个组成部分。弗雷泽河流域管理委员会与大温哥华地区政府的运作机制相似,其职能就是为整个流域的不同地段、不同利益集团提供一个协商、合作的机制,促进整个流域的可持续发展。③ 这与美国的特别区的设置和功能极其相似。

四 治理能力对行政区划形成客观制约

本节以俄罗斯为例,探讨一个国家的政府治理能力以及社会、公民的自治能力等对行政区划设置的客观制约。

(一) 俄罗斯中央集权统治的传统

公元 9 世纪,东斯拉夫人建立了大公国"基辅罗斯",逐步建立起封建制度。12 世纪,全境分成许多小公国,形成了封建割据。15 世纪末,分裂的邦国被莫斯科大公伊凡三世联合为一个以莫斯科为中心的多民族的中央集权国家。17 世纪末到 18 世纪初,彼得大帝实行了一系列重大的国家管理改革,将沙皇俄国分为省、县、乡三级,省长由沙皇任命,直接听命于沙皇,从而加强了中央集权。因为省的地域范围过大,难于管理,省

---

① 侯景新、浦善新、肖金成:《行政区划与区域管理》,中国人民大学出版社 2006 年版,第 240 页。

② 《美国特别区地方政府的几个问题》,找法网 2011 年 5 月 30 日, http://china.findlaw.cn/info/lunwen/faxuelw/301327.html。

③ 侯景新、浦善新、肖金成:《行政区划与区域管理》,中国人民大学出版社 2006 年版,第 245 页。

长手中权力过大,彼得大帝于 1719 年在省下设立次省,次省下设区,建立起三级管理的行政区划框架。沙皇政府对国土进行行政区域划分,一是尽量便于统治,维护中央集权统治,巩固封建农奴专制制度;二是方便管理和征税,保证稳定的税收。俄国是多民族国家。但这一框架没有考虑多民族国家的特点。这种行政区划的出发点是保证中央集权统治和维护大俄罗斯民族的地位。

(二) 联邦制国家形式难以改变高度集权的单一制国家实质

解体之前的苏联,虽然是联邦制国家的形式,但实质上却是一个高度集权的单一制国家。[①] 十月革命后到 1923 年之前俄罗斯仍沿用沙俄的行政区划。1919—1922 年成立了许多少数民族的自治共和国和民族自治州。沙俄帝国单一制国家结构形式很难把许多已经分离的少数民族聚集在统一的国家里。列宁提出要在俄罗斯实行联邦制,解决民族问题。1919 年末召开的全俄苏维埃第七次代表大会委托全俄中央执行委员会研究俄罗斯联邦新的行政区划问题。但自 1936 年开始,苏联不完全的联邦制没有向完善的联邦制方向发展,而是向高度中央集权的单一制发展。特别是斯大林的肃反运动和卫国战争促使联盟中央高度集权,使各自治共和国和加盟共和国的权力成为一纸空文,宪法规定的联邦制流于形式。[②] 高度集权的权力体制进一步制约了各级地方政府治理能力的提升、公民社会的发展和社会自治能力的提升,阻碍行政管理效率的提升。

(三) 地方和社会自治传统缺乏导向地方分立主义

前述分析表明,俄罗斯社会自治传统严重缺乏,整个社会和地方政府的自治能力严重不足。加之 20 世纪 80 年代末,戈尔巴乔夫的政治公开化、民主化、多元化改革,引发激进的民主思潮,在民族自治地方则引发激进甚至极端的民族主义,车臣共和国还以主权国家身份要求独立,引发战火。地方分立主义曾一度使俄联邦面临解体的危险,1993 年,联邦中央分别与各类行政区签署联邦条约,赋予俄罗斯 89 个共和国、州、边疆区、直辖市和自治专区以联邦主体地位。联邦主体获得了立法权、自然资源使用权、税收权,各联邦主体领导人由地方居民选出,不再由联邦任

---

① 侯景新、浦善新、肖金成:《行政区划与区域管理》,中国人民大学出版社 2006 年版,第 263 页。

② 殷剑平:《俄罗斯区划研究》,《西伯利亚研究》2003 年第 1 期。

命；政府机构名称和领导人名称自行确定。从而形成了民族自治区域与行政区域共存的混合型联邦制。①

（四）政府治理能力尚难承担过大管理幅度

俄罗斯国土面积将近加拿大和中国的总和，一级政区多达80多个，这对中央政府的治理能力提出了巨大挑战。联邦和地方政府的管辖面积和管理幅度同样很大，加之地方和社会自治能力不足，对地方各级政府的治理能力同样是巨大挑战。叶利钦时期，议会和政府之间持续不断的政治斗争使中央政府的权力被削弱，地方势力日益增强。俄罗斯一些地区享有无限的立法自由，地方通过的法规有1/3与联邦宪法和法律相抵触，俄罗斯各州和边疆区之间存在贸易壁垒，或者干脆树立起界碑。许多地方主体建立的制度并非民主制度，政治权力仅属于亲近地方官僚的少数人。部分州可自行宣布实行紧急状态，甚至发行本地区具有货币功能的证券，中央无权干涉，为国家分裂埋下隐患。②地方分立主义成为俄罗斯国内政治领域面临的主要威胁之一。叶利钦和普京采用了派出自己的全权代表的方式来协调地方与联邦中央之间的关系。③但毕竟全权代表只是总统的代表，无权干预地区首脑的职权，只有法律赋予的权限才是全权代表的工作依据。因此，俄罗斯权力空间格局的合理配置必须依赖于行政区划的进一步优化，以法治化的合理科学的行政区划制度为支撑的权力格局才是稳定可靠的。

第三节 若干主要国家行政区划发展史对中国行政区划改革的启示

从对国外行政区划现状的对比分析以及对西方主要发达国家行政区划的形成历史及其影响因素的分析中，我们能得到很多有益的启示。

一 行政区划的优化要求管理幅度和行政层级适度

管理层次和管理幅度成负相关关系，管理层次减少，不管是信息的传

---

① 殷剑平：《俄罗斯区划研究》，《西伯利亚研究》2003年第1期。
② 侯景新、浦善新、肖金成：《行政区划与区域管理》，中国人民大学出版社2006年版，第263—264页。
③ 殷剑平：《俄罗斯区划研究》，《西伯利亚研究》2003年第1期。

递速度还是管理的效率都将有所提高；但管理层次减少必然要求管理幅度扩大，而管理幅度的扩大受到政府统治和治理能力、地方政府、基层政府和社会自治能力等因素的客观制约。

表5-3显示，从行政层级上来看，国外普遍实行二级制或三级制；大多数国家是三级行政区划（12/22），部分国家是二级行政区划（6/22），极少数国家是四级或五级行政区划（4/22），或以其为主；并且从管理层次与国家的发达程度和人均GDP的关系上来看，行政层级为四级或五级的国家都是发展中国家，人均GDP都远低于其他国家，中国人均GDP为5413美元，印度为1389美元，印度尼西亚为3508美元，埃及为2970美元，而其他国家最低也在1万美元以上。从管理幅度上来看，中国从中央到地方各级政府的管理幅度明显偏小。无论中央政府管理的省级政区数量、一级政区政府管理的地级政区数量还是二级政区政府管理的县市级政区数量都明显偏小。从管辖面积上看，中国一级政区和二级政区的管辖面积都过大。

近年来，各国都在积极推进行政区划的优化。英国于1974年推进了减少行政区划层级的改革，甚至在北爱尔兰只有一级地方政府，与此同时还大量地减少行政单位。法国于1789年大革命后，根据《1791年宪法》将全国的行政区划统一调整为省、专区、县、市镇四级制，并规定了省的管理幅度为省府到省内每个镇的距离大体是一天的交通路程。1870年法国第三共和国建立后，将全国的行政区划改革为省、市和镇的二级行政区划体系。尽管在此后改革中设置了大区这一新的一级政区，但法国的行政区划依然保持在大区——省——市镇组成的三级制。同时法国在扩大单一政区的管理幅度上也不遗余力，首先就是增加一级政区的管理幅度，如增设12个大区。其次是合并基层政府，早在1851年法国共有36835个镇，其中贫困镇达20000个之多，人口不足2000人的镇的数量占总量的32.7%，1967年法国采取了一系列的扩大行政管理幅度的措施，首先将郊区的镇划归母市，其次是设立专区，合并小镇，把居民集中在若干大镇上。当时法国全国共设67个专区，组合成454个镇。日本的行政区划改革中也体现出了同样的趋势，如1871年日本共有72县，到了1888年"三新法"颁布后县数量减少到43个。[①]

[①] 王敏：《我国省级行政区划改革研究》，硕士学位论文，湖南大学，2010年，第29—38页。

而俄罗斯在现有政府能力和社会自治能力条件下,联邦政府管辖 83 个一级行政区,并且还因俄罗斯疆域面积太大,管理半径和管辖面积都超过了俄罗斯政府的管理能力,因此产生很多的管理问题。普京于 2000 年 5 月把全俄划分成七个联邦区,并向每个联邦区派出自己的全权代表,试图解决管理幅度过大的问题,但毕竟这七个联邦区还不是一级法治化的行政区划,其作用十分有限。

当前中国的行政区划层级以四级制为主,如果加上履行着政府实际权力的村、居,中国的行政层级实际上是五级。行政层级过多、管理幅度过小导致了多重矛盾,已经难以满足经济社会的发展需要。

因此,行政管理层次和管理幅度要与经济社会发展的需求和政府的统治和治理能力以及社会的自治能力和疆域面积等相适应。

表 5-3　　　　世界主要国家行政区划及主要相关因素比较

国家	主要行政层级数量	一级政区平均面积(万 km²)	二级政区平均面积(km²)	一级政区平均管理幅度	二级政区平均管理幅度	国家结构形式	主要地方政府体系	2011 年人均 GDP(美元)国际汇率	基尼系数
俄罗斯	3	20.09	7685	26.8	11.6	联邦制	自治体	13235	
加拿大	3	76.81	45180	17		联邦制	自治体	50436	
中国	4	28.27	28950	12.8	8.28	单一制	混合体	5413	0.474
美国	3	18.69	3045	62	20.4	联邦制	自治体	47284	0.450(2007)
巴西	2	31.52	1531	206		联邦制	自治体	12788	0.519
澳大利亚	2	96.29	13483	71		联邦制	自治体	65477	0.305
印度	5	9.04	5340	16.9	9.2	联邦制	自治体	1389	
阿根廷	3	11.59	5451	21.3		联邦制	自治体	10640	
沙特阿拉伯	3	16.54				单一制	行政体	22635	
墨西哥	3	6.10	805	76.6		联邦制	自治体	10153	
印度尼西亚	4	5.73	4645	12.1	9.38	单一制	自治体	3508	
埃及	5	3.70	858	43.2		单一制	行政体	2970	
土耳其	3	0.97	1292	7.4	60	单一制	自治体	10522	
智利	3	5.04	14843	3.4	6.69	单一制	行政体	14413	0.494
法国	3	2.51	5750	4.36	3.43	单一制	自治体	40009	
西班牙	3	2.97	10120	2.9	160	单一制	自治体	30625	
瑞典	2	1.96	1613	13.3		单一制	并立体	56956	

续表

国家	主要行政层级数量	一级政区平均面积（万 km²）	二级政区平均面积（km²）	一级政区平均管理幅度	二级政区平均管理幅度	国家结构形式	主要地方政府体系	2011年人均GDP（美元）国际汇率	基尼系数
日本	2	0.79	206	38.9		单一制	自治体	46337	
德国	3	2.23	687	32.5	36.7	联邦制	自治体	43741	
意大利	3	1.51	2736	5.5	73.6	单一制	自治体	36267	
英国	2	6.10	1244	49.3		单一制	自治体	38891	
希腊	2	1.01	406	25		单一制	自治体	27073	

资料来源：世界政区—行政区划网，2013年1月；《中国统计年鉴2012》，2013年1月；维基百科，2013年2月；百度百科，2013年2月；新华网，2013年2月，等等。

二 行政区划的优化须与国家政治体制和政治传统相适应

表5-3简要的通过联邦制和单一制反映了各个国家的国家结构形式，通过自治体、行政体、混合体和并立体反映了中央与地方政府以及地方政府上下级之间的权力关系。可以明显地看出，发展中国家、人均GDP较低的国家多数是行政体或混合体，发达国家都是自治体，联邦制国家毫无疑问与自治体存在内在契合，单一制国家中的发达国家一般都发展成了自治体，在这种情况下，单一制还是联邦制的区分已经显得并不十分重要了。第三章已经对国家结构形式和地方政府体系与行政区划的关系做了详细的阐述，总之，本章第二节对这些主要国家的行政区划的形成历史及其主要影响因素的分析中不难发现国家结构形式、地方政府体系等国家权力结构及传统与行政区划存在着紧密的相关关系。行政区划体制是政治体制的一部分。这些西方国家的一级行政区划体系都比较注重中央与地方的分权，就连在所谓西方民主国家中政府集权程度比较高的法国，它在20世纪的几次大的行政区划改革的过程中都体现出了明显的地方分权的趋势。也正因为这种分权，上级对下级的管理任务就减轻了，因此管理幅度就可以适当扩大，行政层级就可以适当减少。但这种分权需要有社会自治的基础和相应的政治文化传统，以俄罗斯为例，本身具有中央集权的传统，即使是一个联邦制的形式或法律外壳，但在原苏联中央高度集权的体制下，地方分权仍很艰难，因此原苏联的权力结构的这种名实的高度分离，进一步加剧了这种权力结构的扭曲，为苏联解体后俄罗斯的治理造成了更大的

障碍。尽管日本是单一制和具有中央集权传统的国家，但日本历史上的封藩体制也可以说是一种特殊的地方自治体制，随着这种封藩体制在"大化革新"中解体，其具体形式不再存在，但维持其600多年的地方自治传统却毫无例外地保留下来，为后来的行政区划体制改革所继承，又因日本较早地接受了西方的政治文化影响，并随着《地方自治法》的颁布而具体实施，地方自治最终成为日本行政区划体制改革所遵循的基本原则之一。英国在政体上作为一个单一制国家的英国具有地方高度自治传统，在设计行政区划上也很好地体现了其国土组成和政体状况。

而中国是具有高度中央集权传统的单一制国家，自治传统缺乏，即使在改革开放后，下大力气要求中央和上级政府下放权力，但仍未改变中央集权、权力自上而下这个根本格局，产生了很多的低效率问题，并且对经济社会的发展造成了一定的阻碍。因此，中国行政区划的改革既要试图通过行政区划的优化来使这种权力格局得到改变，又要适度顺应这一权力格局的制约和要求，稳步推进行政区划的优化以提高行政效能和资源分配的效率效益，才具有可行性。

三　行政区划的优化须遵循法治原则

行政区划作为国家统治阶级实施行政管理的重要手段和工具，历来为各国所重视，很多国家都在宪法和法律上对其进行规定，甚至在每次改革之前都将进行相关法律法令的修改。与中国人治传统不同，西方社会的法治传统已成为其立国的根基，如世界上最早的资产阶级国家之一的英国，1835年英国颁布了《城市法团法》，改革行政区划，确保地方自治的权力。1888年颁布的《地方政府法》、1894年颁布的《城区和教区议会法》，这些法律都成为当时英国行政区划调整变革的依据，并通过这些法律规定了地方政府的机构设置和职能。同样，英国20世纪70年代的行政区划体制改革更是伴随着《地方政府法》的同步更新来实现的。日本也是一个有着很长封建社会历史的东方国家，它的政治传统也表现出很强的东方色彩，"大化革新"后的日本开始向中国学习，但经过"明治维新"后的日本，转而向西方学习，除了学习先进的科学技术，也学习了西方先进的政治制度和政治文化，早在1878年日本就曾颁布"三新法"，即《郡区町村编成法》《府县令法则》和《地方税规法》，作为确定日本的近代行政区划体系和地方行政制度的法律依据。1947年，战后的日本颁布了新的《日本国宪法》，并在同一天出台了新的《地方自治法》，在这一系列法律法规的保障下，日本进行了相应的行政区划体制改革。① 日本在近代130多年中，制定许多法规建立地方自治制度，行政区划的法治化水平逐步提高。② 从西方国家这些在行政区划体制改革中对法制的尊崇和遵守的事实来看，我们应该反思中华人民共和国成立以来的行政区划体制改革，事实是新中国成立初期频繁的行政区划调整几乎没有哪次改革是依法而为的，恰恰相反，领导人的一个决策，中央政府的一次会议就成为一次行政区划体制改革的依据。③

中国行政区划的优化须充分借鉴西方发达国家的做法，将行政区划的优化与中央、地方政府的权力配置和组织机构设置等紧密结合，通过相应级别的法律的形式来推动，从而增强行政区划的权威性、科学性和稳定性。

四 城市化的加剧要求促进城市型政区发展

所谓城市化是指由农业为主的传统乡村社会向以工商业和服务业为主的现代城市社会逐渐转变的历史过程，具体包括人口职业的转变、产业结构的转变、土地及地域空间的变化，尤其重要的是公共基础设施和公共服务需求的巨大变化。城市化发展极大地改变了各国的行政区划。英国是世界上第一个城市化国家，早在1851年就已有580多座城镇，城镇人口占总人口的54%，初步实现了早期城市化。英国的城市最初是从早期的镇演变而来，在萨克森时期它取得了自治市（Borough）的地位，随后又成为有特权的独立自治市，正是为应对英国不断提升的城市化水平，1884年开始的英国行政区划改革中，出现了与郡（County）同级别的郡级市，郡级市不受所在行政郡的管制，与行政郡享有同样的职权，这就极大地提升了市在行政区划中的地位。随着城市化的进一步发展，20世纪70年代的英国行政区划改革中，出现了6大作为一级政区的都市郡，郡级市和都

---

① 王敏：《我国省级行政区划改革研究》，硕士学位论文，湖南大学，2010年，第29—38页。

② 侯景新、浦善新、肖金成：《行政区划与区域管理》，中国人民大学出版社2006年版，第258页。

③ 王敏：《我国省级行政区划改革研究》，硕士学位论文，湖南大学，2010年，第29—38页。

市郡在英国的出现正是英国政府为适应城市化进程需要而作出的适时调整。法国作为欧洲大陆比较先进的国家，城市化发展对其行政区划的影响也显而易见。早在1799年的"雾月政变"后，法国的市成为法国仅次于省的第二级行政区划。1870年法国第三共和国时期，法国的市依然是二级政区，但其自治权力有所增加。1963年的行政区划改革中更是建立了九大城市共同体，这九大城市共同体行使地方行政管理职权，管理辖区内的社会经济事务，这是城市化发展对法国行政区划调整与改革的最显著的影响。①

城市化的发展对政府为城市地区提供公共服务的要求提出了更高要求，对城市地区的社会管理提出了更高要求，对城市地区的产业发展规划提出了更高要求，因此，城市化要求对行政区域进行更加专业化的管理，这就对都市行政区的建立提出了要求。

五　行政区划多元化以满足不同大小区域多层次服务需求

随着区域间经济联系的进一步加强，区域间公共服务需求的增长，满足不同大小区域的多层次的服务需求，行政区划应根据政府的不同职能开展多元化的区划设置。在美国的特别区是典型的为了满足不同大小区域的特殊服务需求而设立的政府机构。特别区可以解决超出传统行政区界的现实问题，可以根据多样化的服务需求有针对性地确定管辖范围，某一方面公共服务的专门提供可以提高专业化水平、集中提供能产生规模效益，能满足特定区域或特殊群体的特定需要，可以促进专业化管理，并摆脱政治和地方保护主义的干扰，政府职能的高度分化为行政区划功能的单一化和行政区划的多样化发展奠定重要的组织基础。20世纪30年代的经济大萧条，美国产生了跨州界的公共管理机构。在联邦政府的带动下，各个州政府之间签订了160多个州际公约，建立了许多由州政府组成的跨州公共管理机构，这些机构涉及设施管理、渔业管理、区域开发、森林消防等。最知名的是田纳西流域管理局、纽约和新泽西州港务局等。美国以及加拿大等国家的大都市区管理也反映了行政区划多元化的发展趋势。大都市政府是一个具有一定职权的、实体性的组织。这种管理模式是一种双层政府管

---

① 王敏：《我国省级行政区划改革研究》，硕士学位论文，湖南大学，2010年，第29—38页。

理体制，不存在区域、城市政府的等级隶属关系，而是对不同的地域范围负有不同的职责。两层政府间划分了相对明确的职责，如迈阿密大都市区政府（上层政府）负责管理这一地区的战略规划、公共运输和交通、警察治安、消防、消费者保护、垃圾处理等，而市政府（下层政府）负责市内的教育、环境卫生、住宅、地方规划、地方街道、社会服务等具体的公共服务。[①] 加拿大的大温哥华地区政府在大温哥华地区内为各个市镇在产业发展上提供一个决策与执行的合作机制，并为这个地区统筹进行基础设施规划和建设，并为这些市镇提供相应的公共服务。英格兰区域协会、法国巴黎大区的设立都是跨区域管理的成功案例。1975年德国在黑森州成立的法兰克福城市区域管理组织也是城市群区域行政管理模式的代表。设立大都市区政府的做法有利于提高资源配置效率并形成规模效益，有利于港口、机场等大型基础设施的统筹安排，有利于相邻不同地区、不同部门发展规划的协调，对中国打破行政区划界限，打破市场经济中的地方保护主义，加强区域经济合作有一定的借鉴意义。

本章小结

　　本章以国外行政区划的现状和发展历史为根据对本项研究理论篇提出的理论框架进行实证检验。

　　主要根据国土面积的大小、经济发达的程度、国际影响力的大小以及该国行政区划可能对中国行政区划优化的启示意义等因素综合考虑，统计整理了22个国家的行政管理层级和管理幅度的相关数据，并就22个国家行政区划的管理层级、管理幅度和管辖面积进行比较发现，中国的行政层级明显偏多，从中央到地方各级政府的管理幅度明显偏小，一级政区和二级政区的管辖面积都过大，有力地支撑了本项研究第三章、第四章得出的中国需要缩小省区管辖面积、增加省区市数量，撤销地级政区从而减少管理层级，增大中央政府和省级政府的管理幅度的观点和结论。

　　以美国新大陆移民史、加拿大多民族融合发展史、德国地方分立史、日本东西方文化综合影响史等为例论证了国家发展历史对相应国家行政区

---

① 侯景新、浦善新、肖金成：《行政区划与区域管理》，中国人民大学出版社2006年版，第242—243页。

划形成的深刻影响，以美国联邦制、英国地方自治传统、法国单一制国家结构形式为例论证了国家结构形式和地方政府体系对行政区划的深刻影响，以工商业迅速发展要求管理幅度扩大和层级简化、快速城市化推动行政区划都市化发展、市政服务需求增加推进行政区域管理专业化发展、政府职能高度分化推进行政区划多元化发展为例论证了经济社会发展的政府职能需求对行政区划的深刻影响，以俄罗斯中央集权统治的传统、联邦制国家形式难以改变高度集权的单一制国家实质、地方和社会自治传统缺乏导向地方分立主义、政府治理能力尚难承担过大管理幅度论证了治理能力对行政区划形成客观制约。

从对国外行政区划现状的对比分析以及对西方主要发达国家行政区划的形成历史及其影响因素的分析中，我们能得到行政区划的优化要求管理幅度和行政层级适度、行政区划的优化须与国家政治体制和政治传统相适应、行政区划的优化须遵循法治原则、城市化的加剧要求促进城市型政区发展、行政区划多元化以满足不同大小区域多层次服务需求等有益的启示。

第六章 基础与条件：优化中国行政区划之可行性审视

根据本项研究提出的理论分析框架和研究发现，针对中国行政区划的突出问题，在第四章的研究结论中提出了优化中国行政区划的首选路径应该是缩小过大面积的省区、增加省级行政区划数量、增大省级政府的管理幅度、撤销地（市）级管理层级、实现省直接管理县级政府。本章将重点分析这一优化思路的客观可能性。中国政府执政合法性日益增强，其利益整合能力、危机治理能力、依法行政能力的逐步提升及其职能的分化以及经济、社会的快速发展都为中国行政区划的优化奠定了良好条件，这在一定程度上从客观上增强了优化中国行政区划的可行性。

第一节 政府能力提升推动行政区划的优化

政府能力的提升为政府管理幅度的扩大和行政层级的减少提供重要条件。政府能力是指政府将人民的意志、愿望和目标转化为现实的能力，主要体现为能否按照人民的意愿有效地管理政治、经济、社会、文化、生态事务，追求公共利益的最大化，满足人民需求、改善人民生活、增进人民福祉，促进社会公平正义。有效的政府是经济和社会发展的关键。亨廷顿指出，国与国之间最大的政治分野，其实不在于政府的组织形式，而在于政府的有效程度。[1] 政府能力的提升将为行政区划的优化提供重要的能力条件，而行政区划的优化将进一步提升政府能力。

---

[1] ［美］塞缪尔·P. 亨廷顿：《变化社会中的政治秩序》，王冠华等译，三联书店1989年版，第1页。

一　政府执政合法性增强

正如中国共产党第十八次全国代表大会报告所总结的那样，十七大以来，经济总量和综合国力大幅提升，2011年国内生产总值达到47.3万亿。财政收入大幅增加，农业综合生产能力提高，粮食连年增产，改革开放取得重大进展、人民生活水平显著提高、民主法制建设迈出新步伐、文化建设迈上新台阶、社会建设取得新进步、国防和军队建设开创新局面、港澳台工作进一步加强、外交工作取得新成就、党的建设全面加强。2010年中国经济总量上升到全世界第二位，经济实力、社会生产力、科技实力、居民收入水平、人民生活水平、社会保障水平、国际影响力、综合国力、国际竞争力都迈上一个大台阶，国家面貌发生新的历史性变化。[①] 中国各级政府不断推出民主选举、公民参与、政务公开、决策改革、立法改革、司法改革、权力监督、官员选拔等政府管理创新，这些改革创新实践在很大程度上增强了政府权力来源的合法性，推动了公民参与决策和协商民主的发展，促进了廉洁政府和透明政府建设，提高了政府工作的合法性。这些创新举措从制度上强化了对政府官员的道德约束，促进了地方经济社会的发展和公益事业的兴办，扶贫济弱、弱势群体维权、公共安全、公共卫生、公共教育、社区服务、农村服务、环境建设等公共服务得到了加强，行政审批、行政程序、行政激励、行政责任、绩效管理、小区管理、户政管理等行政改革类政府创新简化了行政程序，减少了行政审批事项，强化了行政责任，提高了行政效率，精简了机构和人员，放松了行政规制，既有助于提供优质高效的公共服务，又有助于营造亲商的投资环境，都直接或间接地增强了共产党执政和政府的政治合法性。[②] 在中国共产党第十八次全国代表大会的报告中指出在新的历史条件下夺取中国特色社会主义新胜利，必须坚持人民主体地位、必须坚持解放和发展社会生产力、必须坚持推进改革开放、必须坚持维护社会公平正义、必须坚持走共

[①] 胡锦涛：《坚定不移沿着中国特色社会主义道路前进　为全面建成小康社会而奋斗——在中国共产党第十八次全国代表大会上的报告》，人民出版社2012年版。

[②] 何增科：《政治合法性与中国地方政府创新：一项初步的经验性研究》，《云南行政学院学报》2007年第2期。

同富裕道路、必须坚持促进社会和谐、必须坚持和平发展等[①]，当这些基本要求和原则逐步成为全党全国各族人民的共同信念，这些信念、原则和要求的逐步践行必然会进一步增强共产党及其领导下的政府的合法性。

政府执政合法性的增强可以提高中央政府在各级地方政府中的威信和公信力，可以提高各级政府在公民中的威信和公信力，这可以促进公共治理效能的提升、法律法规的自觉遵守和政治社会的更加稳定，为管理幅度的扩大、行政层级的优化提供基础条件，为行政区划优化进程的顺利推进提供良好的社会氛围。

二 政府利益整合能力提升

中国市场经济的建立和社会结构的转型加剧了利益的分化，社会利益多元化对政府的利益整合能力提出了挑战。利益整合是政府能力的重要组成部分和评价指标。政府能力提升的一个重要指针就是利用公共权威，确立和形成有关利益的表达、协商、分配等诸多方面的制度，以有利于各种合法利益的有序合理实现和持续发展。[②] 中国社会科学院社会学研究所"中国社会结构变迁研究"课题组提出，中国有十个社会阶层，[③] 随着政府将社会资源的垄断控制权逐渐向市场化配置转移和市场经济的深入发展以及公民利益意识的觉醒和维权意识的增强，社会利益群体不断多样化，利益集团不断增加，对政府的利益整合能力提出了挑战。

在当前的房地产政策调控中，中国政府通过一系列的政策措施改变当前住房市场博弈规则及市场预期，保护了住房消费者的利益，即是一典型案例。中国的分税制改革有力地整合了地方政府与中央政府的利益。20世纪80年代末到90年代初，中央财政陷入尴尬。从1979年到1993年，中国的税收收入的增长速度明显低于经济的增长速度，财政收入占GDP的比重从1979年的28.4%下降到1993年的12.6%；中央财政收入占全国财政收入的比重也由1979年的46.8%下降为1993年的31.6%，中央

[①] 胡锦涛：《坚定不移沿着中国特色社会主义道路前进 为全面建成小康社会而奋斗——在中国共产党第十八次全代表大会上的报告》，人民出版社2012年版。

[②] 李金龙、王宝元、张娟：《关于我国政府利益整合问题的研究》，《学术界》2008年第1期。

[③] 陆学艺：《当代中国社会阶层的分化与流动》，《江苏社会科学》2003年第4期。

财政收入严重不足。20世纪80年代末到90年代初实行行政性分权的"财政包干",其核心是"划分收支,分级包干""分灶吃饭",使地方政府投资动机空前高涨,地方利益局部化、"包盈不包亏"盲目开发、重复建设、地区封锁、地方保护主义、诸侯经济呈蔓延之势。1994年1月1日,建立分税制改革在艰难中诞生,重新调整中央和地方的利益格局,核心原则是"保地方利益,中央财政取之有度"。分税制改革的成效无疑是明显的,财政收入逐年增长,财政实力不断增强,全国财政收入占GDP的比重逐年提高,中央财政收入占全国财政收入的比重也逐年提高。[①] 可见,政府的利益整合能力不断提升。

政府利益整合能力的提升既为政府管理幅度的适度扩大奠定了能力条件,又有助于在行政区划优化进程中对各方利益的平衡和整合,激发各方推动行政区划优化的动力,减少阻力,避免因利益调整不当导致的各种风险发生。

三 政府危机治理能力提升

杰克·普拉诺说:"政治系统最基本的功能就是解决冲突,并推动用合作的办法来解决社会问题。为了遏制冲突,政府要采取种种不同的方式,其中劝说、报偿、威胁,以及种种武力强迫等。"[②] 政府是公共利益的代表,一个强能力的政府能够对复杂的政治冲突进行调节,维护稳定的政治秩序。没有政府力量的存在,冲突双方通过协商达成妥协与合作的可能性极小。[③]

中国各级政府对近年来发生的重大突发事件的处置情况表明,各级政府的危机治理能力和依法行政能力正在稳步提高。2007年5月底山西洪洞发生的黑砖窑虐工事件、2007年5月28日太湖蓝藻引发的供水危机等危机事件的成功应对和处置彰显了相关地方政府危机治理能力的提升。这些事件处置中的"问责"彰显出政府承担责任的决心。[④] 2008年3月14

[①] 孙雷:《十年回首"分税制"》,《21世纪经济报道》2004年11月14日。

[②] [美] 杰克·普拉诺等:《政治学分析辞典》,胡杰译,中国社会科学出版社1986年版,第27—28页。

[③] 黄毅峰:《再论政府能力及其提升的路径选择》,《社会科学》2011年第1期。

[④] 《中国政府应急危机和依法行政的能力正在稳步提高》,中央政府门户网站,2007年8月31日。

日中午在拉萨市发生的骇人听闻的严重暴力犯罪事件以及 2009 年 7 月 5 日晚至次日凌晨在中国西北部的乌鲁木齐发生的打砸抢烧严重暴力犯罪事件的成功应对和处置，都表明中国政府应对各种危机和突发事件的综合能力有了显著提升。针对这些危害极其严重的恐怖暴乱及刑事案件，政府依照中华人民共和国的相关法律对所有涉案人员追究其刑事或民事责任，做到法律面前人人平等，依照危害国家安全罪、反人类罪等，对主犯、惯犯、逃犯从重、从严、从快打击，绝不姑息，坚决打击具有恐怖性质的世维会；各有关部门齐心协力、加强协调，形成工作合力；各级干部特别是领导干部增强工作责任感，团结带领各族群众坚决做好保增长、保民生、保稳定各项工作，尽快恢复正常的生产生活秩序。2003 年发生的"非典"疫情促使中国政府建立健全应急预案体系、应急管理体制，加强监测与预警、信息报告与发布、应急处置与救援、灾后恢复重建等工作，颁布实施突发事件应对法，加强应急队伍、应急物资储备等应急保障能力建设，成功应对了山西王家岭矿难、西南地区干旱、甲型 H1N1 流感疫情、四川汶川和青海玉树特大地震、南方部分地区低温雨雪冰冻灾害等各类重特大突发事件，取得了令人瞩目的成就。[①]

政府危机治理能力是政府治理能力的重要内容之一，危机治理能力的提升为适度扩大各级政府的管理幅度奠定了能力条件。

四 依法治国和依法行政能力提升

亚里士多德曾深刻指出："法治应包含两重意义：已成立的法律获得普遍的服从，而大家所服从的法律又应该本身是制定得良好的法律。"[②] 中国在 1999 年的宪法修正案中确立"依法治国，建设社会主义法治国家"的基本目标。中国共产党第十八次全国代表大会报告提出，"倡导富强、民主、文明、和谐，倡导自由、平等、公正、法治，倡导爱国、敬业、诚信、友善，积极培育社会主义核心价值观"[③]，明确将"法治"作

[①] 三木：《马凯：中国政府应对危机和突发事件能力显著提升》，新闻中心——中国网，2010 年 8 月 27 日。

[②] [古希腊] 亚里士多德：《政治学》，吴寿彭译，商务印书馆 1965 年版，第 202 页。

[③] 胡锦涛：《坚定不移沿着中国特色社会主义道路前进　为全面建成小康社会而奋斗——在中国共产党第十八次全国代表大会上的报告》，人民出版社 2012 年版。

为中国人的追求，要求在"以人为本"的核心基础上逐步建立法治理念，逐步确立人性尊严的理念、权利本位的理念，公民的主体性地位越来越强，不仅参与法制监督，而且广泛参与到立法和执法实践之中。尤其是2004年宪法修改把"国家尊重和保障人权"写进了宪法，突出地强调了现代宪法规范国家权力、保障公民权利的核心价值理念。让权力服从于法律才是法治理论的核心。要实现法治社会的目标，首先要实现"依法行政"。依法行政和依法治国能力的提升还具体体现在，逐步实现了政府职能的转变，注重程序制度的建设，建立了层级监督、专门监督和社会监督机制等一系列有效的监督制约制度，逐步推进阳光政府建设，大力培养公民的法律意识、主人翁意识等。[①]

政府依法治国和依法行政能力的提升标志，人与人、人与社会组织、组织与组织的所有社会关系，包括各级政府间的关系、公民与政府的关系在内的所有社会关系都逐步纳入法治化的轨道，就会使各种社会关系更加规范化，使各种社会关系的调整和矛盾的调处更加简化、更加有效率，更容易取得大家一致的认同，这为行政区划的优化、为政府管理幅度的适度扩大和行政层级的简化奠定了能力条件。

五 政府能力提升奠定扩大管理幅度的成熟条件

政府利益整合能力的提升表明政府可以容纳、凝聚并代表更广泛的利益群体，进一步增强社会的凝聚力、社会认同感和政府的合法性。政府合法性的增强表明公民、企业、社会组织等对政府的认同度提高，下级政府组织对上级政府组织的认同度提高，公民、企业和社会组织等遵守法律和服从管理的自觉程度更高，政府对社会进行统治和治理的难度降低，这就为政府对经济社会文化等公共事务的管理提供了更加良好的环境。社会凝聚力和认同度的提升降低了政府对社会和公民的控制要求，政府被牵扯的精力会减少，各层级政府的管理幅度可以适度扩大。政府危机治理能力的提升同样表明政府应对复杂局面的能力增强，对社会动荡、政治社会不稳定因素的控制力增强，为各层级政府适度扩大管理幅度提供了能力条件。政府依法治国和依法行政能力的提升既使政府对社会的管理更加规范化、

[①] 郭庆珠：《新中国60年法治建设历程》，《天津日报》2009年9月21日。

标准化和程序化，又使政府间的关系更加规范化、标准化和程序化，从而使管理简单化，还使管理的预期性增强，从而使管理者可以有更高的管理效率和行政效益，可以进一步扩大管理幅度和管理深度。总之，政府各方面能力的提升为扩大各层级政府的管理幅度、推动行政区划的优化奠定了能力条件。

六 政府职能分化推进行政区划的优化

在中央政府管理幅度扩大、管理的省级政府数量大量增加、在撤销地级导致省级政府管理幅度扩大、管理的县级政府数量大量增加的情况下，可能带来政府的控制力减弱而导致政治不稳定、地方保护主义增强而导致市场被分割阻碍经济的健康发展、各自为政损害国家整体利益等风险。作为承担政治统治和促进经济社会文化发展职能的政府，在其众多职能履行过程中，难免发生目标冲突甚至顾此失彼。在行政区划的优化中同样面临因为层级的减少和管理幅度的扩大可能对某些职能的履行有利，而对其他职能的履行可能有弊。因此，政府职能的分化在一定程度上可以减少甚至避免行政区划优化所可能面临的职能目标冲突。

（一）政府职能分化与政府职能层级差异

政府职能的专业分工越细，越有利于政府针对差异化的需求差别化地履行政府职能。亚当·斯密曾指出："在一个政治修明的社会里，造成普及到最下层人民的那种普遍富裕情况的，是各行各业的产量由于分工而大增。"[①] 弗雷德里克·温斯洛·泰勒（Frederick Winslow Taylor）提出职能工长制，为了使工长能有效地履行他的职能职责，就必须把管理工作细分，使所有的工长只承担一种管理职能，既可以节约对管理者的培训时间，又可以提高工作效率、降低生产费用。[②] 法约尔在《工业管理与一般管理》中提出了管理的 14 条原则，其第一条就是劳动分工。法约尔认为劳动分工可以提高劳动的熟练程度和准确性，从而提高效率；并明确指出，劳动分工不仅仅限于技术工作，而且也适用于管理工作，适用于职能

---

① [英] 亚当·斯密：《国民财富的性质和原因的研究》（上卷），郭大力、王亚南译，商务印书馆 1972 年 12 月版，第 11 页。

② [美] F. W. 泰罗：《科学管理原理》，胡隆昶、冼子恩、曹丽顺等译，中国社会科学出版社 1984 年版，第 83—88 页。

的专业化和权限的划分。① 马克斯·韦伯在论述官僚制时指出，明确划分每一个组织成员的职责权限并以法规的形式严格固定这种分工，是官僚制的重要特征之一。在实行官僚制的组织中，无论管理层次还是任务层次都有一种高度明确的分工，即将组织中的全部工作分成若干大的方面，然后再将每个大的方面的工作分为若干个小的方面，直至将每个小的方面的工作分工至每个职位所应承担的任务。工作的专业化便是这种高度明确分工的结果。组织根据分工的要求规定每一职位均有特定的权责范围，这样不仅有利于组织成员通过训练掌握专门的技能，更有利于提高组织的工作效率。② 可见职能分工和专业化是提高工作效率的一个重要途径。为了提高政府对国家和社会公共事务进行管理的效率和效能，政府同样要作出各种各样的职能划分。按照不同的标准可以对政府各种职能作出不同的分类，可以将政府职能划分为维护国家安全和政治稳定的职能、经济调节、经济发展、市场监管、社会管理和公共服务等职能。

处在不同层级的政府在这些职能承担上有着不同的责任。这些职能的履行与政府的行政层级有着密切的关系。不同层级的政府所具有的职能是有明显差异的。为了稳定和发展，中央政府和上级政府必须要能控制军队、国防、警察等政治统治职能有利于整个国家或地区的政治稳定的保障和社会秩序的建立，中央政府和上级政府还须掌握宏观经济调节和市场监管职能以促进全国或地区统一大市场的建立并保证经济健康、协调、可持续的发展，至于本地区经济发展、社会建设、公共服务和社会管理等职能要在中央和上级政策及法律框架下充分发挥地方政府的主动积极性。

（二）政治稳定与经济社会发展职能模式的差异化

军队系统与政府管理体制的相对分离是十分明显的。中国的大军区，直属中央军事委员会领导，大军区下辖有若干陆军集团军和省军区（卫戍区、警备区），并指挥军区空军和海军舰队在本区的联合作战行动。中国现有七大军区为：北京军区、沈阳军区、济南军区、南京军区、广州军区、兰州军区和成都军区。军队系统与政府管理体制的相对分离是政府职能模式差异化的重要体现，为政府职能的分化和行政区划的优化提供了很

---

① [法] H. 法约尔：《工业管理与一般管理》，周安华、林宗锦、展学仲、张玉琪等译，中国社会科学出版社1982年版，第23页。

② 丁煌：《西方行政学说史》，武汉大学出版社2005年版，第75页。

好的条件。

政府部门的垂直管理模式在维护政治和社会稳定、资源环境保护、推动经济健康发展和建立统一大市场等方面发挥了积极的作用。改革开放后，为了激发地方政府的发展活力，促进地方经济发展，中央从经济领域开始，逐渐向地方下放权力。但中央政令不通、地方保护主义等问题也日趋严重，这对国内统一大市场的形成、法治秩序和全国人民公共利益的实现造成了一定的阻碍。为了防止地方保护主义，加强中央对市场经济运行的宏观调控，中央对工商、税务、质量技术监督等部门实行垂直管理，将这些部门的"财、物、人、业务"管理权限交由上级主管部门管理，而不由本级人民政府管理。目前，垂直管理模式正从市场监管部门和传统的经济管理部门向权力监督部门扩展，有利于更好地贯彻执行中央的法律法规和公共政策，有利于避免地方政府的干扰，有利于保证政令畅通，防止地方保护主义，维护国家整体利益和市场统一。①

中国共产党十八届四中全会提出，"探索设立跨行政区划的人民法院和人民检察院，办理跨地区案件"。② 这无疑是政府职能分化推动司法职能与行政区划适度分离、避免各级行政区政府职能高度同一而导致职能同构的有益探索。在垂直管理模式之外，随着法治化程度的提高，中央与地方、中央部门与地方政府之间权责关系的制度化和规范化程度进一步提高，将更加有利于各级政府在保障局部利益和全局利益的关系、个体利益和群体利益的关系、短期利益和长远利益的关系平衡上更加有效。

（三）政府职能分化有利于行政区划的优化

从上述分析可以看出，政府职能的分化和政府职能模式的差异化是十分明显的。军队系统的分离使军队系统可以不受到行政区划的优化的影响，即使省域数量大量增加，也不会带来党和国家对军队的控制力和调度灵敏性的削弱，从而不会导致政治稳定和国防等受到行政区划的优化的不利影响。安全机关、工商、税务、烟草、盐业、海关、审计等监管部门和国土、环保等资源环境保护部门采用垂直管理模式可以使这些部门的设置不受行政区划调整的影响，甚至可以不按照行政区划一一对应设置机构，

---

① 李松：《垂直管理难抑部门滥权冲动 中央地方应立法分权》，《瞭望》2009 年 7 月 6 日。
② 《中共中央关于全面推进依法治国若干重大问题的决定》，人民出版社 2014 年版，第 22 页。

能在一定程度上避免因为省域数量的增多可能造成的对资源环境保护、统一大市场和政治稳定的维护力度的削弱。因此，政府职能分化和职能模式的差异化可以充分发挥行政层级减少、省域面积减小对经济社会的协调发展、社会自治能力提升、行政效能提升的促进作用，而避免了中央和省级政府管理幅度扩大、省份增多所可能导致的对统一大市场的破坏、对资源环境保护和政治稳定维护力度的削弱。同时，行政区划的优化将有力地促进政治经济社会健康发展，而政治经济社会的进一步健康发展将更加有力地维系政治稳定。当行政区划的优化提高了各级政府尤其是地方和基层政府的行政效能和回应性，能迅速而有效地解决当地公民关心的实际问题，满足公民的各种需求和切身利益，本身就能维系政治稳定；行政区划的优化将有力地促进经济社会的协调发展、公民和社会自治能力的提升，这也是维系政治稳定的重要因素。

第二节 经济快速发展推进行政区划的优化

缩小省域面积、增加省（市、区）数量、增加省级行政中心（省会城市）可能会面临缩小作为区域增长极的省级行政中心的经济规模而导致增长极辐射带动效应减弱的风险。但因为中国经济经过多年来的高速增长，无论全国的财政总收入还是不少省份的经济总量都已经是超大规模，即使划小省区可能也无损省域经济增长极的规模效应。即使规模效应有所降低，也会得到因为在原有相距遥远的各经济中心之间的区域培育新的增长极所带来的辐射效应的补偿。更何况，经济高速增长 30 年后，区域协调发展比高速发展更重要。因此，经济的高速发展、经济总量和财政收入的大幅提升为行政区划的优化奠定了良好的物质条件。

一 区域经济中心的增多对规模效应的可能影响

撤销地级派出机关、省直管县后省级政府的管理幅度过大必然要求缩小省域面积、增加省（市、区）的数量。在目前距离遥远的相邻省会城市之间的适当地方设立新的省会城市，通过其政治经济中心地位所特有的行政拉动效应和政策补助效应等形成新的区域增长极，从而带动周边地区经济的快速发展，不失为一种快速促进区域协调发展的有效途径。行政区划的如是优化要求全国的省份数量大幅度增加，中央财政对各个省的转移支付就会进一步分散化,在财政总额一定的情况下,各个省所获得的转移支付额度就会降低,其规模效益也可能相应降低,省域经济中心作为增长极的规模效应可能会降低。但是,中央通过转移支付划拨给各省(市、区)的财政资金本来应该惠及全省各个区域,因此,从这个意义上来说,无论省(市、区)的数量怎么增加,财政资金所应惠及的区域是不变的。只是因为省级行政区划的调整可能导致中央财政资金在逐级转移过程中承接的主体和再分配的主体及其直接分配的资源的额度及分配关系会发生变化,这也就导致最终利益格局发生了变化,资金分配的效率及资金使用的效益必然会发生变化。

二 经济总量和财政保障能力的大幅提升

本项研究选取 2005 年和 2010 年的数据作比较来反映中国及各省(市、区)经济总量增长和财政保障能力提升的状况。2005 年中国国内生产总值为 184937.4 亿元,2010 年中国国内生产总值达到 401202.0 亿元[1],是 2005 年国内生产总值的 2.17 倍。从表 6-1 可以看出,中国 31 个省(市、区)地区生产总值的增长幅度很快,除黑龙江和上海,其余各省(市、区)2010 年地区生产总值是 2005 年的 2 倍以上,其中内蒙古最高,接近 3 倍。以 2010 年为例,31 个省(市、区)中,地区生产总值最高的是广东省,高达 46013.06 亿元,最少的西藏也有 507.46 亿元,地区生产总值突破万亿元的省(市、区)共有 17 个。2005 年全国财政收入共 31649.29 亿元,全国财政支出共 33930.28 亿元[2];而到 2010 年全国财政收入共 83101.51 亿元,全国财政支出共 89874.16 亿元[3],2010 年全国财政收入是 2005 年全国财政收入的 2.63 倍。财政部全国财政决算数据显示,2005 年中央财政对地方税收返还和补助支出 11484.02 亿元[4],2010 年中央对地方税收返还和转移支付决算数为 32341.09 亿元,其中中央对

---

[1] 《中国统计年鉴2011》,中华人民共和国国家统计局网站,2012 年 12 月 28 日。
[2] 《中国统计年鉴2006》,中华人民共和国国家统计局网站,2012 年 12 月 28 日。
[3] 《中国统计年鉴2011》,中华人民共和国国家统计局网站,2012 年 12 月 28 日。
[4] 金人庆:《关于2005 年中央决算的报告——2006 年 6 月 27 日在第十届全国人民代表大会常务委员会第二十二次会议上》,中国人大网,2012 年 12 月 26 日。

地方转移支付决算数为 27347.72 亿元①，表 6-2 反映了各省（市、区）2005 年和 2010 年的财政收支状况及其获得中央税收返还和转移支付等的具体情况。可以看出，2010 年与 2005 年相比，无论经济总量还是财政保障能力都大幅度提升。

表 6-1　　　　　中国 31 省（市、区）地区生产总值　　　　　（亿元）

地 区	2005	2006	2007	2008	2009	2010 年	2010 年与 2005 年比值
北 京	6969.52	8117.78	9846.81	11115.00	12153.03	14113.58	2.03
天 津	3905.64	4462.74	5252.76	6719.01	7521.85	9224.46	2.36
河 北	10012.11	11467.60	13607.32	16011.97	17235.48	20394.26	2.04
山 西	4230.53	4878.61	6024.45	7315.40	7358.31	9200.86	2.17
内蒙古	3905.03	4944.25	6423.18	8496.20	9740.25	11672	2.99
辽 宁	8047.26	9304.52	11164.30	13668.58	15212.49	18457.27	2.29
吉 林	3620.27	4275.12	5284.69	6426.10	7278.75	8667.58	2.39
黑龙江	5513.70	6211.80	7104.00	8314.37	8587.00	10368.6	1.88
上 海	9247.66	10572.24	12494.01	14069.86	15046.45	17165.98	1.86
江 苏	18598.69	21742.05	26018.48	30981.98	34457.30	41425.48	2.23
浙 江	13417.68	15718.47	18753.73	21462.69	22990.35	27722.31	2.07
安 徽	5350.17	6112.50	7360.92	8851.66	10062.82	12359.33	2.31
福 建	6554.69	7583.85	9248.53	10823.01	12236.53	14737.12	2.25
江 西	4056.76	4820.53	5800.25	6971.05	7655.18	9451.26	2.33
山 东	18366.87	21900.19	25776.91	30933.28	33896.65	39169.92	2.13
河 南	10587.42	12362.79	15012.46	18018.53	19480.46	23092.36	2.18
湖 北	6590.19	7617.47	9333.40	11328.89	12961.10	15967.61	2.42
湖 南	6596.10	7688.67	9439.60	11555.00	13059.69	16037.96	2.43
广 东	22557.37	26587.76	31777.01	36796.71	39482.56	46013.06	2.04
广 西	3984.10	4746.16	5823.41	7021.00	7759.16	9569.85	2.40
海 南	897.99	1044.91	1254.17	1503.06	1654.21	2064.5	2.30
重 庆	3467.72	3907.23	4676.13	5793.66	6530.01	7925.58	2.29
四 川	7385.10	8690.24	10562.39	12601.23	14151.28	17185.48	2.33

① 《2010 年中央对地方税收返还和转移支付逾 3.2 万亿》，新闻中心—中国网，2011 年 7 月 22 日。

续表

地区	2005	2006	2007	2008	2009	2010年	2010年与2005年比值
贵州	2005.42	2338.98	2884.11	3561.56	3912.68	4602.16	2.29
云南	3461.73	3988.14	4772.52	5692.12	6169.75	7224.18	2.09
西藏	248.80	290.76	341.43	394.85	441.36	507.46	2.04
陕西	3933.72	4743.61	5757.29	7314.58	8169.80	10123.48	2.57
甘肃	1933.98	2276.70	2702.40	3166.82	3387.56	4120.75	2.13
青海	543.32	648.50	797.35	1018.62	1081.27	1350.43	2.49
宁夏	612.61	725.90	919.11	1203.92	1353.31	1689.65	2.76
新疆	2604.19	3045.26	3523.16	4183.21	4277.05	5437.47	2.09

资料来源：根据《中国统计年鉴2010、2011》，中华人民共和国国家统计局网站，2012年12月28日。

表6-2　　2005年、2010年中国31省（市、区）财政收支情况　　（亿元）

地区	2005年 各地区财政收入合计	2005年 各地区财政支出合计	收支差额	2010年 一般预算收入	2010年 一般预算支出	收支差额
地方合计	14884.22	25154.31	10270.09	40613.04	73884.43	33271.39
北京	919.21	1058.31	139.10	2353.93	2717.32	363.39
天津	331.85	442.12	110.27	1068.81	1376.84	308.03
河北	515.70	979.16	463.46	1331.85	2820.24	1488.39
山西	368.34	668.75	300.41	969.67	1931.36	961.69
内蒙古	277.46	681.88	404.42	1069.98	2273.50	1203.52
辽宁	675.28	1204.36	529.09	2004.84	3195.82	1190.98
吉林	207.15	631.12	423.97	602.41	1787.25	1184.84
黑龙江	318.21	787.79	469.58	755.58	2253.27	1497.69
上海	1417.40	1646.26	228.86	2873.58	3302.89	429.31
江苏	1322.68	1673.40	350.72	4079.86	4914.06	834.2
浙江	1066.60	1265.53	198.94	2608.47	3207.88	599.41
安徽	334.02	713.06	379.05	1149.40	2587.61	1438.21
福建	432.60	593.07	160.47	1151.49	1695.09	543.6
江西	252.92	563.95	311.03	778.09	1923.26	1145.17
山东	1073.13	1466.23	393.10	2749.38	4145.03	1395.65
河南	537.65	1116.04	578.39	1381.32	3416.14	2034.82

续表

地 区	2005年			2010年		
	各地区财政收入合计	各地区财政支出合计	收支差额	一般预算收入	一般预算支出	收支差额
湖 北	375.52	778.72	403.19	1011.23	2501.40	1490.17
湖 南	395.27	873.42	478.15	1081.69	2702.48	1620.79
广 东	1807.20	2289.07	481.86	4517.04	5421.54	904.5
广 西	283.04	611.48	328.44	771.99	2007.59	1235.6
海 南	68.68	151.24	82.56	270.99	581.34	310.35
重 庆	256.81	487.35	230.55	952.07	1709.04	756.97
四 川	479.66	1082.18	602.51	1561.67	4257.98	2696.31
贵 州	182.50	520.73	338.23	533.73	1631.48	1097.75
云 南	312.65	766.31	453.66	871.19	2285.72	1414.53
西 藏	12.03	185.45	173.42	36.65	551.04	514.39
陕 西	275.32	638.96	363.64	958.21	2218.83	1260.62
甘 肃	123.50	429.35	305.85	353.58	1468.58	1115
青 海	33.82	169.75	135.93	110.22	743.40	633.18
宁 夏	47.72	160.25	112.53	153.55	557.53	403.98
新 疆	180.32	519.02	338.70	500.58	1698.91	1198.33

资料来源：根据《中国统计年鉴2006、2011》，中华人民共和国国家统计局网站，2012年12月28日。

三 财政保障能力提升有利于行政区划的优化

前述数据表明，以2010年为例，中央对地方税收返还和转移支付等占到地方财政支出总额的45.03%（见表6-2），可见，中央财政的调控力度之大，中央财政对地方的发展影响力度之大，因此，增设省级行政经济中心，推动欠发达区域的经济社会发展将是可行的有效路径，甚至是必要路径。2010年与2005年相比，无论经济总量还是财政保障能力都大幅度提升，即使再增加一些省份或省级行政中心，对目前各地区的财政收入造成某种程度的分散，但各地区的财政保障能力也仍然会大大高于2005年的水平，不会对目前各省（市、区）的经济中心的经济辐射的规模效益产生多大的影响。除吉林、黑龙江、西藏、甘肃、青海、宁夏、新疆7个省（区）而外，其余省（市、区）2010年的一般预算收入都超过2005

年的地区财政支出总额,有不少省(市、区)甚至是大大超出(见表6-2)。这表明绝大多数省(市、区)即使没有中央的财政支持,其财力也高于2005年的水平。更何况,中国经济经过30年的高速增长,经济总量和财政能力都达到前所未有的程度,科学发展要求我们应该更加重视地区间经济社会的协调发展。这些数据表明,目前中央财政和多数地区的财政保障能力的提升为加大对各区域经济中心之间的边远地区的转移支付力度奠定了坚实的物质基础,这就使推动行政区划的优化、增加省级行政中心、区域经济中心具备了更强的经济可行性。

第三节 社会事业建设促进行政区划的优化

现代信息技术的快速发展和交通基础设施的快速改善有力地促进了信息传递和人口、物资的流动,为行政管理幅度的扩大和行政层级的减少创造了十分有利的条件和机遇。

一 中国邮政电信业发展为管理幅度的扩大奠定条件

随着信息化的高速发展,中国的邮政电信业务飞速发展,为信息的收集、传递、处理效率的提高奠定了坚实的基础。从1978年到2010年,中国的邮电业务总量从1978年的34.09亿元增长到2010年的31978.48亿元,增长了93706%;互联网上网人数从1997年的62万人增长到2010年的45730万人,增长了73658%;移动电话年末用户从1990年的1.8万户增长到2010年的85900.3万户,增长了4772139%;固定电话年末用户从1978年的192.5万户增长到2010年的29434.2万户,增长了15190%;其中,城市固定电话用户从1978年的119.2万户增长到2010年的19658.1万户,增长了16392%;农村固定电话用户从1978年的73.4万户增长到2010年的9776.1万户,增长了13219%;公用固定电话从1978年的1.2万户增长到2010年的2595.9万户,增长了216225%(见表6-3)。根据2010年第六次全国人口普查的数据,全国总人口133972万人,家庭户总户数40152万户,家庭户人口总数为124461万人[1],互联网上网

---

[1] 《中国统计年鉴2011》,中华人民共和国国家统计局网站,2012年12月20日。

人数占总人口的34.13%，移动电话的人口拥有率达到64.12%，固定电话的户均拥有率达到73.31%。可以看出，互联网上网人数、移动电话和固定电话的普及率相当高。邮政电信业的飞速发展，为行政管理的信息传递和行政管理效率的提升奠定了良好基础。

尤其是电子政务的快速发展对提高政府的管理效率、扩大政府的管理半径的作用非同小可。各省（市、区）都制定了建设电子政务统一平台的规划，制订并在实施电子政府建设实施方案，逐步建设覆盖各层级政府所有单位的电子政务统一平台，升级改造现有中心机房及网络，启动政府信息公开系统、协同办公系统、电子监察系统、网上行政审批等一批应用系统。各层级政府电子政务应用不断推广。据某市初步统计，全市200多个部门中，占总数95%以上的单位具备宽带上网条件；占部门总数30%的单位建有局域网；占总数20%的单位建有自己的数据库；占总数25%的单位建有业务系统；并通过政府门户网建立全市统一的电子政务平台。[1] 各部门的业务应用系统也正在推广应用中，已建成投入运行的主要有金税、金财、金融、金盾、金审以及电力管理、工商管理、户籍管理、公文传输管理、乡财县管和补贴发放管理、煤炭规费征收管理、农村合作医疗管理等业务系统；多数地方政府把涉及群众切身利益的教育、医疗、卫生、社保等相关政策、办事机构、收费项目、办事程序等在网上公布，方便群众办事。不少政府门户网站在进一步完善网站栏目，增加服务功能，政民互动、政府信息公开、在线办事、市民论坛、应急管理等栏目进一步拓展了便民服务的广度和深度。电子政府的大力建设和电子政务的快速发展为政府行政效率和管理能力的提升、管理半径的扩大提供了技术条件。

表6-3　　　　　　　　1978—2010年中国邮政电信发展情况

年　份	邮电业务总量（亿元）	互联网上网人数（万人）	移动电话年末用户（万户）	3G移动电话用户（万户）	固定电话年末用户（万户）	城市固定电话用户（万户）	农村固定电话用户（万户）	公用固定电话（万户）
1978	34.09				192.5	119.2	73.4	1.2
1980	39.03				214.1	134.2	79.9	1.4
1985	62.21				312.0	219.0	93.1	2.7

---

[1] 《2010年信息化年终工作总结》，中国电子政务网，2010年12月20日。

续表

年 份	邮电业务总量（亿元）	互联网上网人数（万人）	移动电话年末用户（万户）	3G移动电话用户（万户）	固定电话年末用户（万户）	城市固定电话用户（万户）	农村固定电话用户（万户）	公用固定电话（万户）
1990	155.54		1.8		685.0	538.4	146.6	4.6
1991	204.38		4.8		845.1	670.8	174.2	5.4
1992	290.94		17.7		1146.9	920.6	226.3	8.4
1993	462.71		63.8		1733.2	1407.4	325.8	15.8
1994	688.19		156.8		2729.5	2246.8	482.7	38.7
1995	988.85		362.9		4070.6	3263.6	807.0	85.0
1996	1342.04		685.3		5494.7	4277.8	1216.9	138.0
1997	1773.29	62	1323.3		7031.0	5244.4	1786.6	193.9
1998	2431.21	210	2386.3		8742.1	6259.8	2482.3	259.5
1999	3330.82	890	4329.6		10871.6	7463.3	3408.4	297.4
2000	4792.70	2250	8453.3		14482.9	9311.6	5171.3	352.0
2001	4556.26	3370	14522.2		18036.8	11193.7	6843.1	346.2
2002	5695.80	5910	20600.5		21422.2	13579.1	7843.1	985.5
2003	7019.79	7950	26995.3		26274.7	17109.7	9165.0	1561.4
2004	9712.29	9400	33482.4		31175.6	21025.1	10150.5	2215.0
2005	12028.54	11100	39340.6		35044.5	23975.3	11069.2	2681.2
2006	15325.87	13700	46105.8		36778.6	25132.9	11645.6	2960.7
2007	19805.06	21000	54730.6		36563.7	24859.8	11704.0	2991.9
2008	23649.52	29800	64124.5		34035.9	23155.9	10880.0	2771.5
2009	27193.46	38400	74721.4	1232.2	31373.2	21190.0	10183.2	2708.8
2010	31978.48	45730	85900.3	4705.1	29434.2	19658.1	9776.1	2595.9

资料来源：《中国统计年鉴2011》，中华人民共和国国家统计局网站，2012年12月20日。

二 中国交通运输业发展为管理幅度的扩大奠定条件

改革开放以来，中国的交通基础设施发展十分迅速，极大地改善了交通出行条件，特别是高速铁路、高速公路以及高等级公路的大量增加，大幅度提高了汽车、火车的行驶速度，降低了行驶时间，为商贸、物流以及行政管理的效率提升提供了物质条件。1978—2010年，铁路营业里程从1978年的5.17万公里增加到2010年的9.12万公里，增长了76.4%；国家铁路电气化里程从1978年的0.10万公里增加到2010年的3.27万公里，增长了3170%；民航航线里程从1978年的14.89万公里增加到2010年的276.51万公里，增长了1757%；公路里程从1978年的89.02万公里增加到2010年的400.82万公里，增长了350%；高速公路从1988年的0.01万公里增加到2010年的7.41万公里，增长了74000%（见图6-1、图6-2）。从1978年到2010年，全国客运量从1978年的253993万人增

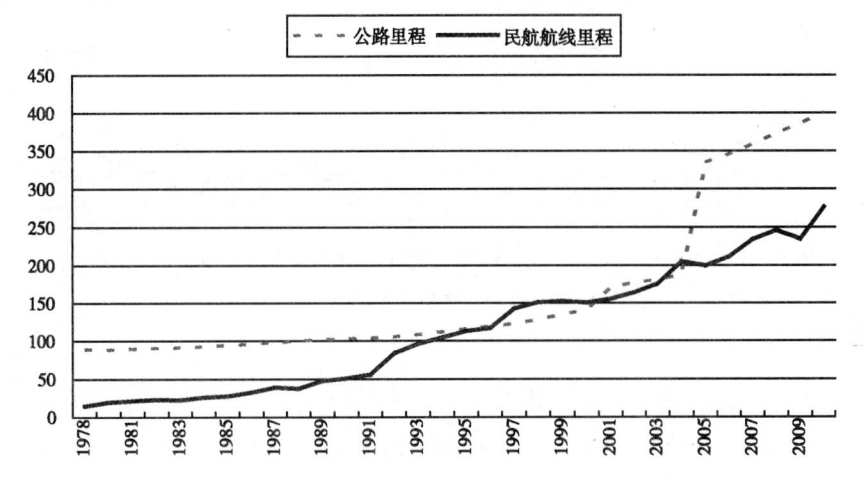

图6-1　1978—2010年中国公路、民航航线里程发展情况（单位：万公里）

资料来源：《中国统计年鉴2011》，中华人民共和国国家统计局网站，2012年12月20日。

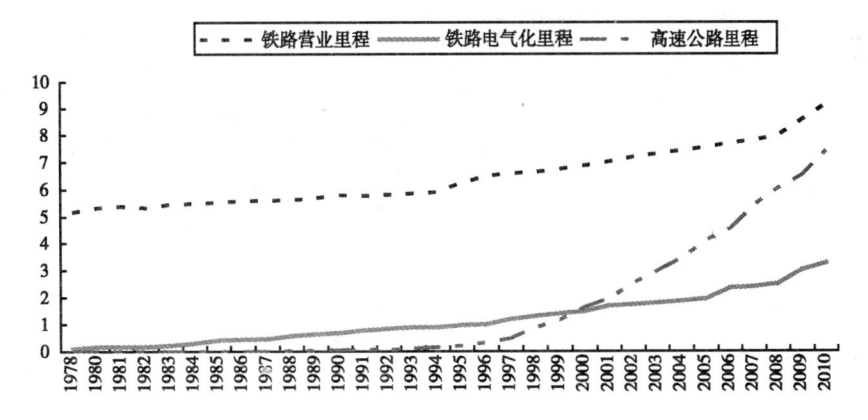

图6-2　1978—2010年中国铁路、高速公路里程发展情况（单位：万公里）

资料来源：《中国统计年鉴2011》，中华人民共和国国家统计局网站，2012年12月20日。

长到2010年的3269508万人，增长了1187%；货运量从1978年的248946万吨增长到2010年的3241807万吨，增长了1202%（见图6-3）。从表

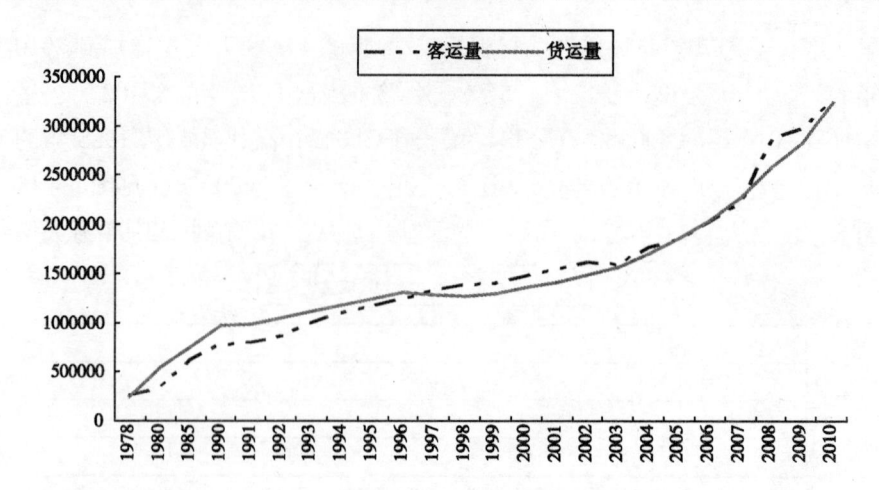

图 6-3 1978—2010 年中国客运量、货运量增长情况（单位：万人/万吨）

资料来源：《中国统计年鉴2011》，中华人民共和国国家统计局网站，2012年12月20日。

6-4可以看出，中国各种运输线路的质量等级也有很大幅度的提高。这些交通基础设施数量的大幅度增加和质量的改善为交通运输创造了极好的条件。现在大多数省（市、区）的大多数县、市都已经通了高速公路，按照高速公路100公里的时速，假如一个省会城市到一个县城300公里的路程的话，也就3个小时就能到达。因此，交通条件的改善使减少地级行政层级、扩大省级政府管理幅度成为可能。

表 6-4　　　　　　　　中国运输线路质量发展状况

指　　标	1990 年	1995 年	2000 年	2009 年	2010 年
国家铁路营业里程　（公里）	53378	54616	58656	65491	66239
#复线里程　　　　（公里）	13024	16909	21408	28682	29684
复线里程比重　　　（%）	24.4	31.0	36.5	43.8	44.8
#自动闭塞里程　　（公里）	10370	12910	18318	31619	37500
公路里程　　　　　（公里）	1028348	1157009	1402698	3860823	4008229
#等级公路里程　　（公里）	741040	910754	1216013	3056265	3304709
等级公路里程比重　（%）	72.1	78.7	86.7	79.2	82.4
内河航道里程　　　（公里）	109192	110562	119325	123683	124242
#等级航道里程　　（公里）		56587	61367	61546	62290
等级航道里程比重　（%）		51.2	51.4	49.8	50.1

资料来源：《中国统计年鉴2011》，中华人民共和国国家统计局网站，2012年12月20日。

三 信息交通改善奠定行政区划优化的技术条件

信息、交通条件的改善提升管理效率，管理效率的提升促进行政区划的优化。信息、交通条件本身属于环境要素的核心内容之一，同时也是能力要素的重要影响因子。由于信息交通条件的改善，使政府及其管理者与其下属或下级政府或部门的沟通协调、信息交换和能量交换等更加便捷，因此，管辖的人数或下级单位可适当增加。总之，政府组织沟通渠道畅通，信息和能量传递迅速、准确，所运用的控制技术或手段更加有效，管理宽度可以加大一些。目前重庆直接管辖 39 个区县，是省级政府管理幅度最大的，接下来，省级政府下辖的地级区划数最多的是广东和四川省，也只有 21 个地级区划数（见表 4-1）。因此在交通和通信条件有了大幅度改善的条件下，中央政府可以下辖更多的省级政府，省级政府可以下辖更多的下级政府，目前的地级政府就可以撤销，以减少行政层级提高行政效率，但如果地级政府撤销后，省级政府直接管理县级政府，目前有不少省、区的县级数量还太多，据统计，2010 年县级区划数超过 80 个的省区有 22 个，县级区划数超过 100 个的省区有 17 个（见表 4-1），尽管交通和通信条件有了很大改善，80 个县级政府可能超过省级政府所能承受的管理幅度，因此，就需要将某些较大的省、区适当划小，从而增大中央政府的管理幅度，又适当减少撤销地级政府后省级政府直接管辖的县级政府的数量。

本 章 小 结

本章通过对公开数据和相关文献资料的分析表明，政府利益整合能力和执政合法性的增强、危机治理能力以及依法治国和依法行政能力的增强使政府管理的规范化、程序化和互动性、有效性程度进一步增强，为行政区划的优化、各级政府管理幅度的扩大奠定了坚实的能力条件；政府职能的分化和政府职能模式的差异化为避免行政区划优化可能面临的政府多元价值目标的冲突提供了组织条件；经济的快速发展、经济总量的大幅增加、财政保障能力的大幅提升可以提高更多区域经济中心的经济规模水平，为行政区划的优化奠定坚实的物质基础；中国近年来的信息和交通基础设施的快速发展为政府行政管理等活动及行政效率的提高提供了更加优越的环境条件,各层级政府适度扩大管理幅度具备很强的可行性。总之,政治经济社会的发展对行政区划的优化既提出了急迫要求又提供了可行条件。

第七章　主体与动力：优化中国行政区划之利益分析

根据本项研究提出的理论分析框架和研究发现，针对中国行政区划的突出问题，在第四章的研究结论中提出了中国行政区划优化的基本思路应该是缩小过大面积的省区、增加省级行政区划数量、增大省级政府的管理幅度、撤销地（市）级管理层级、实现省直接管理县级政府。而这一优化思路将产生哪些成本、风险以及给国家、人民、各相关政府及其公务员造成哪些利益损失或产生哪些利益，这在很大程度上决定了各相关利益主体对这一优化思路是反对还是支持，从而形成优化中国行政区划的阻力和动力。本章采用规范分析的方法，对优化中国行政区划各相关利益主体进行利益分析和立场分析，以揭示优化中国行政区划的动力和阻力，为推动中国行政区划的优化找准突破口，为制定优化中国行政区划的行动方略和行动策略提供依据。

第一节　省直管县减少行政层级的效益分析

在第四章对省域面积过大、省域划分对经济社会协调发展的影响已经做过回归分析和案例分析的基础上，本章再对省直管县减少行政层级的效益做简要分析，以进一步揭示缩省增省、分省减层的重要意义。建立市管县体制的初衷是要实现城市带动农村、发达地区带动欠发达地区经济社会的共同发展。但市管县体制的实际运行结果显示，行政管理中徒增了一个行政层级既降低行政效率和效能，又为市政府截留县级政府的转移支付资金等提供了机会，难以发挥促进城乡区域协调发展的作用。

一 市管县体制的弊端日益显露

自改革开放以来,中国广泛推行市领导县(市)体制。① 截至2010年底,中国共有地级行政建制333个,其中地级市283个,占地级行政建制的85%(见表7-1)。所谓市管县体制,是指在行政区划上,由市管辖若干县或自治县,以政治经济社会文化发达的城市为核心带动周边农村地区共同发展的行政管理体制。在市管县体制实施过程中,地市合并、划县入市和建市领县成为主要的三种模式。市管县的体制使部分地方形成了"省、市、县、乡"四级政府的格局。戴均良认为,市管县体制主要存在市县争利的经济利益矛盾、行政管理矛盾和城乡关系的矛盾。② 市管县体制为"市刮县"、增加行政层级导致行政效率低下、行政成本高昂埋下了体制祸根。"市刮县"是这些年来市一级所以能够壮大的一个主要原因。

表7-1　　　　　　　　中国行政区划(2010年底)

	地级区划数	#地级市	县级区划数	#市辖区	#县级市	#县	#自治县	#旗
中国	333	283	2856	853	370	1461	117	55

资料来源:《中国统计年鉴2011》,中华人民共和国国家统计局网站,2012年12月28日。

1994年的分税制增强了中央政府的宏观调控能力和中央政府的财力,形成了财权层层集中,事权纷纷下移的权责结构,转移支付资金层层下拨。③ 因此,在当前的分税制以及中国中央财政掌握着重要的资源分配权力的体制下,多设一个行政层级,就使行政效率和行政效能降低相应的比例甚至更大的比例。

在权力和财力"自上而下"运行的体制下,政府层级过多的弊端日益显现,主要包括增加了政府层级、降低了行政效率、市县争利日趋严重,更为重要的是地市级政府利用其对县级政府的管辖权力使资源过度向中心城市集中,导致中心城市的极度扩张,而县域的城市化水平极度落

---

① 李旭斌:《直辖市直管县(区)的行政区划层级设置及其对省县直辖的借鉴意义研究——以重庆市为例》,硕士学位论文,重庆大学,2008年,第14页。

② 戴均良:《中国市制》,中国地图出版社2000年版,第156页。

③ 孙雷:《十年回首"分税制"》,《21世纪经济报道》2004年11月14日。

后，加剧了城乡"二元"结构，且"小马拉大车"无法产生足够的辐射能力。① 县域所占有的国土面积和人口与其经济总量极不匹配。县域面积占全国国土面积的 93%，县域所辖人口也占全国人口总数的 70.41%，但与此同时，县域的 GDP 值却在全国的 GDP 中占有很小的比例。县域财政存在困难。多数县级财政能力和水平较弱，常出现入不敷出的现象，2003年中国县域财政总收入占全国财政总收入的 1/5，但县级财政所担负的供养人口比例，占到了全国财政供养总人口的 70%。全国大多数的县，普遍存在着基础差、功能弱和带动力不强等问题，难以带动农村经济社会的发展，以至于县域的自然资源和人力资源难以得到充分开发和有效利用，进而导致中国农村城市化进程发展缓慢。②

二 省直管县体制改革逐步展开

省直管县就是指由省、自治区政府直接管辖县和县级市政府。自2002 年起，财政上省直管县在湖北、安徽、辽宁、浙江、广东、河南等地开始试点。2009 年 7 月财政部发布《关于推进省直接管理县财政改革的意见》，提出到 2012 年年底前，全国除民族自治地区外，力争全面推进省直管县改革。这表明省直管县的财政改革在各地要大范围铺开，不再只是试点。《关于推进省直接管理县财政改革的意见》提出了明确具体的要求：一是收支权责划分，合理划分省与县、省与市、市与县的收入范围；二是税收返还、所得税返还、转移支付等由省直接核定并补助到市政府、县政府；各县政府、市政府直接向省级财政等有关部门申请专项拨款补助，省级财政部门直接下达市、县；三是市政府、县政府统一按照省级财政部门有关要求，各自编制本级政府财政收支预算和年终决算；四是建立省与市、县之间的财政资金直接往来关系，省级财政直接确定各市、县的财政资金留解比例，取消市与县之间日常的资金往来关系，各市、县金库按规定直接向省级金库报解财政库款；五是财政结算，年终各类结算事项一律由省级财政与各市、县财政直接办理，市、县之间如有结算事项，必须通过省级财政办理。按照这个意见的要求，中国大部分县的财权和市脱

---

① 《江西省管县的思考》，中国江西网，2012 年 12 月 31 日。
② 李四林、苏成凤、田时中：《省直管县体制改革动力机制探析》，《湖北行政学院学报》2012 年第 4 期。

钩了，市不能再拿县的钱了。市管县体制存在严重的"市吃县""市刮县""市卡县""市扒县"现象，阻碍了财政正常运转和县域经济的发展。该意见的实施将使县级政府更有钱，有更多更大的自主权，能给本地办更多实事、更多地对本地负责。但省直管县调整的主要是财权，属于政治体制的行政、官员任命等人事权还是市管县。人事权的本质是权力的授受关系，因此，人事权比财权更重要、更根本。而人事权不改，先改财权本身是避重就轻、循序渐进、逐步深入的要求和体现。但这也必然面临很多的矛盾，"市刮县"现象不可能得到彻底扭转。随着直管县体制的建立，市一级很难从县一级拿到钱，市一级不再给相应县（市）的配套费。县被省直管后，市一级就会有更多的精力按照中心城市的发展需要，去发展自己的产业。①

在省直管县的财政体制改革逐步推开后，河南省已经开始在巩义市、滑县、长垣县、兰考县、汝州市、邓州市、鹿邑县、新蔡县、永城市、固始县10个县（市）全面实施省直管县的改革试点工作。在公文往来、规范性文件管理和备案、行政审批、行政复议和行政考核等方面，10个省直管县与省辖市享受同等待遇。②

浙江省以萧山、余杭等为主进行"强县扩权"的体制改革。浙江省从1992年开始扩大萧山、余杭等13个县市的部分经济管理权限，1997年萧山、余杭等享受市地级别的经济管理权限，从2002年开始萧山等3个区和17个县共获得下放的331项经济管理权限，2006年义乌市划为新的扩大县级政府经济管理权限的新试点。浙江省"强县扩权"具体包括从财政上扩大县的自主权限不再受制于市，县长、县委书记由省一级直接管理，通过政策赋予县级更广泛的社会经济管理权限。浙江省省直管县改革成效显著：第十届全国县域经济基本竞争力百强县（市）浙江省25个，③浙江省的农民纯收入自1992年来连续18年排在全国首位，县域

---

① 王海圣：《河南省直管县即将铺开今后县级政府兜里更有钱》，《河南商报》2009年7月15日。

② 王秋欣：《河南省直管县试点 10直管县（市）享省辖市同等待遇》，京华网，2011年6月30日。

③ 李四林、苏成凤、田时中：《省直管县体制改革动力机制探析》，《湖北行政学院学报》2012年第4期。

GDP 占全省 GDP 的 70%。[①]

安徽省 2003 年开始试点财政省管县，2007 年在 12 个县展开扩大社会经济管理权限的试点工作，不再是单纯的财政意义上的省直管县，而是在税务、经费、项目申报审批、发放证照、价格管理、统计报送和政策信息的享有上都可以获得与市相同的管理权限，取得显著效果：初步构建了省以下以省、市县两级财政管理为主的扁平化财政管理模式；增强了县级财政保障能力，解决了市吃县、市刮县、市卡县的问题；促进了县域经济加快发展，肥东县 2008 年实现生产总值 151.5 亿元，三次产业结构调整为 22：50：28，由传统的农业大县转变为工业强县。[②]

三 省直管县减少行政层级的效益分析——以重庆市为例

重庆是目前中国人口最多、行政辖区最多、面积最大的中央直辖市。重庆南北宽 450 公里，东西长 470 公里，幅员面积 8.24 万平方公里，在中国各省、直辖市、自治区中占第 26 位（见表 4-1）。直辖之初重庆市辖 43 个区县（自治县、市）、1502 个乡镇及街道办事处。1996 年末全市总人口 3022.77 万人，其中农业人口 2445.67 万人，占总人口的 80.91%；非农业人口 577.10 万人，占总人口的 19.09%；人口密度为每平方公里 367 人；少数民族人口 170 万人，占总人口的 5.72%。重庆直辖以后担负着重大的政治、经济和社会任务，不仅要完成移民、扶贫、老工业基地改造、生态环境保护"四件大事"的任务，还要探索大城市带大农村的新路子、实施西部大开发战略、建设长江上游经济中心。为此，重庆直辖以后进行了三次区划调整。1998 年 2 月，撤销万县市、黔江地区，设立万州区、黔江区，除梁平、城口由市直管外，原有辖区实行区代管体制；撤销涪陵地区，原涪陵所辖县市由市直管。1999 年 12 月，撤销万州、黔江代管体制，实现了对全市 40 个区县市的直接管理。2000 年，将万、涪、黔地区县的派出机构 79 个区公所全部撤销。重庆行政区划的优化取得明显成效：

[①] 马小云：《中国县域体制变革的动力机制研究——以浙江等四省"省管县"改革为例》，《知识经济》2008 年第 7 期。

[②] 李四林、苏成凤、田时中：《省直管县体制改革动力机制探析》，《湖北行政学院学报》2012 年第 4 期。

（一）提高了行政效能

重庆直辖之后，行政层级由原来的"省—地（市）—县（区）—乡"减少为"市—县—乡（镇）"三级或"市—区"两级。重庆各区县干部常以"直管""弯管"来比喻直辖市政府与区县政府之间的关系。"弯管"具有行政信息失真、行政资源截留、不利于发挥县级政府积极性等种种弊端。"直管"使行政组织结构呈现"扁平化"状态，减少了行政管理层级、提高了行政管理效率，增强了全市各区县政府的工作积极性、独立自主性、工作的融合度和凝聚力，为重庆市的进一步发展奠定了优良的体制基础。重庆市政府直接管理县级政府的管理体制实现了在预算资金调度、财政收支划分、财政年终结算、专项拨款等方面，由市（省）直接分配下达到县、区，市（省）政府对财政困难县在税收返还、体制补助、转移支付、专项补助、资金调度、财政结算等方面直接核定并监管到县，减少了行政层级，扩大了市级（省级）政府的管理幅度，优化了行政流程，畅通了市级（省级）与区县的信息沟通渠道，废除了一道资金"截留"关卡，可以促使事权的划分清晰化、合理化，使上级财政更加直接有效地监督下级政府的资金使用，明显降低行政体系的运行成本，提高了财政资金的使用效率和效益。行政层级的减少进一步改善了政府与市场的关系，大幅度地提高了区县政府的自主性、独立性和积极性，提高了市（省）级行政区域范围的市场化水平和市场更加充分竞争的有效性，促进了县域经济发展。除了财政、经济体制方面的效率、效能提高之外，在人事方面可以由市（省）党委政府直接选拔任用、管理、监督县区级党政领导，而不再经过改革之前的地级市，最明显的一个好处是在全市（省）范围内优化配置和竞争择优，这样能给区县经济社会发展提供更为强大组织保障和驱动力。同时，区县党委政府领导直属省部级领导后，提高了工作实践中直接交流学习对象的层次，有利于区县党委政府领导干部发展视野的开阔、信息更新渠道的畅通、战略思维层次的提高和领导管理能力的提升；提高了区县党政领导的职级和职业发展目标的层次（区县党政正职有机会直接晋升副部〈省〉级职位）从而激发了更大的工作热情和积极性，从而提高区县党委政府的行政效能和管理效能。

（二）降低了行政成本

通过三次区划调整，重庆市行政管理"构架"在空间上逐步形成了以拥有600万人口的主城区为核心，以万、涪、江、永、合、黔等30

万—50万人口的区域中心城市为重点,辐射其他25个区县的10万—20万人口的小市镇、95个中心镇和400个一般镇的呈点射状的管理格局;行政层级由原来的市—地(市)—县—(区)—乡减少为市—县—乡三级或市—区两级,解决了重庆行政体制管理层次多而乱的突出问题和矛盾,使行政层级呈扁平状态,增强了全市各方面工作的融合度和凝聚力,增强了区县的积极性和独立自主性,为服务型政府建设和责任政府建设奠定了重要的体制基础;行政层级减少,机构和人员精简,财政供养人员与总人口比例全国最低,行政成本低,实现了行政管理效益的最大化。经过行政区划的优化和行政机构的改革,重庆财政供养人员与总人口比例降低为1:52,远低于同期中国平均1:35和西部地区平均1:20的供养水平。以中国平均的财政供养人口与总人口的比例计算,重庆财政总共少供养28.5万余人,每年节约的财政支出接近32亿元,直辖15年来,共节约了450多亿元财政资金。由市(省)级政府直接对区县政府进行管理,减少了市(地)这个中间环节,有效降低了政府内部的组织成本和交易成本。

(三)促进了县域经济发展

重庆市三级行政层级的区划体制改革伴随着权力纵向结构的调整,下放权力至区县,为政府权力"重心下沉"奠定了体制基础,进一步调动了各区县政府的积极性和主动性;市(省)级政府及各个职能部门实现了直接对区、县政府的管理,提升了市级政府的直接调控能力及其对公共资源的分配效率和效益,提高了区县政府的独立自主性,使区县政府更有动力、更有能力、更有财力、更有实力发展县域经济,加大统筹城乡发展力度,在对农村地区的资源投入、基础设施建设、社会事业发展、农村环境面貌、农村经济发展和提高农民生活水平等方面的政策扶持上更容易贯彻落实、更容易取得实效。重庆市直辖体制的"放权改革"优化了资源配置,具体包括优化区县规划布局、扶持重大产业项目、加强基础设施建设、强化城市配套功能、加大财政支持力度。市级政府集中必要的资源,给予万州、涪陵、永川、合川、南川、长寿等相关区县特殊的政策扶持,培育了若干个区域经济社会中心,增强了六个区域中心城市的经济发展并带动周边区县经济社会发展的能力,以带动周边区域快速发展,并最终实现整个区域经济社会的协调发展。"三级试点"以及"放权改革"在培育若干区域中心城市的同时势必会促进渝西片区、三峡库区、渝东南片区的经济社会快速协调发展，有利于一个省各地区间均衡发展水平的不断提升，对重庆市城乡区域经济社会协调发展意义重大。

重庆的直辖、行政体制改革、行政运行机制的不断创新、机构和人员的精简为重庆市创建服务型政府，从而改进领导方式和工作方法，树立注重调查、求真务实、热情服务的领导作风，切实把政府职能转到为企业和各种市场主体提供发展环境和平等竞争的条件上来，转到为社会提供安全和公共产品上来，转到为劳动者提供就业机会和社会保障上来奠定了坚实的基础。

四 省直管县减少行政层级对相关公务员职业发展的影响分析

可以认为在实现省直管县减少行政层级的行政区划优化思路的执行中面临的最大问题就是对领导干部和公务员的职业发展的影响问题。面对城乡、区域经济社会发展的严重不平衡以及"市（地）管县"体制的所不能及诸多弊端急需撤销地级行政层级。在地级行政层级被撤销后，一方面为了减小省级政府的管理幅度，需要缩小省域面积，增加新的省级行政区域，另一方面在当前省际间的欠发达地区增设新的省级行政区域、培育新的政治经济中心作为增长极，可以发挥辐射带动周边欠发达地区经济社会快速发展的龙头作用，从而促进城乡、区域经济社会的协调发展。按照这一优化思路，被撤销的党委政府（包括党委、人大、政协、司法、行政机关等相应机构，下同）主要包括如下两种情况：一是原省会城市的政府会因为行政区划的优化而被撤销，省会城市下辖区县将由省政府直接管辖；二是其他地级市政府或地区公署（除了将升格为新省会的地级市政府而外）下辖的中心城区的区党委政府，其下辖县、市由省政府直管，地级市党委政府的权力范围收缩到中心城区，演变为一个大区或市直接隶属于省级政府，其所辖中心城区各区党委政府将被撤销。这些被撤销党委政府的领导干部和普通公务员的职业发展有如下途径：一是省会城市、其他地级市或地区公署的主要领导：一部分可以到新设的省委政府任职，一部分可以在原党委政府保留原职位或职级留任；二是将被撤销的区委政府的主要领导：一部分可以到新设立的省委政府及其部门任职，一部分可以到本地新的区委政府任职，一部分可以交流到其他县、市党委政府任职，一部分可以提高行政级别改任非领导职务；三是一般领导可以保留原职级或职务就地或交流任职，或提高行政级别改任非领导职务；四是普通公务员，可以保留原职务或级别就地或交流任职。同时，采用多种渠道和办法消化积压的公务员：一是暂不引进公务员；二是鼓励调研员们到企业去，或自主创办企业；三是鼓励公务员提前离岗；四是鼓励干部保留职级到乡镇、街道工作。总之，应在保留职级甚至提高职级的基础上交流或改非，尽可能减少对相关领导干部和普通公务员职业发展的不利影响。

第二节 优化行政区划相关主体之损益分析

行政区划调整与优化的实质是各种公共资源控制和分配权力格局的调整与变化。因此，行政区划的优化涉及相关利益主体的利益调整，在这一过程中必然产生利益受损或获益的不同情况，那么各利益主体基于各自的利害得失对行政区划的优化将产生不同的反应、采取不同的行动，进而推动或阻碍行政区划的优化。优化行政区划之相关利益主体主要包括中央政府、省级政府、省会城市政府、省域次中心城市政府、其他地级市政府、区县级政府和边远地区的公民。本项研究所称的政府包括党委及人大、政协、行政、司法等国家政权机关。这些相关利益主体的利益性质有差异，有些是直接利益，有些是间接利益。因此，各相关利益主体推动行政区划优化的动力存在差异。

一 中央政府

在以"自上而下"的政策执行模式为主的中国，中央政府享有财政资源和权力资源的分配主导权，中央政府在行政区划的优化中具有主导权。中央政府在行政区划改革前后的利益变化主要体现在：

一是中央政府权力的直接行使范围扩大。省域面积划小、省（市、区）数量的增加不会减少中央政府所能控制的财政资源和权力资源，反而会增加中央政府直接管辖的省部级领导干部数量和财政资源的直接分配对象，使中央政府权力的直接行使范围扩大。

二是更加有利于中央政权的稳固和国家的统一。因省（市、区）数量的增加、省域面积和规模的缩小使各个省份的力量被削弱，尤其是广东、新疆、西藏、内蒙古等省、区由大省分成面积和规模更小的省、区后，其对整个国家的政治经济社会发展与和谐稳定的影响力随之减弱，对中央政府的政治统治的稳定和经济调控能力的威胁会减弱，且按照集体行动的逻辑因省（市、区）数量的大量增加使各省（市、区）联合起来一致对抗中央政策执行的难度大幅增加，对整个社会的政治稳定和经济发展更加有利。

三是进一步增强中央政府的执政合法性。行政区划的优化使更多优化前远离区域经济行政中心的区域的地市级政府和区县级政府及其所辖区域的公民受益，进一步促进各区域间政治经济社会文化的协调发展，将会大幅度增强中央政府的执政合法性，使中央政府受益。

四是提高中央政策的执行效率和社会效益。因为行政层级减少，中央政府的政策执行效率、行政效率提高，整个国家的行政成本降低，政策执行的政治经济社会效益、行政效能等将增加，社会矛盾的化解率将提高，上访将减少，有利于政治稳定和社会和谐。

五是承担行政区划优化的改革成本和风险。中央政府在推动行政区划的优化中需要付出大量的政策方案制订、宣传推广、实施的时间、精力、资金等改革成本，并且要承担有可能导致社会波动的风险。改革执行成本和社会波动风险主要是在行政区划优化的过程中产生，一旦改革结束就会随之减少直至消失。

六是中央政府的直接管理成本暂时增加。中央政府因为直接管辖的对象和范围的扩大、管理幅度的扩大，中央政府对这些直接管辖对象的管理力度可能减弱，可能使中央政府的管理难度有所增加、管理成本有所提高，但因行政区划的优化使地方政府和基层政府的自治能力提升、行政效能提升、行政行为更加规范化，一定时期后会使中央政府的直接管理成本降低。直接管理成本在行政区划改革后暂时增加，但会随着时间的推移逐步降低。

可见，在中央政府的收益成本中，成本都是暂时的，而收益却具有长效性。将中央政府在行政区划的优化中的收益和成本进行简要概括（见表7-2）。

表 7-2 中国行政区划优化各相关主体损益

	收益	成本或损失
中央政府	执政合法性增强 政治经济社会协调发展 政治统治更加稳定 行政总成本减少 行政效率提高 行政效能提高 政策执行效益提高	改革执行成本（暂时） 社会波动风险（暂时） 直接管理难度加大（暂时） 直接管理成本增加（暂时）
省级政府	直接管辖权力增加 政绩考核拖累减少 政治经济社会协调发展 社会更加和谐 行政总成本减少 行政效率提高 行政效能提高 政策执行效益提高	改革执行成本 社会波动风险 管辖范围减小 控制分配的资源减少 直接管理难度增大 直接管理成本增加
省会城市政府	政绩考核不被欠发达县市拖累	"揩油"减少 经贸市场份额减小 矿产土地资源减少 政府被撤销（成本转由省政府承担） 人员分流安置成本
原省域内地级市政府	政绩考核不被欠发达县市拖累	"揩油"减少 经贸市场份额减小 矿产土地资源减少 市政府转变为区政府（下辖区政府撤销） 人员分流安置成本 领导干部积压升迁难度大
新省域内升格为省政府的地级（或副省级）市政府	升格为省政府 管辖的范围扩大 管辖资源增加 权力扩大 省级行政中心的利益	管理能力要求提高的挑战 新纳入管辖范围的区域的欠发达状态的挑战 与新纳入管辖范围的区域的融合问题
新省域内的其他地级市政府	政绩考核不被欠发达县市拖累	"揩油"减少 经贸市场份额减小 矿产土地资源减少 市政府转变为区政府（下辖区政府撤销） 人员分流安置成本 领导干部积压升迁难度大 对新省政府的认同度较低、融合度较低
县级政府	行政层级减少 转移支付效率更高 信息链条变短 县级政府管理能力和水平提升 享有更多自主权 职业发展目标层次提高	无

二 省级政府

省级政府是指在行政区划的优化中省域将被划分、省域面积和规模将缩小的省（市、区）的政府。省级政府在行政区划的优化中的利益变化主要体现在：

一是资源配置权力及权力作用的区域范围减少。省域面积减小，省政府所能管辖和控制的各种资源尤其是矿产、能源资源等减少，对被分离出去的地区的财政、人事等各种管辖权丧失，能从中央财政获得的转移支付等将相对减少。

二是直接管理对象的数量增加。因为地级行政层级撤销，省级政府直接管辖的区县政府的数量大幅增加，省级政府直接管辖的财政、人事权的管理对象的数量将增加；

三是政绩考核压力减小。因将较边远的欠发达地区分离出去，会使省级政府在中央政府对其进行的经济社会发展方面的考核得分不再受欠发达地区的拖累，因此政绩会有所提高；

四是行政效能提高地区社会稳定增强。因为行政层级减少，省级政府的政策执行效率、行政效率提高，整个区域的行政成本降低，政策执行的政治经济社会效益、行政效能等将增加，社会矛盾的化解率将提高，上访将减少，有利于该地区的政治稳定和社会和谐。

五是直接管理的难度和成本会暂时增加。因为地级行政层级撤销，省级政府直接管辖的区县政府的数量大幅增加，管理的难度和直接成本会暂时增加。

同样，因为撤销地级所需要的改革执行成本及其所可能造成的社会波动风险和管理难度加大和直接管理成本增加都是暂时的，且很微弱，而收益却具有长效性。行政区划优化给省级政府带来的收益损失和改革成本的简要概括见表7-2。

三 原省会城市政府

在中国"自上而下"的权力体制下，省会城市会因为省级政府的政治和权力影响力，获得比其他地区更多的利益。因此，行政区划的优化会给省会城市带来不利影响：

一是财政收益会减少。在财政转移支付中，省会城市是"近水楼台先得月"，在"跑部钱进"中享有时间、人脉、距离、成本等各种优势，因此，省会城市往往会从其他地区"揩油"。因此，省级政府从中央政府所获得的财政蛋糕越大，省会城市可能分得的蛋糕也会越大。而当省域被划分一部分出去后，省级政府从中央政府所能获得的转移支付或税收返还等会相对减少。因此，省会城市的"揩油"会减少。同理，能参与控制或分配的矿产、土地资源等减少。

二是区域经济的市场份额会减少。被分离出去的区域与在没有分离的情况下相比，与省会城市的经贸往来和行政接洽等会有所减少，可能会对省会城市的市场领域、市场份额等有不利影响。

三是将面临撤销。省会城市的政府会因为行政区划的优化而被撤销，省会城市下辖区县将由省政府直管。因此，省会城市在行政区划优化中的利益损失最终由所在地省政府承担。

四　原省域内地级市政府

下辖县、市由省政府直管，地级市的中心城区可以合并为一个大区（或市）直接隶属于省级政府，也可暂时保留地级市政府管辖中心城区各区作为过渡阶段，其他县直接隶属于省政府，实现省直管县。待时机成熟时，将所辖中心城区各区政府撤销，地级市政府逐渐转变为区政府。因此，地级市政府所辖区域大幅度减少，资源控制和分配权大幅减小，还面临人员逐步分流压力。地级市政府及其所在地将丧失从中央和省政府向本地区的转移支付中获得较大份额的优势，即丧失从原来所管辖的县的财政转移支付中"揩油"的机会。地级市政府所在地政府在丧失众多资源的同时将获得政绩考核不被周边欠发达县市所拖累的好处。同样会面临丧失部分周边县市的经贸往来份额或市场份额。

五　新省域内升格为省政府的地级（或副省级）市政府

在新省域内的地级（或副省级）市政府中有一个将升格为省政府，该政府将面临很多利益，级别升格，所管辖的范围将扩大，管辖的各种资源将大幅度增加，权力将扩大，总之，该地级（或副省级）市及其政府将享有省级行政中心所可能拥有的权力和利益。其面临的困难主要是作为一个省级政府的管理能力要求提高的挑战以及新纳入管辖范围的区域的欠发达状态的挑战以及与新纳入管辖范围的区域的融合问题等。

六 新省域内的其他地级市政府

新省域内的其他地级市政府所面临的问题除了与原省域内地级市政府所面临的相同问题而外,还存在对新升格的省政府的认同度较低、融合度较低等新问题。在重庆直辖后万州区行政区划的调整是可资借鉴的现实案例。万州区全区幅员 3457 平方公里,辖 52 个镇乡街道,总人口 175 万人,建成区面积 55 平方公里、城区人口 80 万人,为重庆第二大城市,是三峡库区的经济、文化、教育、交通枢纽中心。1950 年设万县专区,属川东行署区。1970 年万县专区改称万县地区,辖万县市及万县(驻沙河镇)、巫溪、巫山、开县、城口、奉节、忠县、梁平、云阳等 9 县。1992 年 12 月 11 日,国务院批准设立万县市(地级),辖原万县地区的梁平、云阳、开县、忠县、奉节、巫溪、城口、巫山 8 个县和新设立的龙宝区、天城区、五桥区,即"三区八县"。1997 年 12 月 20 日,中共中央办公厅、国务院办公厅批复设立重庆市万县移民开发区代管原万县市(地级)所辖区域除万县区以外的云阳县、忠县、巫溪县、奉节县、开县、巫山县,设重庆市万县区辖五桥、天城、龙宝三个县级管理委员会;2000 年 6 月 25 日再次进行区划调整,重庆市政府对开县、忠县、巫山县、云阳县、奉节县、巫溪县实现直接管辖。万州区仍然管辖龙宝移民开发区、五桥移民开发区、天城移民开发区。直到 2005 年 4 月,重庆市委、市政府决定撤销龙宝、天城、五桥移民开发区这个多余的行政层级,由万州区直接管理镇(乡)和街道办事处。

万州区的区划调整带来的最大问题就是公务员和领导干部的积压问题。公务员超编严重为该地区的公务员和一般领导干部的职业发展带来了不利影响,为行政区划的优化作出了一定的牺牲。万州区想了很多办法消化公务员:一是暂不引进公务员;二是鼓励调研员们到企业去,或自主创办企业;三是鼓励公务员提前离岗,条件是为其涨三级工资;四是向市级部门及其他区县输送人才;五是鼓励干部到乡镇工作。[①] 经过十多年的优化整合,万州正迎来千载难逢的重大历史机遇,正处于提速发展的关键时期,目前"天时、地利、人和"具备。自 2007 年开始,万州进入快速发

---

① 吴红缨:《万州官场通胀:公务员太多,干部超编》,《21 世纪经济报道》2008 年 1 月 15 日。

展期，连年 GDP 增速达到 20% 以上，至 2009 年 GDP 总量为 386 亿元，已经上升至全市第 4 位，[①] 2011 年 GDP 总量增长到 623 亿元[②]，两年增长 61.4%。这充分表明，行政区划优化给这些地级市政府带来的困难和成本是暂时的，而给这个地区的发展带来的利益是巨大的、长远的。

七 县市区级政府

县市级政府以及省会城市的区政府都将脱离地（或副省级）市政府而直属于省级政府，行政层级减少，从中央和省级政府获得各种补贴和转移支付的效率更高、成本更低，并且因为直接与省级政府及其领导建立工作关系，监督和政策信息链条变短，信息传输渠道更便捷，将对县级政府的管理能力和水平提升有直接的促进作用。县级政府还因省级政府的管理幅度扩大而享有更多的自主权。县市级党政领导干部尤其是正职领导干部的职业发展目标层次将会提高，有更大机会晋升为省部级领导干部，其他副职领导干部也有更大机会直接交流到省级党委政府部门任职。应该说，行政区划的优化对县级政府及其所在区域没有任何不利影响。而将被撤销的地市级政府所在地的区政府几乎是完全的负收益。

第三节 优化行政区划之动力机制

前述的分析表明，省直管县、缩省增省的行政区划优化思路会给整个国家尤其是欠发达地区经济社会的发展带来很多的好处，但这会给部分相关利益主体带来不利影响，使部分相关领导干部尤其是普通公务员承担部分改革成本，从而为行政区划的优化形成一定的阻碍。因此，在对各相关利益主体的损益进行仔细分析的基础上，要建立起一种激励机制，从而为行政区划的优化破除行动障碍。

一 群体动力理论

行政区划的优化既不只是某级政府的事，也不只是某个政府部门的

---

① 《万州正处于提速发展的关键时期，目前"天时、地利、人和"具备》，《重庆日报》2010 年 8 月 11 日。

② 《重庆统计年鉴 2012》，重庆统计信息网，2012 年 12 月 28 日。

事,更不只是某位政府领导的事,而是以政府为代表的整个社会的事情,行政区划的优化就需要政府与整个社会、公民、其他社会组织、经济组织形成共识,采取共同的行动来加以推动。德国心理学家勒温(Kurt. Lewin)提出"群体动力"的概念。所谓"群体动力"就是指群体活动的方向和对其构成诸因素相互作用的合力。群体活动的方向同样取决于内在的心理力场与外在的心理力场的相互作用。[①] 从组织行为学角度来说,政府管理体制变革即组织变革,受到政府组织内部动力和组织外部动力的推动,政府组织内部动力是组织变革的重要原因。政府以及整个社会的内部结构机能的障碍以及组织成员的性质改变都是来自组织内部的变革压力。整个社会的力量迫使政府组织自觉地积极地改变组织结构、提高组织效能,以适应环境的变化。[②] 因此,行政区划优化的动力同样来自政府组织变革的内部动力和外界环境的发展压力。

二 行政区划优化相关利益主体的动力、阻力分析

本章第二节的分析表明,行政区划优化的内部动力具有相当的复杂性,因为处在政府组织不同层级、不同职位和不同区域的领导干部和公务员在行政区划优化中的利害关系是不一样的,因此,其对行政区划的支持和反对及其力度是有差异的。同时,本身具有不同动力的这些领导干部和公务员又因为其在政府组织中的地位的不同导致其对外界环境对行政区划优化的压力的反应又存在差异,最终导致行政区划的优化取决于这些不同层级、不同职位和不同区域的领导干部和公务员在外界环境压力下的合力。

(一)行政区划优化的动力

现将可能具有行政区划优化动力的相关利益主体做简要归纳分析,以揭示行政区划优化的动力和可行性。

中央政府秉持科学发展的理念和要求,本身具有推动城乡、区域经济社会协调发展的强大动力,一旦中央政府明确了行政区划的优化在提高行政效能和推动城乡区域经济社会协调发展中的重要作用以及很多伴随的利益,包括执政合法性的增强、政治经济社会协调发展、政治统治更加稳

---

① 苏东水:《管理心理学》(第三版),复旦大学出版社1998年版,第27页。
② 竺乾威、邱柏生、顾丽梅等:《组织行为学》,复旦大学出版社2004年版,第314页。

定、行政总成本减少、行政效率提高、行政效能提高、政策执行效益提高、中央政策执行中的"梗阻"现象将得到有效缓解等，在行政区划优化的过程中，中央政府面临增加改革执行成本、社会波动风险、直接管理幅度加大、直接管理成本增加等担忧、弊端或考验，且受益是长远的、间接的、巨大的，而成本和考验是暂时的、直接的、微小的，因此中央政府的改革正收益是客观存在的。因此，中央政府是推动因素，而非阻碍因素。但中央政府的动力大小取决于中央政府是否真正具有全局观念和强烈的政治责任感。

省级政府是最高层级的地方政府，行政区划优化后，省级政府将获得管理幅度扩大、直接管辖权力增加、政绩考核拖累减少、区域政治经济社会协调发展、社会更加和谐、行政总成本减少、行政效率提高、行政效能提高、政策执行效益提高等利益，也明显大于省级政府将面临的改革执行成本、社会波动风险、管辖范围减小、控制分配的资源减少、直接管理难度增大、直接管理成本增加等弊端或考验，且弊端也是暂时的、直接的、微小的，而收益是长远的、间接的、巨大的，因此省级政府在行政区划优化中的正收益是客观存在的，在行政区划的优化中应该是推动因素，而非阻碍因素。

新省域内升格为省级政府的地级（或副省级）市政府将面临升格为省政府、管辖的范围扩大、管辖资源增加、权力扩大、省级行政中心的利益等巨大收益，且是长远的、直接的利益；只是面临管理能力要求提高的挑战、新纳入管辖范围的区域的欠发达状态的挑战、与新纳入管辖范围的区域的融合问题等考验，挑战和考验是暂时的，两相比较，新省域内升格为省政府的地级（或副省级）市政府在行政区划的优化中的正收益是巨大的、长远的、直接的，因此是推动行政区划优化方案执行的重要因素。

县市级政府以及省会城市的区政府在行政区划优化中几乎不具有负收益，而具有完全的正收益，包括行政层级减少、转移支付效率更高、信息链条变短、县级政府管理能力和水平提升、享有更多自主权、领导职业发展目标层次提高，因此是推动行政区划优化的有力支持者。

上述分析表明，中央政府、省级政府、新省域内升格为省级政府的地级（或副省级）市政府、县市级政府以及省会城市的区政府在推动行政区划优化中没有明显的利益损失，甚至还有一些利好，具有推动行政区划优化的动力（见表7-3）。尤其是新省级政府和众多县市级政府及其管辖区域的广大人民群众是行政区划优化的最大动力所在。

（二）行政区划优化的阻力

现将可能具有行政区划优化阻力的相关利益主体做简要归纳分析，以揭示行政区划优化的阻力，从而更有针对性地制定推动行政区划优化的行动策略。

省会城市政府将面临被撤销的命运，且从省域其他地区的财政转移支付中的"揩油"减少，本地区在全省的经贸市场份额减小、矿产土地资源减少、人员分流安置和职业发展受阻等不利影响，更为重要的是省会城市政府面临被撤销的命运，因此，省会城市政府如果不从大局和整体利益出发考虑，将是行政区划优化的阻碍因素。

原省域内其他地级市政府虽然能享受政绩考核不被欠发达县市拖累的好处，但将面临从原本区域其他县、市的财政转移支付中的"揩油"减少、在本区域的经贸市场份额减小、矿产土地资源减少、市政府将逐步转变为区政府（下辖区政府撤销）、人员分流安置成本和领导干部积压升迁难度大等负收益，因此，原省域内地级市政府如果不从大局和整体利益出发考虑，将是行政区划优化的阻碍因素。

新省域内的其他地级市政府同样能享受政绩考核不被欠发达县市拖累的好处，但将面临从原本区域其他县、市的财政转移支付中的"揩油"减少、在本区域的经贸市场份额减小、矿产土地资源减少、市政府转变为区政府（下辖区政府撤销）、人员分流安置成本、领导干部积压升迁难度大、对新升格的省政府的认同度较低、融合度较低等负收益，因此，新省域内的其他地级市政府如果不从大局和整体利益出发考虑，其对行政区划优化的阻碍力度可能要大于原省域内其他地级市政府。

原省域内其他地级市政府以及新省域内的其他地级市政府下辖的中心城区的区政府将面临被撤销的命运，将是行政区划优化的最大受损者，其领导干部和普通公务员将承担人员分流安置成本、领导干部积压升迁难度大、职业发展大受影响等负收益，因此，他们也是行政区划优化的阻碍因素。

上述分析表明，省会城市政府、原省域内其他地级市政府以及新省域内的其他地级市政府下辖的中心城区的区政府是行政区划优化的最大阻力所在（见表7-3）。但这些政府所辖区域内的广大人民群众未必是阻力，从普通人民群众自身利益的角度看，减少行政层级，其所在区县直接隶属于省级政府,是普通人民群众很欢迎的甚至是期待的好事,因此,会得到这些区域的人民群众(除相关公务员及其亲属外)的广泛支持。

(三)行政区划优化的压力

城乡、区域经济社会的协调发展以及贫富差距越来越大的挑战给中央和省级政府的压力越来越大,中央和省级等上层政府要找到切实可行、行之有效的办法和路径推动经济社会的协调发展、缩小城乡区域的贫富差距的压力会越来越大,而行政区划的优化将是可行且有效的路径选择。面对越来越多的研究成果的问世以及新闻舆论媒体的关注,中央和省级政府在通过财政省直管县的广泛推开、全面的省直管县的试点等探索改革路径,本身就是中央和省级政府感受到了推动行政区划优化的压力的表现。尤其是县域经济发展的滞后、欠发达和贫困地区人民期盼的眼神和县、市政府与地级市政府越来越多的矛盾冲突以及漫长的行政信息链条和政策执行中的"梗阻"等都是对中央和省级政府推动行政区划优化的现实压力。可见,中央和省级政府具有推动行政区划优化的现实压力,压力也可能转变为动力。

三 行政区划优化的动力、阻力比较

根据表7-1的行政区划数量以及各利益主体在中国政府组织架构中的行政层级及其在相应层级上所拥有的行政权力和所能控制的公共资源及所应承担的公共责任压力等制作了一个简表来对行政区划优化将具有的动力以及将面临的阻力和压力进行简要的模拟分析。无疑,在中国具有集中力量办大事的优势的政治体制下,中央政府具有最高权威,并拥有最大的公共资源和最强的操控力,也具有最强的公共责任,其动力强大,31个省级政府次之,20—30个的新省级政府再次之。县、市、区级政府及所在地公民将在行政区划优化中获取最大的直接利益,虽然层次较低、权限较小,但数量大,应该有2300—2400个县市区级政府;其覆盖区域的面积广大、惠及的人口众多,将是行政区划优化的最大支持群体。省会城市政府将面临撤销,领导干部和普通公务员涉及去留和职业发展等切身利益问题,应该具有较大的阻力,但是省会城市政府领导层级较高、发展和交流空间较大、领导和管理经验及区位优势明显,其领导干部可以保留级别甚至升格交流到新设的省级党委政府任职,且供需数量大致匹配(见表7-3)。原省域内地级政府将被保留然后逐步转变为区或省辖市政府,对其公务员和领导干部的直接利益损害不明显，并且在优化过程中不发生即刻的变动，因此，应该说是缺乏动力，但也不具有较大的阻力。新省域内地级政府的处境与原省域内地级政府极其相似，不同的只是对新省政府的认同有一个过程，其主要领导干部可能会有些阻力，其他领导干部和一般公务员没有直接的利益损害，虽说没有什么动力，但也不具有较大的阻力。地级政府所在地中心城区的大约400—500个区政府将面临撤销，比较而言，其领导干部和普通公务员的层次较低，政治责任感不强，其阻力最大。如果撤销得过急，将产生政治和社会稳定问题。为避免问题发生，在行政区划优化中，可以暂时保留区政府，待时机成熟时，分地区分批次分散地逐步撤销地级政府所在地中心城区的区政府。且在撤销时，对领导干部和普通公务员的安置和分流要坚持保留甚至是提高职级、职务、自愿选择等基本原则（本章第一节第四部分有相关分析），不能损害相关领导干部和公务员的个人利益，从而化解行政区划优化的阻力，尽可能激发推动行政区划优化的动力。

表7-3　　　　　　　　　　中国行政区划优化动力

利益主体	行政层级	资源权力控制力量	公共责任压力大小	力量性质	数量	数量合计
中央政府	最高	最大	最大	动力	1	333
省级政府	高	大	大	动力	31	
新省级政府	高	较大	大	动力	20—30	
省会城市政府	较高	较大	较大	阻力	26	
新省域内地级政府	较高	较大	较大	缺乏动力	280—290	
原省域内地级政府	较高	较大	较大	缺乏动力		
县市区级政府	较低	较小	较小	动力	2300—2400	2856
被撤销区政府	较低	较小	较小	阻力	400—500	

总之，行政区划优化的各相关利益主体中，中央政府、省级政府、新省域内升格为省级政府的地级（或副省级）市政府、县市级政府以及省会城市的区政府都具有推动行政区划优化的动力，其他地级市政府既不具备动力也不具备明显的阻力，只有省会城市政府、原省域内其他地级市政府以及新省域内的其他地级市政府下辖的中心城区的区政府等少数主体具有推动行政区划优化的阻力，但可以采取措施减少甚至化解其阻力。

本章小结

本章通过对市管县体制行政效率低下、行政成本高昂、阻碍要素流动、加剧城乡区域差距等弊端的分析，对省管县的财政管理体制的推广、全面的省管县体制的试点以及重庆直辖行政层级减少等行政区划改革实践所取得的成效的梳理和对比，展示了省管县减少行政层级所取得的巨大经济、社会和管理效益，揭示了各层级政府尤其是中央和上层地方政府推进行政区划优化的公共责任压力。通过对各层级各类型政府在行政区划优化中复杂的损益分析，揭示各层级各类型政府推动行政区划优化的内在动力或阻力。通过分析比较发现，中央政府、省级政府、新省级政府、大多数的县市区政府及其所在地的公民具有推动行政区划优化的动力；将被保留的其他地级政府既不具有动力，也不具有较大的阻力；将被撤销的原省会城市政府、地级政府所在地区中心城区的区政府具有一定的阻力，但对将被撤销的省会城市政府领导干部等的阻力可以通过保留职务或提高职级交流到新设的省级政府或其他省级政府任职予以化解，对将被撤销的区政府的阻力可以通过暂缓撤销等待时机分散撤销或限制发展逐步消化等措施予以化解。总之，行政区划的优化具备强劲的动力。

第八章　路径与对策：优化中国行政区划之行动方略

面对中国行政区划多数省区面积过大、管理层次过多这一突出问题，社会各界对缩省增省、分省减层的呼声和政治经济社会协调发展的现实要求，优化中国行政区划首先应着眼于省级行政区划分省减层。本章据此提出缩省增省减少行政层级的改革思路、实施策略和风险防范策略，为推动中国行政区划的优化提供决策参考。

第一节　省级行政区划与省直管县配套改革的现实要求

根据行政区划优化的理论框架，通过对国内外行政区划现状、发展历史及其影响因素的比较分析发现，中国现行省级行政区划格局难以满足中国当前经济社会发展的现实需要；适当减少行政层级、扩大中央和省级政府的管理幅度、减小省级行政区域的管辖面积和规模，在一定程度上能促进行政效能的提高和经济社会的协调发展，具有重要的现实意义。对中国行政区划优化的条件、动力和阻力的分析发现，行政区划的优化具备比较成熟的条件。尽管如此，中国行政区划的优化仍然需要合适的方案和实施策略方能保证行政区划优化的顺利推进。

一　多数省区面积过大、管理层次过多是中国行政区划最突出问题

第四章已经详细论证中国行政区划存在的主要问题，其中最突出问题是中国行政区划多数省区的范围过大，管理幅度偏小；管理层次过多，行政效率低下。第四章还进一步论证了，这个突出问题导致的一个重要后果就是因省级行政区域面积过大，导致省级政府的地级派出机关的设立尤其

是市管县体制的普遍建立，严重损害了行政管理的效率和效能，特别是政府对各种资源的分配效率和效益，加剧省域内经济发展的不平衡，省域面积越大，省内区域间经济发展越不平衡，区县间发展差距越大。因此，对超过发展幅度的省级行政区域面积划小、增加省级行政区域有利于经济社会的协调发展，增大中央政府和省级政府的管理幅度、减少行政管理层级将有助于提升行政效能。相对来说，县级及其以下层级的行政区划的问题没有省级和地（市）级行政区划的问题突出，中国基层行政区划对经济社会发展和行政效能的制约影响也不及高层行政区划严重，其影响力和影响范围要小得多，且基层行政区划与普通公民的生产生活的直接联系更紧密，而省级行政区划的优化主要涉及的是县区市级以上政府和政府间关系的调整，对普通公民的生产生活不会产生太大的直接影响。从中国历史上所有形式的高层政区的变迁来看，"就幅员而言，无论是州，是道，是路，是省，全部经历了由大变小的过程"。[1] 且"在高层政区、统县政区及县级政区中，以高层政区的幅员变化较大，统县政区次之，县级政区起伏最小"。[2] 因此，中国行政区划的优化首先要着眼于省级行政区划，缩小过大面积的省区，增加省级行政区划数量，增大中央政府和省级政府的管理幅度，撤销地（市）级管理层级，实现省直接管理县级政府。

二 缩省增省、分省减层是社会各界的呼声

从 19 世纪末以来，"重划省区"的研究和呼声引起不少关注。尤其在 20 世纪前半叶，不仅在学术界而且在政界中国的省级行政区划改革问题都颇受重视。在国民政府时期，政界与学术界共同努力孕育了新的省制改革方案，但由于解放战争和中华人民共和国的成立而中断。

关于省区改革的问题，在清末以来有大量的专家学者尽心研究，并在中国省制的弊端方面有一定的共识，主要包括省级行政区管辖区县数目过多，管辖的地理范围偏大，且省级行政区管辖面积大小悬殊；省级行政区边界犬牙交错，规范性程度低，破坏了自然区、经济区域的完整；行政管理层次过多且复杂；当代"市领导县"体制的弊端日益显现；对特大城市的特殊地位和区域中心城市的培育重视不足等。学术界针对这些问题进

---

[1] 周振鹤：《中国历史政治地理十六讲》，中华书局 2013 年版，第 149 页。
[2] 同上书，第 162 页。

行了深入研究，从各个方面提出了一系列的改革方案和措施，并且意见逐步集中到分省减层的思路上来。陈占彪将20世纪中国有关缩省的方案进行了统计，见表8-1。

表8-1　　　　　　　　20—21世纪中国缩省方案

序号	时间	提出者（或主持单位）	具体方案	总数（个）
1	清末	章炳麟	60—70道	
2	1916	孙洪尹	50省，每省辖40县	
3	1917	段祺瑞执政时内务部	47新省、7特别区	54
4	1928	宋渊源	1省辖10—20县	
5	1931	伍朝枢	每省分为2—3	
6	1931	张雨峰	69省、2地方	71
7	1931	杨栋林	100省、8市、2区	110
8	1934	晓蔄	28省、5院辖市（增设25设治局）	33
9	1940	胡焕庸（省制问题设计委员会）	甲方案：59省、3特别区、2地方　乙方案：64省、2地方	64　66
10	1944	吴传均	67省区	
11	1944	黄国璋（国民党中央设计局）	60省（市）、2地方、3海军要塞	65
12	1945	洪绂	57省、1地方	58
13	1946	张其昀	59省（根据《中国省制》图表59）	
14	1946	施养成	40自治省	
15	1948	傅角今	56省、12直辖市、2地方	70
16	1991	浦善新	50—60个省	
17	1991	刘君德	59一级政区	
18	1991	谭其骧	50左右一级政区	
19	1991	黄秀民	11行政大区、8直辖市、3特别行政区	22
20	1991	周振鹤	40—50省	
21	1993	郭荣星	43一级政区	
22	1995	孙关龙	40—50省、12—15都（直辖市）、2特别行政区和1台湾特别省（或特别区）	55—68
23	2004	戴均良	35省、5自治区、2特别行政区、8直辖市	50

续表

序号	时间	提出者（或主持单位）	具体方案	总数（个）
24	2004	王凌峰	42省、3特区、2直辖市	47
25	2004	贺曲夫	12都36省8自治省4特别行政区	60

资料来源：参考陈占彪《行政组织与空间结构的耦合——中国行政区经济的区域政治经济学分析》，东南大学出版社2009年版，第129—130页。

中华人民共和国成立以后，各方学者提出了诸多不同的观点和方案，都得出了中国的省域数量应该大量增加、省域规模应该大幅缩小的一致结论。甚至在具体的缩省方案的数量上都相差不大。可见，省级行政区划与省直管县配套改革是社会各界的呼声。

三 分省减层优化路径是现实的必然选择

本节将基于理论篇行政区划与行政区划优化的目标和制约因素的相关关系、实证篇中有关省域面积与省内不平衡性的相关关系、中国行政区划与国外行政区划的比较、对策篇中有关中国行政区划优化的条件、阻力和动力分析的结论，对中国缩小省区、增加省域数量的利弊作一简要概括。

（一）经济协调发展要求缩省增省

本项研究第三章第二节对能力要素、管控幅度、发展幅度和管辖面积的关系已做理论建构。实证研究表明，绝大多数省区面积远远大于其发展幅度。

一是经济辐射带动能力难以承载过大的省域范围。本项研究第四章第一节对中国的省域面积做过统计分析，现根据表8-2和表8-3、表8-4中的相关数据，对中国各省市区的GDP总量的关系同与相应省市区面积相同或相近的其他国家或州的GDP总量做一比较。土地面积在100万平方公里以上（超过埃及的国土面积）的省市区有3个，国土面积仅为100.2万平方公里的发展中国家埃及2010年国内生产总值为2185亿美元，比土地面积为118.30万平方公里的内蒙古2010年地区生产总值1754.79亿美元多25%，更何况新疆和西藏土地面积更大，而2010年地区生产总值总量要低得多，分别只有817.48亿美元和76.29亿美元。土地面积在50万—100万平方公里（超过西班牙的国土面积）的省市区有1个，青海有72.20万平方公里，但其2010年地区生产总值仅有203.03

亿美元；而西班牙只有50.5万平方公里，但其2010年国内生产总值高达14100亿美元，面积仅有54.9万平方公里的法国，其2010年国内生产总值更是高达25825亿美元，就是发展中国家泰国面积为51.3万平方公里，其地区生产总值也有3189亿美元。土地面积在40万—50万平方公里（超过日本等国的国土面积）的省市区有3个，分别是四川、黑龙江和甘肃，其土地面积分别为48.50万平方公里、47.30万平方公里和45.44万平方公里，它们的2010年地区生产总值分别为2583.70亿美元、1558.84亿美元和619.52亿美元，而土地面积仅为37.8万平方公里的日本2010年的国内生产总值高达54589亿美元。土地面积在30万—40万平方公里（超过菲律宾、意大利、波兰、德国等国的国土面积）的省市区有1个，云南的土地面积为39.40万平方公里，其2010年地区生产总值为1086.10亿美元，而菲律宾、意大利、波兰、德国的2010年国内生产总值分别为1887亿美元、20551亿美元、4685亿美元、33156亿美元，就是发展中国家菲律宾也远远超过云南的地区生产总值。土地面积在20万—30万平方公里的省市区有3个，广西、湖南、陕西的土地面积分别为23.63万平方公里、21.18万平方公里和20.58万平方公里，其2010年地区生产总值分别为1438.75亿美元、2411.18亿美元和1521.98亿美元，而国土面积为24.4万平方公里的英国2010年国内生产总值为22475亿美元。土地面积在10万—20万平方公里（超过韩国的国土面积）的省市区有14个，2010年地区生产总值最高的广东为6917.70亿美元，其次依次为江苏、山东、浙江，都远远不能与2010年国内生产总值为10071亿美元的韩国相比。总之，通过以上比较发现，中国的大多数省域面积与其经济总量相比要远远的大于大多数国家的国土面积与其经济总量的比值。而各个省市区的经济中心要辐射带动如此超负荷的区域的经济发展，是何等艰难？这在一定程度上表明，我们国家的省市区的土地面积远远大于其发展幅度。为了经济的快速、协调发展，缩小省区、增设省区市，增加区域经济中心，带动欠发达地区的经济发展就很有必要。

尽管美国与中国的发达程度有很大的差距，在政治经济社会文化发展方面的可比性不强，但单独对其各自一定区域的经济总量及其辐射能力作一个简单的比较，也可能具有一定的启示意义。根据表8-3和表8-4的对比发现，中国31个省市区单位面积土地地区生产总值贡献率（万美元/平方公里）的平均值为331.10万美元/平方公里，最大值为4096.46万美元/平方公里,最小值为0.62万美元/平方公里;美国51个州单位面积土地地区生产总值贡献率(万美元/平方公里)的平均值为1341.29万美元/平方公里,最大值为52350万美元/平方公里,最小值为2.65万美元/平方公里。不难发现,与美国各州相比,中国各省市区的经济规模或总量相对于其辐射面积而言还太小,各省市区的经济中心作为增长极的辐射能力相对美国各州而言要小得多。因此通过与美国各州的比较,中国缩小省域面积、增加省份数量对区域经济的平衡发展有一定的促进作用。

巴西国土面积为851.2万平方公里,2011年总人口为1.92亿人,2011年GDP总量为2.493万亿美元,被誉为"金砖五国"之一,与中国同为发展中国家,与中国在国土面积、省份数量和GDP总量上的差距相对其他发展中国家与中国的差距而言最小,最适合比较。故将巴西各州与中国各省做一简要比较具有一定的价值。因未能获得巴西2010年各州的GDP总量的相关资料,故以维基百科上2008年巴西各州的GDP总量为基础,按照巴西的经济增长率推算出巴西2010年各州的GDP总量。巴西经济2009年曾出现0.6%的负增长,巴西经济在2010年的增长率为7.5%,为1986年以来的最高纪录。[①] 根据这两年的增长率,得出表8-5中巴西各州的经济总量。根据表8-3和表8-5的对比发现,巴西27个州单位面积土地地区生产总值贡献率(万美元/平方公里)的平均值为90.18万美元/平方公里,最大值为1181.19万美元/平方公里,最小值为1.27万美元/平方公里。因为巴西的经济总量比中国小得多,而国土面积及省份(州)数量比中国小不了多少,因此,各州单位面积土地地区生产总值贡献率(万美元/平方公里)的平均值和最大值远远小于中国各省是理所当然的,故而此项比较研究的意义不大。但其最小值1.27万美元/平方公里远远高于中国的最小值0.62万美元/平方公里。

表8-2　　　　　世界部分国家或地区经济规模(按面积排序)

国家和地区	2009年国土面积 (万平方公里)	2009年中人口数 (万人)	2010年国内生产总值 (亿美元)
墨西哥	196.4	10743	10391

---

① 赵恒志:《2010年巴西经济增长率达7.5% 为24年来最高》,国际在线,2011年3月3日。

续表

国家和地区	2009年国土面积（万平方公里）	2009年中人口数（万人）	2010年国内生产总值（亿美元）
印度尼西亚	190.5	22996	7067
伊 朗	174.5	7290	3572
蒙 古	156.4	267	61
南 非	121.9	4932	3573
埃 及	100.2	8300	2185
尼日利亚	92.4	15473	2168
委内瑞拉	91.2	2838	2907
巴基斯坦	79.6	16971	1749
土耳其	78.4	7482	7419
缅 甸	67.7	5002	430
乌克兰	60.4	4601	1364
法 国	54.9	6262	25825
泰 国	51.3	6776	3189
西班牙	50.6	4596	14100
日 本	37.8	12756	54589
德 国	35.7	8188	33156
马来西亚	33.1	2747	2380
越 南	33.1	8728	1036
波 兰	31.3	3815	4685
意大利	30.1	6022	20551
菲律宾	30.0	9198	1887
新西兰	26.8	432	1404
英 国	24.4	6184	22475
老 挝	23.7	632	63
柬埔寨	18.1	1481	116
孟加拉国	14.4	16222	1049
韩 国	10.0	4875	10071
捷 克	7.9	1049	1922
斯里兰卡	6.6	2030	497
荷 兰	4.2	1653	7833
以色列	2.2	744	2131

续表

国家和地区	2009年国土面积（万平方公里）	2009年中人口数（万人）	2010年国内生产总值（亿美元）
文 莱	0.6	40	130
中国香港	0.1	700	2250
新加坡	0.1	499	2227

资料来源：根据《中国统计年鉴2011》，中华人民共和国国家统计局网站，2012年12月30日。

表8-3　中国各省市区单位面积土地地区生产总值贡献率（按面积排序）

地 区	面积（万平方公里）	2010年末总人口（万人）	2010年地区生产总值（亿美元）	单位面积土地地区生产总值贡献率（万美元/平方公里）
新 疆	166.00	2185	817.48	4.92
西 藏	122.84	301	76.29	0.62
内蒙古	118.30	2472	1754.79	14.83
青 海	72.20	563	203.03	2.81
四 川	48.50	8045	2583.70	53.27
黑龙江	47.30	3833	1558.84	32.96
甘 肃	45.44	2560	619.52	13.63
云 南	39.40	4602	1086.10	27.57
广 西	23.63	4610	1438.75	60.89
湖 南	21.18	6570	2411.18	113.84
陕 西	20.58	3735	1521.98	73.95
河 北	18.77	7194	3066.11	163.35
吉 林	18.74	2747	1303.10	69.54
湖 北	18.59	5728	2400.60	129.13
广 东	17.98	10441	6917.70	384.74
贵 州	17.61	3479	691.90	39.29
河 南	16.70	9405	3471.75	207.89
江 西	16.69	4462	1420.92	85.14
山 东	15.71	9588	5888.89	374.85
山 西	15.67	3574	1383.28	88.28
辽 宁	14.80	4375	2774.90	187.49
安 徽	13.96	5957	1858.13	133.10

续表

地区	面积（万平方公里）	2010年末总人口（万人）	2010年地区生产总值（亿美元）	单位面积土地地区生产总值贡献率（万美元/平方公里）
福建	12.40	3693	2215.61	178.68
江苏	10.26	7869	6227.99	607.02
浙江	10.18	5447	4167.83	409.41
重庆	8.24	2885	1191.55	144.61
宁夏	6.64	633	254.03	38.26
海南	3.39	869	310.38	91.56
北京	1.67	1962	2121.86	1270.57
天津	1.19	1299	1386.82	1165.39
上海	0.63	2303	2580.77	4096.46

资料来源：数据来源于《中国统计年鉴2011》，地区生产总值按2010年12月人民币对美元汇率月平均中间价6.6515元/美元计算。

表8-4 美国各州单位面积土地地区生产总值贡献率

美国各州	土地面积（万平方公里）	2010年地区生产总值（亿美元）	单位面积土地地区生产总值贡献率（万美元/平方公里）
阿拉斯加州	171.79	456	2.65
得克萨斯州	69.56	11531	165.77
加利福尼亚州	42.4	19364	456.70
蒙大拿州	38.08	372	9.77
新墨西哥州	31.49	755	23.98
亚利桑那州	29.53	2613	88.49
内华达州	28.64	1275	44.52
科罗拉多州	26.96	2597	96.33
俄勒冈州	25.48	1689	66.29
怀俄明州	25.33	382	15.08
密歇根州	25.05	3724	148.66
明尼苏达州	22.52	2671	118.61
犹他州	21.99	1169	53.16
爱达荷州	21.64	548	25.32
堪萨斯州	21.31	1285	60.30
内布拉斯加州	20.03	896	44.73

续表

美国各州	土地面积（万平方公里）	2010年地区生产总值（亿美元）	单位面积土地地区生产总值贡献率（万美元/平方公里）
南达科塔州	19.97	399	19.98
华盛顿州	18.47	3511	190.09
北达科他州	18.31	334	18.24
俄克拉荷马州	18.1	1605	88.67
密苏里州	18.05	2467	136.68
佛罗里达州	17.03	7540	442.75
威斯康星州	16.96	2514	148.23
佐治亚州	15.39	4046	262.90
伊利诺伊州	15	6442	429.47
艾奥瓦州	14.57	1472	101.03
纽约州	14.13	11140	788.39
北卡罗来纳州	13.94	4074	292.25
阿肯色州	13.77	1058	76.83
亚拉巴马州	13.58	1744	128.42
路易斯安那州	13.43	2136	159.05
密西西比州	12.54	989	78.87
宾夕法尼亚州	11.93	5756	482.48
俄亥俄州	11.61	4834	416.37
弗吉尼亚州	11.08	4277	386.01
田纳西州	10.92	2503	229.21
肯塔基州	10.47	1614	154.15
印第安纳州	9.43	2676	283.78
缅因州	9.16	532	58.08
南卡罗来纳州	8.29	1643	198.19
西弗吉尼亚州	6.28	666	106.05
马里兰州	3.21	3000	934.58
夏威夷州	2.83	689	243.46
马萨诸塞州	2.73	3777	1383.52
佛蒙特州	2.49	264	106.02
新罕布什尔州	2.42	616	254.55
新泽西州	2.26	4970	2199.12

续表

美国各州	土地面积 （万平方公里）	2010年地区生产 总值（亿美元）	单位面积土地地区生产总值 贡献率（万美元/平方公里）
康涅狄格州	1.44	2334	1620.83
特拉华州	0.64	627	979.69
罗得岛州	0.4	495	1237.50
华盛顿特区	0.02	1047	52350.00

资料来源：根据维基百科、百度百科等网络资料统计整理。

表8-5　巴西各州单位面积土地地区生产总值贡献率

面积 （万平方公里）	土地面积 （万平方公里）	2010年地区生产 总值（亿美元）	单位面积土地地区生产 总值贡献率（万美元/平方公里）
圣保罗州	24.82	5844.54	235.48
里约州	4.38	1999.72	456.56
米纳斯吉拉斯州	58.66	1646.25	28.06
南里奥格兰德州	28.17	1162.48	41.27
巴拉那州	19.93	1044.60	52.41
圣卡塔琳娜州	9.53	718.36	75.38
巴伊亚州	56.43	708.02	12.55
巴西联邦区	0.58	685.09	1181.19
戈亚斯州	34.01	438.63	12.90
伯南布哥州	9.85	410.46	41.67
圣埃斯皮里图州	4.60	407.13	88.51
塞阿腊州	14.57	350.20	24.04
帕拉州	124.77	340.98	2.73
马托格罗索州	90.34	308.96	3.42
亚马孙州	157.09	272.83	1.74
马拉尼昂州	33.19	224.27	6.76
南马托格罗索州	35.71	193.13	5.41
帕拉伊巴州	5.63	149.74	26.60
北里约格朗德州	5.30	148.48	28.02
阿拉戈斯州	2.78	113.93	40.98
塞尔希培州	2.20	113.32	51.51
朗多尼亚州	23.76	104.24	4.39
皮奥伊州	25.13	97.67	3.89

续表

面积 （万平方公里）	土地面积 （万平方公里）	2010年地区生产 总值（亿美元）	单位面积土地地区生产 总值贡献率（万美元/平方公里）
托坎廷斯州	27.73	76.28	2.75
阿马帕州	14.28	39.42	2.76
阿克里州	15.25	39.22	2.57
罗赖马州	22.41	28.49	1.27

资料来源：根据维基百科等网络资料统计整理并推算。

二是政府分配带动能力难以承载过大的省域面积。本项研究第四章第一节已详细论述过，在中央集权体制下，中央和上级政府掌握大量的资源，且多采用自上而下的资源配置方式，省区范围过大、行政层级过多最终导致资源配置的低效率和不公平，尤其省区的偏远地区因为交通成本、时间成本和地缘劣势等很难获得其应得的公共资源，从而导致省区偏远地区与省内经济中心的发展差距过大。

三是在中国政府的资源配置功能如此强大的前提下，缩省增省能通过政府的资源配置在欠发达地区培育新的经济中心，带动周边地区经济的快速发展，从而促进全国经济社会的协调发展。

本项研究第四章第二节已经采用统计数据证明了省域面积的大小与省域经济发展的不平衡性成正相关关系，即省域面积越大，省域经济发展越不平衡。第四章第三节用中国行政区划调整的案例表明，将省域面积划小能促进经济的协调发展。对缩省增省的问题也有不同意见，主要担心破坏统一的市场体系。如陈占彪认为，缩小省级行政区域的问题，将面临政治体制与经济体制之间的冲突，是一个两难选择。即："从政治制度的角度看，缩小省区更便于发展政治文明，实行民主选举，提高自治水平；但从经济的角度看，在市场经济尚未完备和成熟的情况下，划小省区不仅不符合世界区域经济一体化的潮流，而且也与中国打破行政与地域分割的现实要求是冲突的。"[1] 缩小省区管辖范围的最大风险或者说可能危害是对市场的分割，不利于市场经济的完善和发展。本项研究第六章第三节关于政府职能分化模式的分析表明，经济发展、社会建设和市场监管等职能的分

---

[1] 陈占彪：《行政组织与空间结构的耦合——中国行政区经济的区域政治经济学分析》，东南大学出版社2009年版，第144页。

化及其在不同层级政府上的差异化设置，能有效避免这种"二难选择"。

(二) 提高行政效能要求分省减层

中国绝大多数省区的幅员面积过大，所辖县级行政区划数量过多，导致省区政府管理幅度过大，使增设地级政府成为必然选择，导致行政层级过多。表4-1显示，中国各省市区所辖县级行政区划数最多181个，县级区划数超过80个的省区有22个，县级区划数超过100个的省区有17个，平均92.13个；根据目前各个国家中央政府及各地方政府的管理幅度的比较来看，如果由省级政府直接管辖80个以上的县，管理幅度过大。在本项研究第五章曾分析过俄罗斯管辖83个一级行政区划就已经超出了俄罗斯联邦政府的能力极限而带来不少的问题。更何况，俄罗斯是联邦制和自治体地方政府体系，而中国是单一制和混合体地方政府体系，俄罗斯上下级政府之间的管理关系要比中国上下级政府之间的管理关系简单，也即中国的管理幅度应该更小。因此，如果要提高行政效能、减少行政层级撤销地级政府，就需要减少省级政府直接管辖的县级行政区域的数量。如果采用撤并区县的办法来减小管理幅度的话，会使县域的经济中心数量减少，一是可能加剧县域经济发展的不平衡，二是会引起社会不稳定，这在本项研究第四章第三节"万盛事件"中有分析。更重要的是中国目前的单个县域面积已经很大，而县又是中国最完整的基层政府，如果县域面积过大，会加剧行政管理成本和管理难度。"县"制在秦统一中国后推行于全国，因此，县的历史久远且相对稳定。且与省级政府相比，县级政府与人民群众的生产生活关系更直接、联系更多更紧密，大量撤并区县比缩省增省对人民的生产生活和经济社会发展的不利影响更大。因此，从减少行政层级、提高行政效能的角度看，也要求缩省增省。

(三) 维护政治稳定要求缩省增省

目前中国不少省区经济体量大、地域上的地理分割作用突出、民族区域特色鲜明，尤其是在边疆地区尤其如此，这为政治稳定的维护带来很大的困难。本项研究第三章第一节已经论述了缩省增省对维护政治稳定的积极作用。省区过大，其实力庞大，其与中央对抗的力量就大，不利于政治稳定的维护；如果省区缩小，数量增多，单个行政区域的实力必然削弱，其对抗中央的力量也减弱，且数量增多后，以省区为个体所组成的集体变大，各省区要达成一致对抗中央的合意的可能性也将进一步减小。同时，省区规模缩小，增强省区内的控制力，在一定程度上有利于省区层面的政治和社会稳定。同时，对新疆、西藏、内蒙古这些少数民族集聚的边疆省区的分离，有助于遏制极端民族主义的发展，有利于维护政治稳定。

第二节 省级行政区划与省直管县配套改革的总体思路

本节根据本项研究提出的行政区划优化的基本要求，提出省级行政区划与省直管县配套改革的总体思路。

一 省级行政区划与省直管县配套改革的基本原则

缩小中国省级行政区域的面积、增加省级行政区的数量、增大中央政府和省级政府的管理幅度、减少行政管理层级的综合配套改革要遵循本项研究建构的理论分析框架所揭示的基本要求和原则。

一是多目标优化原则。省级行政区划与省直管县配套改革要平衡优化行政区划的四大价值目标，以实现公共利益和改革效益的最大化。省级行政区划与省直管县配套改革既要有利于提升行政效能，促进各省区之间以及各省区内区域城乡之间的经济社会的协调发展；又要有利于提高政府治理能力、社会自治能力，促进社会的和谐稳定。

二是科学性原则。省级行政区划与省直管县配套改革要综合考量优化行政区划的环境要素、组织要素和能力要素三大制约要素的影响，以增强行政区划的科学性。行政区划的优化要考虑中国单一制国家结构形式和中央集权体制对公共政策制定与执行的科学性、有效性、公平性的深刻影响制约，要尽可能地减少行政层级以减弱在权力"自上而下"运行、资源"自上而下"分配过程中的效率损失、公平损失；要根据各区域政治经济文化中心的经济规模和影响力、政府的治理能力和社会的自治能力以及各区域的自然地理环境、民族文化环境、传统文化环境的客观制约，尽可能的考虑管控幅度和发展幅度的关系，既要尽可能保证政治稳定，又要能推动区域间经济社会协调发展，合理确定行政区域的范围、选择区域行政中心、确定管理半径。

三是可行性原则。省级行政区划与省直管县配套改革要综合考虑政治、经济、社会推动力量的强弱，从客观和主观上增强行政区划改革的可行性。省域的划分、省级政治经济中心的选取要尽可能地符合所涉各区域的经济社会发展要求和该区域公民的公共利益。配套改革措施、公务员分流和公务员利益保障的方案等要尽可能公平合理，既要促进公共利益的最大化，又要能做到公平，不能以公共利益来牺牲甚至侵害少数人的应得利益。

二 增加省级行政区域的主要依据和标准

行政区划优化的四大价值目标以及环境要素、组织要素、能力要素等三大制约要素及其与行政区划的相关关系是在增加省级行政区域中划分新的省级行政区域的主要依据，具体到新的省级行政区域的建立、新的省级行政中心的选取、省级行政区域的划分上，主要兼顾以下主要因素及标准。

一是区域经济中心规模及其区位情况。第三章论述了在一般情况下发展幅度是考量行政区域面积大小的主要指标。经济总量大，尤其是经济中心的经济总量大，辐射能力强，其发展幅度相应要大些，省域面积可以适当大些。但应以其最大辐射范围为限。据中国现有经验，长三角地区的经济总量很大，含有上海、杭州市、南京市等三大政治经济中心，而长三角地区的总面积也不过10万平方公里，有效辐射区域十分有限。同样，珠三角地区的经济总量也很大，其总面积不过6万平方公里，有效辐射区域也十分有限，难以辐射到粤西、粤北、粤东等地区。因此，省级行政区域面积以不超过5万—10万平方公里为宜。区位优势和交通地理条件越好，其辐射范围应该越大，因此行政区域面积可以适当大些。

二是各省市区现有面积规模。对行政区划的规模，常用两个主要指标：人口数量和幅员面积。但毕竟人口因素对行政区域划分的影响的重要性不及幅员面积那么强烈，尤其在中西部以及东部的山区，地广人稀，人口密度小，而在中国东部地区和城市地区，人口密集，单以人口来作为标准划分行政区划，缺乏科学性和说服力。而人口密度大会增加管理的复杂性和难度，因此，在行政区域划分中应主要以幅员面积作为行政区域规模的考量指标，参考人口因素。表4–1、表4–2和表4–3显示，中国的省级行政区划土地面积在10万平方公里以上（超过韩国的国土面积）的省市区有25个，土地面积在20万平方公里以上（超过柬埔寨、孟加拉国等国的国土面积）的省市区有11个，土地面积在30万平方公里以上（超过菲律宾、意大利、波兰等国的国土面积）的省市区有8个，土地面积在 40 万平方公里以上（超过日本、德国等国的国土面积）的省市区有 7 个，土地面积在 50 万平方公里以上（超过西班牙、泰国、法国的国土面积）的省市区有 4 个，土地面积在 100 万平方公里以上（超过埃及的国土面积）的省市区有 3 个。由此可以看出，中国的绝大多数省区都需要一分为二，甚至一分为三或四。但是因为西部的一些省区，幅员面积虽然很大，但人口很少，产业不发达，经济总量也很少，因为地理条件有特殊性，综合考虑行政成本和行政效益，幅员面积不应该简单的以发展幅度来衡量，且还因为中央政府的管理幅度毕竟不能太大，因此，有些省区只是适当划小，一分为二，或最多一分为三，但幅员面积仍然会很大。

三是区域经济发展现状。本项研究的初衷是重点针对远离原区域政治经济中心的欠发达地区设立新的省级行政区。本方案并非简单地为了增加省级行政区数量将省区一分为二，而主要是要通过新的省级行政中心的设立在远离原区域政治经济中心的欠发达地区建立区域经济增长极，从而通过行政资源的配置，推动新的区域经济增长极的发展，从而带动相邻地区的政治经济社会文化的快速发展。且这些欠发达区域往往是地理条件相似、发展水平相近，集中建立新的行政区域可以提高在这些区域的公共政策制定和执行的针对性、适应性和有效性。

四是自然地理文化环境。行政区域的划分要综合考虑平原、丘陵、山地、高原等因素，平原、丘陵的地区更符合常规，主要以发展幅度等指标来衡量。对山地、高原，尤其在西部地区，地广人稀，如果仅以发展幅度来衡量，但行政效能会很低。而丘陵、平原以及城市地区，人口密集、产业密集，管理复杂性和难度要大得多，对管理半径、管理幅度和管辖面积形成一定的压力。因此，综合考虑目标需求，在山地、高原为主的区域的行政区域的面积规模要比平原、丘陵地区大得多。同时，要尊重历史文化传统尽量减少变动。

五是管理幅度、管理半径和管辖面积。表 4 - 1、表 4 - 2 和表 4 - 3 显示，目前中国的省级行政区域中，县级行政区划数最多 181 个，县级区划数超过 80 个的省区有 22 个，县级区划数超过 100 个的省区有 17 个，最少只有 16 个，平均 92.13 个。根据表 5 - 1 的统计数据，参考各主要国家中央政府（联邦政府）的管理幅度情况，按照管理幅度要尽可能大的原则，一个国家的中央政府（联邦政府）的管理幅度可以在 40—80 左右为宜，一级政区的管理幅度可以适当扩大，具体管理幅度的确定要依据其能力要素、环境要素和组织要素综合确定。也即多数省区在直管县以后，管理幅度太大，很多省区的管理幅度需要减半。当前中国的省级行政区域中东西跨度最大2400公里，最小100公里，平均717.96公里；南北跨度最大1700公里，最小120公里，平均629.22公里。一个省区的管理半径应该考虑现代陆路交通工具的通达时间、经济中心的经济辐射半径等因素，除特殊地理条件而外，一个省级行政区的管理半径以不超过200—300公里为宜。管辖面积以发展幅度和通达时间为参考，除特殊地理条件而外，以不超过5万—10万平方公里为宜。同时，在新省会城市的选取时，首先考虑原有城市的经济规模和影响力，在经济规模和影响力相近的情况下，尽可能考虑管理半径的平衡，选择居于行政区域最中心位置的城市作为省会城市。

六是政区形态优化系数。省域范围的确定尽可能地提高政区形态优化系数。在考虑自然地理环境因素的同时，尽可能提高政区形态优化系数，在省会城市的选取时尽可能兼顾管理半径的平衡。

三 省级行政区划与省直管县配套改革的政府调整思路

省级行政区划与省直管县配套改革的总体规划要求撤销地级派出机关或地级市，增加新的省级行政区，要实施该方案就必然涉及相关的政府机关的增加、调整、合并或撤销。

（一）设立新的省（市、自治区）级政府

原省（市、自治区）级政府保持不变。原省（市、自治区）级政府所辖区域可能有变化，某些县、市可能被划出，或者原不属于该省（市、自治区）的县、市可能被划入，也即行政管辖区域可能有调整变化，但该省（市、自治区）级政府保持不变。新省（市、自治区）级政府将从地市级或副省级城市政府升格而成。在新省域内的地级市政府或副省级政府中有一个将升格为省政府，相应的各种机构、职位的行政级别做相应的升格。因此，原省级政府可能存在一定的阻力，但因不涉及原省级政府中领导干部和普通公务员个人的职位变动和分流等个人直接利益，只是政府所管辖的权力变小或管辖范围变小，故阻力不会很大。而新省级政府将有强大的动力。因此，行政区划优化的第一步是设立新的省级政府，并相应地调整行政隶属关系及其辖区的行政隶属关系。

（二）撤销原省会城市政府

原省会城市的政府会因为行政区划的优化而被撤销，省会城市下辖区县将由省政府直管。原省会城市政府所辖的区县政府将保留并保持不变。因此，省会城市政府及其领导干部和普通公务员将对行政区划优化形成一定的阻力。但因原省会城市政府级别相对较高、公务员及领导干部的世界眼光、管理经验、学历层次以及处理政治经济社会发展中的问题中的能力较高，可以将这些领导干部交流到相邻的新的省级政府任职，提高其行政级别和职业发展预期，从而减少行政区划优化的阻力，增强其动力。不能交流出去的领导干部和普通公务员可以保留职务职级按对口原则安排到省政府相对应的部门任职。且将被撤销的省会城市政府数量与新设的省级政府数量基本匹配。设立新的省级政府与撤销一定相关区域的原省会城市政府可以同步或先后进行，可以将原省会城市政府的领导干部或普通公务员交流或提拔到新的省级政府任职。

（三）保留原地级市政府

除了升格为新省级政府之外的地级市政府或派出机关下辖中心城区以外的县、市由省政府直管，地级市政府将被保留保持不变，但辖区大幅度缩小，只管辖中心城区，将中心城区合并为一个大区（或县级市）直接隶属于省级政府，可暂时保留地级市政府所管辖中心城区各区的政府作为过渡阶段，其他县直接隶属于省政府，实现省直管县。待时机成熟时，将所辖中心城区各区政府撤销，地级市政府作为区政府或市政府直接隶属于省政府。因此，未升格为新省级政府的地级或副省级城市政府在行政区划的优化中将存在一定的阻力，但阻力不大，因为不会直接涉及这些政府中的领导干部和普通公务员的个人地位和个人直接利益的变动，只是这些政府的管辖权力变小或管辖范围变小而已。

（四）撤销少部分区级政府

县市级政府以及省会城市的区政府都将脱离地（或副省级）市政府而直属于省级政府，而这部分县市级政府要占中国所有的县市区级政府总量的80%—85%。未升格为新省级政府的地级或副省级城市政府所辖中心城区的区政府将逐步撤销，而这部分区政府只占中国所有的县市区级政府总量的17%左右，最高不会超过20%。因此，在县、市、区级政府中，要给予这不到总数20%的面临撤销的区政府的领导干部和普通公务员相对优惠的级别待遇、提前退休待遇和经济待遇，从而减少行政区划优化的阻力。并且在行政区划优化的初期，未升格为新省级政府的地级或副省级城市政府所辖中心城区的区政府将一直保留，待时机成熟时，才予以分批缓步撤销。

四 省级行政区划与省直管县配套改革相关公务员分流思路

国家在行政区划优化中要勇于承担改革成本，降低改革风险，妥善处理将被撤销的地（副省）级政府人员的分流与安置。在省会城市政府的撤销过程中，省会城市政府领导层级较高、发展和交流空间较大、领导和管理经验及区位优势明显，其领导干部可以保留级别甚至升格交流到新设的省级党委政府及其他国家机关任职，且供需数量大致匹配。将升格为新省政府的地（或副省）级政府及其公务员将保持稳定，将保留级别或者升格，尽量减少变动。其他地级政府及其公务员将被保留然后逐步转变为区或省辖市政府，在优化过程中其级别和个人职级等都保持不变。其他地级政府所在地中心城区的大约400—500个区政府将面临撤销，比较而言，其领导干部和普通公务员的层次较低，政治责任感不强，其阻力最大。如果撤销得过急，将产生政治和社会稳定问题。为避免问题发生，在行政区划优化中，可以暂时保留区政府，待时机成熟时，分地区分批次分散地逐步撤销地级政府所在地中心城区的区政府。且在撤销时，对领导干部和普通公务员的安置和分流要坚持保留甚至是提高职级、职务，坚持自愿选择等基本原则，以自然减员为主要方式，逐步撤销地级市中的区政府。

五 推进省级行政区划与省直管县配套改革的风险防范

行政区划改革涉及利益的调整和重新分配，尤其是直接影响到相关政府机关的公务员的职业发展，因此存在一定的风险、阻力和改革成本。行政区划的优化牵扯到中央到地方每个层级的所有辖区，直接决定各级行政区域的管理范围、规模、行政层级的设置、政府间隶属关系等；在行政区划调整的后续改革还要求对行政区的体制模式、行政区政府的人员编制、行政区政府的职能、功能问题进行优化，相关政府的撤销还会影响到相关公务员的职业发展，包括公务员的行政级别变动、职务变动、交流、晋升的竞争环境变化等。

在行政区划的优化过程中，各行政区域之间的矛盾和利益冲突将十分尖锐，省会城市政府将面临被撤销的命运，且从省域其他地区的财政转移支付中的"揩油"减少，本地区在全省的经贸市场份额减小、矿产土地资源减少、人员分流安置和职业发展受阻等不利影响，因此，省会城市政府如果不从大局和整体利益出发考虑，将是行政区划优化的阻碍因素。其他地级市政府将面临从原本区域其他县、市的财政转移支付中的"揩油"减少、在本区域的经贸市场份额减小、矿产土地资源减少、市政府将逐步转变为区政府（下辖区政府撤销）、人员分流安置成本和领导干部积压升迁难度大等负收益。新省域内的其他地级市政府还可能存在对新升格的省政府的认同度较低、融合度较低等不利影响。地级市政府下辖的中心城区的区政府将被撤销，将是行政区划优化的最大受损者，其领导干部和普通公务员将承担人员分流安置成本、领导干部积压升迁难度大、职业发展大受影响等改革成本。在这些所有的不利影响或改革成本的分担中最可能导致改革风险发生的是公务员将承担人员分流安置成本、领导干部积压升迁难度大、职业发展大受影响，这个问题如果处理不好会直接影响到社会的稳定，甚至相关区域的政治稳定。因此，在改革方案的设计中，国家必须勇于承担改革成本，如果让部分公务员来承担这些改革成本，既是不公平的，也是危险的。那就要求国家对在行政区划改革中可能受到不利影响的公务员在职级、工资待遇、退休安置的补偿等方面给予相应的保障。相对行政区划的优化能长期地促进各个地区经济社会快速协调发展这个更大的公共利益实现最大化而言，国家承担这些改革成本只是暂时的，也是值得的。

第三节 省级行政区划与省直管县配套改革的实施策略

按照本章第一、二节提出的配套改革思路建立新的省级建制，撤销地级行政建制，减少行政区划层级，采用实三级制，将有部分政府机关面临撤销，这将直接影响到相关领导干部和公务员的职业发展。因此，这一庞大的改革计划的执行将面临诸多风险和障碍，中国民政部已经做了相关研究，理想是省应该划分为更小的行政单元，应该有更少的行政层级。然而，这只是理想而已，因为调整省级现行行政区划的实际工作将涉及许多的事情，不仅包括行政系统和政府框架的调整，还涉及地区利益和经济利益流动格局的变化。这是一项十分复杂的任务。因此，任何草率的行政区划改革都容易在公众中造成不稳定。① 因此，省级行政区划与省直管县配套改革须分步骤、讲策略的缓步推进。

一 全国统一整体规划，分块（省、市、区）分步推进

省级行政区划与省直管县配套改革关系到国家政权建设、资源的公平分配、公共权力结构的平衡、经济社会的协调发展、机构设置、人事调整、社会稳定、民族团结等大事，是一项复杂的系统工程，也是一项敏感的工作，必须坚持循序渐进的原则，避免引起社会政治经济的巨大震荡和不稳定。在时间安排上，需要花费 30—50 年，甚至是上 100 年时间来逐步实施。在先后次序上，按照经济社会欠发达程度、管理幅度大小程度、管辖半径大小程度以及区划调整涉及的行政单元的复杂程度、各地区对行政区划优化的需求程度等来分步推进。按照本章第二节的总体规划，按照"先易后难"的原则，可以首先从新疆、西藏、内蒙古、青海等地的增加新省区开始，然后是四川、云南、贵州、广西等区域，因为这些区域的原省域面积过大，管理交通条件等较差，且地区发展极不平衡，急需新的经济中心来增强经济发展动力，行政区划的优化容易产生明显效果。然后可以是黑龙江、辽宁以及重庆、湖北、湖南和陕西等区域，再是江西、广东、福建等区域，最后是山西、安徽、江苏、山东、河南、河北等区域。即使每一批次，也都是整体规划，分步实施。在每一省区的行政区划调整后的一段时期，都要对行政区划优化的效果进行评估，根据评估结果对行政区划优化中的不足之处进行弥补和方案修正，同时对即将展开的下一批次的行政区划优化方案进行进一步完善，使行政区划的优化取得更加良好的效果。

二 建新省与地（市）县脱钩先后推进

在每一区域的改革调整过程中，首先是确定新的省会城市，然后划分各自的管辖区域，在管辖关系确定后，以原地级或副省级城市政府为基础，组建新的省级政府，完善新的省级政府建制及其机构设置和职能配置，在新的省级政府能正常运行后，改革进入攻坚阶段，改革的实质是使

---

① "China conducting feasibility studies on administrative division reform-paper", *BBC Monitoring Asia Pacific* [*London*] 20 Sep 2005：1.

原来隶属于地级或副省级城市管辖的县脱离原来的隶属关系，而由省级政府直接管辖。行政区划优化的核心是行政隶属关系，而行政隶属关系的本质是权力的分配，因此，建立新省必然涉及权力关系的调整。因此，在新的省级政府基本建立后，就必然涉及行政隶属关系的调整或划转，即县、市、区政府从原隶属的地（市）级政府的管辖中脱离出来，直接隶属于省级政府，从而建立起新的行政管理秩序。而建立起新的行政管理秩序是行政区划优化是否成功的根本标志。

三 保持县（区、市）区划不变，坚持区域整体调整

在行政区划的优化中，无论涉及要调整划转的县（区、市），还是在原省域保持不变的县、区、市，其原有区划都保持不变，在划转过程中坚持整个行政区划整体划转，从而减少矛盾和利益变化，只是改变其与上级政府的隶属关系。切忌在行政区划调整中合并县（区、市），因为合并行政区划会减少一个政治、经济和文化中心，这将导致被弱化的原中心区域的公民、公务员的利益损失和心理预期失衡，从而带来行政区划调整的阻力，造成社会、政治稳定的隐患。坚持县、市、区级行政区划整体划转的好处在于保持行政辖区内的公民、行政相对人以及乡镇街道政府机关与县、市、区级政府的隶属关系和工作秩序不受影响，将行政区划优化的涉及面降到最低限度，从而减少阻力和对政治经济社会发展的影响。从中国历史上行政区划幅员变迁的角度看，"在高层政区、统县政区及县级政区中，以高层政区的幅员变化较大，统县政区次之，县级政区起伏最小"。[①]这也在一定程度上表明保持县级区划不变的合理性。

四 缓步撤销地（市）级政府下辖的区政府

在行政区划的隶属关系调整后，待省级政府与各县、市、区政府的关系能正常运行一定时期后，再逐步根据各地级市政府下辖的区政府的大小程度、公务员数量的多寡等逐步撤销区政府或限制区政府的发展待其自然减员到一定程度再行撤销。撤销区政府可以与街道或镇政府的设立等配合展开。在区政府的撤销中，要给予相关普通公务员和领导干部职级、职务

---

① 周振鹤：《中国历史政治地理十六讲》，中华书局2013年版，第162页。

晋升和工资待遇等方面的优惠保障。因为，这个群体将是行政区划优化中最大的阻力群体。为避免矛盾的突发给政治社会稳定带来不利的影响，对面临撤销的地（市）下辖区政府可以采用自然减员、领导干部和普通公务员岗位异地交流、逐步弱化其行政职能等方法或策略。

五　推进行政管理职能模式差别化建构

在行政区划优化和人员安置到位并能正常运行的情况下，逐步推进政府机构改革，使市场监管部门、社会服务部门、政治安全部门相对分离，推进行政职能管理模式的差别化建构。市场监管部门坚持垂直领导和管理的原则，以保证统一大市场的形成，防止地方保护主义的滋生。社会服务和政治安全部门根据具体的服务部门所提供服务的项目的性质、难度、资源依赖程度和范围的广度等灵活采用不同的设置形式和隶属关系，建立特别区政府，以便于各种政府部门能为单一行政区域、若干行政区域、某个特殊的功能区，或跨省区的地区服务，以增强某些特殊职能部门的独立性和履职能力。

本 章 小 结

本章针对中国行政区划的现实状况，分析了减少行政层级、缩省增省的必要性和重大现实意义，提出了缩省增省、分省减层的改革思路、各级政府的调整思路、面临撤销的政府领导干部和普通公务员的分流思路以及省级行政区划与省直管县配套改革的实施策略等一系列优化中国行政区划的行动方略。

参 考 文 献

一　中文著作

《马克思恩格斯选集》第1卷，人民出版社1995年6月版。

邓小平：《关于政治体制改革问题》（1986年9—11月），《邓小平文选》第3卷，人民出版社1993年版。

胡锦涛：《坚定不移沿着中国特色社会主义道路前进　为全面建成小康社会而奋斗——在中国共产党第十八次全国代表大会上的报告》，人民出版社2012年版。

《中共中央关于全面深化改革若干重大问题的决定》，人民出版社2013年版。

《中共中央关于全面推进依法治国若干重大问题的决定》，人民出版社2014年版。

张德江：《深入贯彻落实科学发展观　为在西部率先实现全面建设小康社会目标而奋斗——在中国共产党重庆市委第三届第四次代表大会上的报告》，《重庆日报》2012年6月25日。

黄健荣等：《公共管理新论》，社会科学文献出版社2005年版。

周振鹤：《中国历史政治地理十六讲》，中华书局2013年版。

侯景新、浦善新、肖金成：《行政区划与区域管理》，中国人民大学出版社2006年版。

浦善新：《中国行政区划改革研究》，商务印书馆2006年12月版。

刘君德、靳润成、周克瑜：《中国政区地理》，科学出版社1999年版。

田穗生、罗辉、曾伟：《中国行政区划概论》，北京大学出版社2005年版。

赵聚军：《中国行政区划改革研究：政府发展模式转型与研究范式转

换》，天津人民出版社2012年版。

陈占彪：《行政组织与空间结构的耦合——中国行政区经济的区域政治经济学分析》，东南大学出版社2009年版。

徐颂陶、徐理明主编：《走向卓越的中国公共行政》，中国人事出版社1996年版。

卢现祥主编：《新制度经济学》，武汉大学出版社2011年版。

［美］R. 科斯、A. 阿尔钦、D. 诺斯等著：《财产权利与制度变迁——产权学派与新制度学派译文集》，上海三联书店1991年版。

鄢敦望、刘江峰、李有富：《管理学原理与应用》，湖南人民出版社2008年版。

曾伟、罗辉主编：《地方政府管理学》，北京大学出版社2006年版。

何显明：《省管县改革：绩效预期与路径选择——基于浙江的个案研究》，学林出版社2009年版。

覃成林：《中国地区经济差异研究》，中国经济出版社1997年版。

郝寿义：《区域经济学原理》，上海人民出版社2007年版。

胡鞍钢、王绍光、康晓光：《中国地区差距报告》，辽宁人民出版社1995年版。

杨万钟：《上海及长江流域地区经济协调发展》，华东师范大学出版社2001年版。

甄峰：《信息时代的区域空间结构》，商务印书馆2004年版。

任进：《中欧地方制度比较研究》，国家行政学院出版社2007年版。

刘向文：《俄国政府与政治》，五南图书出版股份有限公司2002年版。

徐育苗主编：《中外政治制度比较》，中国社会科学出版社2004年版。

丁煌：《西方行政学说史》，武汉大学出版社2005年版。

戴均良：《中国市制》，中国地图出版社2000年版。

苏东水：《管理心理学》（第三版），复旦大学出版社1998年版。

竺乾威、邱柏生、顾丽梅等：《组织行为学》，复旦大学出版社2004年版。

陶希东：《转型期中国跨省市都市圈区域治理——以"行政区经济"为视角》，上海社会科学院出版社2007年版。

田烨:《新中国民族地区行政区划研究》,中央民族大学出版社2010年1月版。

常黎:《行政区划与区域经济发展——河南省案例分析》,科学出版社2008年8月版。

二　中文译著

[美]凯瑟琳·丝莲、[美]斯文·史泰默:《比较政治学中的历史制度学派》,载薛晓源、陈家刚《全球化与新制度主义》,社会科学文献出版社2004年版。

[美]R. 科斯、A. 阿尔钦、D. 诺斯等:《财产权利与制度变迁——产权学派与新制度学派译文集》,上海三联书店1991年版。

[美]戴维·伊斯顿:《政治生活的系统分析》,王浦劬译,华夏出版社1999年版。

[法]卢梭:《社会契约论》,何兆武译,商务印书馆1982年版。

[美]曼瑟尔·奥尔森:《集体行动的逻辑》,陈郁、郭宇峰、李崇新译,上海人民出版社1995年版。

[美]道格拉斯·诺思:《经济史中的结构与变迁》,上海三联书店1991年版。

[法]弗朗索瓦·佩鲁:《略论"发展极"的概念》,华夏出版社1987年版。

[美]刘易斯·芒福德:《城市文化》,中国建筑工业出版社2008年版。

[美]塞缪尔·P. 亨廷顿:《变化社会中的政治秩序》,王冠华、刘为等译,上海人民出版社2008年版。

[美]托马斯·R. 戴伊:《理解公共政策》,彭勃等译,华夏出版社2004年版。

彭和平、竹立家等编译:《国外公共行政理论精选》,中共中央党校出版社1997年版。

[美]德博拉·斯通:《政策悖论——政治决策中的艺术》(修订版),中国人民大学出版社2006年版。

[英]亚当·斯密:《国民财富的性质和原因的研究》(上卷),郭大力、王亚南译,商务印书馆1972年版。

［英］亚当·斯密：《国民财富的性质和原因的研究》（下卷），郭大力、王亚南译，商务印书馆1974年版。

［美］约翰·W. 金登：《议程、备选方案与公共政策》（第二版），丁煌、方兴译，中国人民大学出版社2004年版。

［美］杰克·普拉诺等：《政治学分析辞典》，胡杰译，中国社会科学出版社1986年版。

［古希腊］亚里士多德：《政治学》，吴寿彭译，商务印书馆1965年8月版。

［美］F. W. 泰罗：《科学管理原理》，胡隆昶、冼子恩、曹丽顺等译，中国社会科学出版社1984年版。

［法］H. 法约尔：《工业管理与一般管理》，周安华、林宗锦、展学仲、张玉琪等译，中国社会科学出版社1982年版。

三　中文期刊

高峰、陈承新：《省级行政区划制度改革再构想》，《衡阳师范学院学报》2006年第1期。

吉嘉伍：《新制度政治学中的正式和非正式制度》，《社会科学研究》2007年第5期。

王贤彬、聂海峰：《行政区划调整与经济增长》，《管理世界》2010年第4期。

郑为汕：《省级行政区划改革的主要难点探析》，《理论探索》2003年第6期。

汪阳红：《正确处理行政区与经济区的关系》，《中国发展观察》2009年第2期。

李金龙、王思婷：《行政区划体制改革的价值基础与政治伦理诉求》，《求索》2011年第5期。

肖庆文：《省管县体制改革的政府行为差异与推进策略选择》，《中国行政管理》2011年第9期。

吴金群：《省管县体制改革中的管理幅度研究》，《中共浙江省委党校学报》2012年第1期。

马春庆：《为何用"行政效能"取代"行政效率"》，《中国行政管理》2003年第4期。

彭向刚:《论构建社会主义和谐社会视角下的行政效能建设》,《天津社会科学》2011年第5期。

杨代贵:《论行政组织对行政效能的影响》,《江西社会科学》2003年第1期。

张鑫:《奥斯特罗姆自主治理理论的评述》《改革与战略》2008年第10期。

高岭夏:《行政区划对城市化推进的影响与对策》,《经济丛刊》2008年第1期。

施雪华:《政府综合治理能力论》,《浙江社会科学》1995年第5期。

黄健荣:《论现代社会之根本性和谐——基于公共管理的逻辑》,《社会科学》2009年第11期。

袁金辉、陈安国:《当前我国政治体制改革的六大动力分析》,《广东行政学院学报》2011年第3期。

王绍光:《中国公共政策议程设置的模式》,《中国社会科学》2006年第5期。

马述林:《论省级行政区划体制改革》,《战略与管理》1996年第5期。

谢宝富、武洋:《当代中国行政区划若干问题分析》,《安庆师范学院学报》(社会科学版)2004年第1期。

胡象明:《地方政策执行:模式与效果》,《经济研究参考》1996年第16期。

魏后凯:《论东西差距与加快西部开发》,《贵州社会科学》1994年第5期。

黄声伟:《区域经济非均衡发展探索》,《嘉应大学学报》,1996年第3期。

王圣云、沈玉芳:《区域发展不平衡研究进展》,《地域研究与开发》2011年第1期。

徐凤梅、徐凤翠、牛晨阳:《从三个指标看山东省区域经济差异》,《山东农业大学学报》(社会科学版)2010年第4期。

周玉翠:《近10年中国省际经济差异动态变化特征》,《地理研究》2002年第6期。

陈彦玲、王宗起、胡丽霞:《北京远郊区县经济发展的差异分析——

经济发展不平衡性的测定与发展特色评价》,《工业技术经济》2003年第4期。

章刚勇、尹继东、万宏:《江西省区域经济差异分析及原因探究》,《江西社会科学》2008年第9期。

周喆:《中国地区间经济发展不平衡——水平测度和成因探究》,《山西财经大学学报》2012年第2期。

郑炎成、鲁德银:《县域经济发展不平衡对地区差距的解释力分析》,《财经研究》2004年第7期。

沈坤荣、马俊:《中国经济增长的"俱乐部收敛"特征及其成因研究》,《经济研究》2002年第1期。

蔡昉、王德文:《比较优势差异、变化及其对地区差距的影响》,《中国社会科学》2002年第5期。

刘亢、黄豁:《重庆直辖十年观察》,《瞭望》2007年第25期。

罗海平、钟坚:《海南经济特区20年的审视与展望》,《经济前沿》2008年第9期。

田志刚:《加拿大政府间的事权与财政支出划分及启示》,《市场周刊》2009年4月22日。

杨德山:《法国地方行政——层级设置·分权改革·效果评估(上)》,《北京行政学院学报》2000年第4期。

王旭:《美国三大市政体制的历史成因与内在运行机制》,《陕西师范大学学报》(哲学社会科学版)2007年第4期。

殷剑平:《俄罗斯区划研究》,《西伯利亚研究》2003年第1期。

黄毅峰:《再论政府能力及其提升的路径选择》,《社会科学》2011年第1期。

路小昆:《建立转轨时期利益整合机制的探讨》,《中国党政干部论坛》1997年第5期。

李金龙、王宝元、张娟:《关于我国政府利益整合问题的研究》,《学术界》2008年第1期。

陆学艺:《当代中国社会阶层的分化与流动》,《江苏社会科学》2003年第4期。

何增科:《政治合法性与中国地方政府创新:一项初步的经验性研究》,《云南行政学院学报》2007年第2期。

李松：《垂直管理难抑部门滥权冲动中央地方应立法分权》，《瞭望》2009年7月6日。

李四林、苏成凤、田时中：《省直管县体制改革动力机制探析》，《湖北行政学院学报》2012年第4期。

马小云：《中国县域体制变革的动力机制研究——以浙江等四省"省管县"改革为例》，《知识经济》2008年第7期。

华伟、于鸣超：《我国行政区划改革的初步构想》，《战略与管理》1997年第6期。

四 中文报纸

《审计署公布十六省份五十县中央支农专项资金审计结果："层层申报"影响支农专项资金使用效率》，《人民日报》2008年7月26日。

《打破行政区划鸿沟 我国确定各区域"协调发展"战略》，《公共商务信息导报》2006年10月26日。

范恒山：《区域协调发展：面临的挑战和应对的思路》，《人民日报》2008年6月4日。

王美文：《新型责任政府的公共责任》，《中国教育报》2008年9月4日第12版。

海南省统计局：《海南解放60年：经济社会发展取得显著成就》，《海南日报》2010年5月1日。

《万盛綦江合并设綦江区双桥大足合并设大足区》，《重庆晨报》2011年10月28日。

滕卉荣：《域外县的沿革：德国》，《中国县域经济报》2010年4月26日。

滕卉荣：《域外县的沿革：日本》，《中国县域经济报》2010年4月19日。

孙雷：《十年回首"分税制"》，《21世纪经济报道》2004年11月14日。

郭庆珠：《新中国60年法治建设历程》，《天津日报》2009年9月21日。

王海圣：《河南省直管县即将铺开今后县级政府兜里更有钱》，《河南商报》2009年7月15日。

吴红缨：《万州官场通胀：公务员太多，干部超编》，《21世纪经济报道》2008年1月15日。

《万州正处于提速发展的关键时期，目前"天时、地利、人和"具备》，《重庆日报》2010年8月11日。

华木木：《确保惠民政策执行不走样》，《中国纪检监察报》2010年11月8日。

五 政府资料

国务院：《国务院关于行政区划管理的规定》，2009年3月30日，中央政府门户网站（www.gov.cn）。

民政部：《民政部关于行政区划调整变更审批程序和纪律的规定》，2004年1月5日，法律教育网。

《中华人民共和国民族区域自治法》，2005年7月29日，中央政府门户网站。

《中国统计年鉴2011》，2012年12月20日，中华人民共和国国家统计局网站。

《2010年信息化年终工作总结》，2010年12月20日，中国电子政务网。

《重庆统计年鉴2012》，重庆统计信息网，2012年12月28日，http://www.cqtj.gov.cn/tjnj/2012/indexch.htm。

《中国统计年鉴2006》，中华人民共和国国家统计局网站，2012年12月30日，http://www.stats.gov.cn/tjsj/ndsj/2006/index ch.htm。

《重庆统计年鉴2011》，重庆统计信息网，2012年12月28日，http://www.cqtj.gov.cn/tjnj/2012/indexch.htm。

中华人民共和国国家统计局：《中国统计年鉴2014》，中国统计出版社2014年版。

六 网络资料

曾实：《扶贫工程明年开展新阶段 广东要摘掉穷帽子》，联合早报网2012年2月26日，http://www.zaobao.com/zg/zg120226_009_1.shtml。

《广东概况》，广东省人民政府门户网站2012年7月19日，http://www.gd.gov.cn/gdgk/。

罗必良：《和谐社会：制度的基础性作用》，人民网，2006年10月24日。

《政府职能及其理论》，中国人民大学出版社教学资源库课件系统，2012年8月1日。

俞可平：《更加重视社会自治》，2011年08月30日，人民网——《人民论坛》。

倪洋军：《听温总理诠释政府的责任与良知》，2010年3月2日，中国共产党新闻网。

《审计署发布10省区市财政支农资金审计公告（全文）》，2009年5月20日，人民网。

《重庆直辖15年实体经济飞速发展》，2012年06月17日，新华网重庆频道。

龙新：《重庆市政府回应万盛群众聚集事件》，2012年4月11日，人民网。

徐冬儿：《重庆出台8条政策支持万盛经开区发展解决撤区后相关问题》，2012年4月11日，人民网。

何滨：《法国省长也拿"绩效奖金"》，2010年6月29日，国际在线 http：//gb. cri. cn/27824/2010/06/29/107s2901989. htm。

《美国特别区地方政府的几个问题》，找法网2011年5月30日，http：//china. findlaw. cn/info/lunwen/faxuelw/301327. html。

《美国行政区划》，网易2011年3月6日，http://lucycao2011. blog. 163. com/blog/static/ 18150926120112685725 52/。

《中国政府应急危机和依法行政的能力正在稳步提高》，2007年08月31日，中央政府门户网站 www. gov. cn。

三木：《马凯：中国政府应对危机和突发事件能力显著提升》，2010年8月27日，新闻中心——中国网 news. china. com. cn。

金人庆：《关于2005年中央决算的报告——2006年6月27日在第十届全国人民代表大会常务委员会第二十二次会议上》，2012年12月26日，中国人大网 www. npc. gov. cn。

《2010年中央对地方税收返还和转移支付逾3.2万亿》，2011年7月22日，新闻中心——中国网 news. china. com. cn。

《江西省管县的思考》，中国江西网2012年12月31日，http：//bbs.

jxnews. com. cn/thread – 414448 – 1 – 1. html。

王秋欣：《河南省直管县试点 10 直管县（市）享省辖市同等待遇》，京华网 2011 年 6 月 30 日，http：//www. jinghua. cn。

《清末以来关于我国省制改革相关方案的基本回顾》，新浪网 2011 年 7 月 6 日，http：//blog. sina. com. cn/s/blog_ 4de273a50100vn1g. html。

王丰编译：《〈中国日报〉：乌鲁木齐暴乱者多来自南疆》，路透社中文网 2009 年 7 月 9 日，http：//cn. reuters. com/article/wtNews/idCNCHINA –30020090709。

中华人民共和国国家民族事务委员会：《南疆西四城暴乱》，中华人民共和国国家民族事务委员会网站 2004 年 9 月 6 日，http：//www. seac. gov. cn/gjmw/zlk/2004 – 09 – 06/1165801704102176. htm。

《新疆骚乱不断 武警 24 小时执勤巡逻保持威慑力》，2013 年 7 月 1 日，中国时刻网 http：//www. s1979. com/tupian/china/201307/0192917901. html。

田山：《新疆巴楚县 15 名警察、社区工作人员遭暴徒袭杀》，2013 年 4 月 24 日，凤凰网 http：//news. ifeng. com/mainland/detail_ 2013_ 04/24/24601540_ 0. shtml。

《习近平：决不允许"上有政策、下有对策"》，2013 年 1 月 22 日，新华网 http：//news. xinhuanet. com/politics/2013 –01/22/c_ 114460744. htm。

赵恒志：《2010 年巴西经济增长率达 7.5% 为 24 年来最高》，2011 年 3 月 3 日，国际在线 http：//gb. cri. cn/。

七 学位论文

汪旻艳：《现行省级行政区划改革研究》，硕士学位论文，南京师范大学，2007 年。

张娟：《我国行政区划层级设置研究》，硕士学位论文，河海大学，2007 年。

王敏：《我国省级行政区划改革研究》，硕士学位论文，湖南大学，2010 年。

马丽：《当代中国行政区划改革设想》，硕士学位论文，东北师范大学，2007 年。

周晓美：《中国省级行政区划改革研究》，硕士学位论文，电子科技大学，2007年。

贺曲夫：《中国省级行政区划改革研究》，硕士学位论文，湖南师范大学，2004年。

汤建辉：《我国地方政府治理能力建设研究》，硕士学位论文，湖南大学，2009年。

左兵团：《改革中的中国行政区划及其应然走向》，硕士学位论文，南京师范大学，2007年。

李旭斌：《直辖市直管县（区）的行政区划层级设置及其对省县直辖的借鉴意义研究——以重庆市为例》，硕士学位论文，重庆大学，2008年。

田烨：《新中国民族地区行政区划研究》，博士学位论文，中央民族大学，2009年。

熊竞：《我国特大城市郊区（域）行政区划体制研究》，博士学位论文，华东师范大学，2009年。

范今朝：《权力的空间配置与组织的制度创新》，博士学位论文，华东师范大学，2004年。

常黎：《河南省行政区划与区域经济发展研究》，博士学位论文，河南大学，2007年。

林涓：《清代行政区划变迁研究》，博士学位论文，复旦大学，2004年。

华林甫：《中国政区通名改革研究》，博士学位论文，华东师范大学，2002年。

赵聚军：《中国行政区划改革的理论研究——基于政府职能转变的视角》，博士学位论文，南开大学，2010年。

八 英文文献

Williamson J G. "Regional Inequality and the Processof National Development: A Description of Patterns", *Economic Development and Culture Change*, 1965, 3 (4).

"China conducting feasibility studies on administrative division reform-paper", *BBC Monitoring Asia Pacific* [London] 20 Sep 2005.

Bakaric, Ivana Rasic (2012), "A proposal for a new administrative-territorial division of the republic of croatia", *ekonomska istrazivanja-economic research*, *vol.* 25, No. 2.

Golos, Hivzo (2007), "Administrative and territorial division of sanjak (1912—1941)", *status of national minorities in serbia* 丛书: Serbian Academy of Sciences and Arts Department of Social Sciences Scientific Conferences vol. 120 No. BK30.

Richard Wild (1972), "The Administrative Division of the Supreme Court of New Zealand", *The University of Toronto Law Journal*, Vol. 22, No. 4 (Autumn, 1972).

Bugayev, V K (1991), "Improving the administrative-territorial division of the USSR", *Soviet Geography*, Vol. 32 No. 8.

"National news: sby on controversy over papua's administrative division", *antara*, apr 24, 2004.

Anonymous (2010), "cuban parliament approves new political-administrative division", *Info-Prod Research (Middle East)*, Aug 3, 2010.

Sanchez-Martinez, Maria-Teresa (2012), "Who Manages Spain's Water Resources? The Political andAdministrative Division of Water Management", *International journal of water resources development*, vol. 28, No. 1, 特刊: SI。

Sanhueza, Maria Carolina (2008), "The first political-administrative division of Chile, 1811 - 1826", *HISTORIA-SANTIAGO*, vol. 41 No. 2.

Fang, HL (1998), "Rice crop area estimation of an administrative division in China using remote sensing data", *International journal of remote sensing*, vol. 19 No. 17.

Gerloff, J U (1996), "Administrative divisions, population, and the social situation in the Russian Federation: selected problems in the development of Russia", *Zeitschrift fur den Erdkundeunterricht* vol. 48 No. 4.

Lecaer, g; delannay, r (1993), "the administrative divisions of mainland france as 2d random cellular structures", *journal de physique i* vol. 3 No. 8.

N. G. Bodas (1973), "On Technical Education with Special Reference to Gwalior Administrative Division", *Social Scientist*, Vol. 1, No. 11 (Jun., 1973).

Shulgina, Olga (2005), "Administrative Territorial Division of Russia in the 20th Century: The Historical-Geographic Aspect", *Social Sciences*, 36.4 (2005).

Mladen Klemenčićand Željka Richter (1995), "Administrative-Territorial Division of Croatia", *GeoJournal*, Vol. 35, No. 4, April 1995.

Touraj Daryaee (2003), "The Effect of the Arab Muslim Conquest on the Administrative Division of Sasanian Persis / Fars", *Iran*, Vol. 41, (2003).

Anonymous (2009), "Croatian party leader urges division of Bosnia into five administrative units", *BBC Monitoring European*, Nov 13, 2009.

H. D. Lasswell and A. Kaplan, Power and Society, N. Y. : McGraw-Hill Book Co., 1963.

致 谢

本书是在博士论文的基础上修改完成的。2009年,我怀着无比期待的心情和对攻读博士学位的憧憬,踏入了我向往已久的南京大学。母校"诚朴雄伟、励学敦行"的校训、深厚的历史文化底蕴激励着我并将永远激励我不断前行。我的点滴进步都离不开老师们的谆谆教诲、指点迷津和同学们的关心帮助。

首先要衷心地感谢我的导师黄健荣教授和师母姜秀珍老师。姜老师无微不至地关怀使我备感温暖。导师严谨的治学精神、宽厚的人格魅力、儒雅的风度气质深深地烙在了我的心中,恩师在做人、做事、做学问上的严谨及对学生的悉心指导和严格要求无时无刻不在感染着我、激励着我、鞭策着我。本论文在选题、构思、开题、写作各环节都数易其稿,无不倾注着恩师大量的心血。我唯有在未来的学习、研究和工作中以不懈的努力来回报恩师对学生寄予的殷切期望、拳拳爱心和殷殷深情。

感谢童星教授、严强教授、庞绍堂教授、朱国云教授、张凤阳教授、林闽钢教授、孔繁斌教授、李永刚教授、魏姝教授、风笑天教授、姚顺良教授、从丛教授、王艳教授、陈志广副教授等诸位老师的精心授课,老师们渊博的学识和精湛的课堂艺术给我留下了难以磨灭的印象。感谢竺乾威教授、周显信教授、温晋锋教授、李良玉教授、毕军教授在对本论文的评审、答辩中提出的宝贵修改意见。感谢闾小波书记、曹永红副书记、赵娟老师等为我的学习提供的教务管理服务和教学保障。

感谢钱洁、钟裕民、韦正富、刘伟、宋学文、廖业扬、张华、李强彬、王丽、胡建刚、陈宝胜、刘超、蒋励佳、谢治菊、姚莉、鲍林强、李玲、廖尹航、王君君、王绪正、姜维等诸位同门师兄、师弟、师姐、师妹们在我攻读博士学位期间以及在本论文的选题、构思、答辩中给予我的巨大帮助。我还要特别感谢我在南京大学陶园2舍1227室的室友张旭东博士给予我在本论文的定量研究中的技术支持。

特别感谢重庆大学周庆行教授、中共重庆市委党校陈文权教授以及中共重庆市委党校学术委员会各位委员在本书出版资助、书稿评审中提出的宝贵修改意见。

　　最后，感谢我的妻子和女儿对我的学业的支持、理解和鼓励。

谢来位

2013 年 11 月 25 日于南大仙林